Victor M. RENDÓN

OLMEDO

HOMME D'ÉTAT ET POÈTE AMÉRICAIN

CHANTRE DE BOLIVAR

LIBRAIRIE NILSSON

PER LAMM, SUCCESSEUR

7, rue de Lille, 7

PARIS

Pz
1026

OLMEDO

DU MÊME AUTEUR

Héros des Andes, poésies . . . .   1 vol.

Notes de mon carnet, chroniques (*épuisé*). . .   1 vol.

Flammes et cendres, *poésies* (Sous presse) . .   1 vol.

Au sol natal, *roman américain* (à paraître) . . .   1 vol.

(Tous droits réservés)

Il a été tiré de cet ouvrage, sur papier hollande,
12 exemplaires numérotés.

JOSÉ JOAQUIN DE OLMEDO
d'après une peinture de l'époque.

Victor M. RENDÓN

OLMEDO

HOMME D'ÉTAT ET POÈTE AMÉRICAIN

CHANTRE DE BOLIVAR

Librairie NILSSON

PER LAMM, Successeur

7, rue de Lille, 7

PARIS

OLMEDO

I

Quelques considérations sur Olmedo, champion de l'Indépendance américaine, homme d'Etat équatorien et chantre de Bolivar. — Raisons de cette biographie et de cet essai de traduction de ses poésies en vers français.

Les poésies de José Joaquin de OLMEDO, homme d'Etat américain, peu connu des lettrés en France, sont célèbres dans tous les pays où l'on parle la langue de Cervantes. Son nom est un des plus illustres et des plus populaires de l'Amérique Méridionale. Depuis trois quarts de siècle, il y rayonne d'un vif éclat, inséparablement uni à celui de Simon BOLIVAR, le *Libérateur*, cet immortel artisan de l'indépendance américaine, si digne d'être moins oublié dans le vieux continent. Olmedo le connut, l'admira et le servit. Par-dessus tout il le chanta comme nul autre, dans des vers superbes, éclatants et passionnés, avec cet enthousiasme sincère et communicatif que, dans un noble cœur, embrasé d'amour pour la patrie, provoqueront toujours la grandeur d'âme

et les merveilleux exploits d'un héros sacrifiant les prérogatives de la naissance et les avantages de la fortune,
les joies et le repos de l'existence, pour conquérir, au
prix de vingt années d'efforts prodigieux, la liberté de
cinq nations.

S'il est vrai que tout grand guerrier donne l'essor à
un grand poète, Bolivar en inspira un à sa taille, car
Olmedo, dans le célèbre chant de *La Victoire de Junin*,
où il perpétue le souvenir des derniers faits radieux
de l'épopée américaine, lui dresse un temple digne de
sa gloire, à la façon dont Homère, Virgile et Pindare,
qu'il imite ou rappelle en maints endroits, ont élevé
d'impérissables monuments à leurs héros. A ce titre,
Olmedo aurait vécu éternellement dans la mémoire reconnaissante des peuples américains dont Bolivar est
l'idole, s'il n'avait aussi laissé son nom gravé au livre de
l'Histoire par une longue et brillante carrière d'honneur
et de dévouement au service de sa patrie.

Poète inspiré, tantôt majestueux et vibrant, tantôt
mélancolique et doux, toujours plein de sève et d'harmonie, mais dont la muse capricieuse déploya surtout
les ailes lorsque, la voix du canon réveillant l'écho des
Andes, la terre craquait partout

> Au passage du char terrible de la guerre,

Olmedo semble avoir été marqué par le destin pour
vivre sous des cieux orageux, dans des temps où le
monde était bouleversé d'un pôle à l'autre pôle, au milieu de cette crise terrifiante et grandiose de l'émancipation d'un continent, autant pour y jouer son rôle
considérable comme champion de la liberté, que pour

y puiser les sensations puissantes et profondes, nécessaires à l'éclosion de son génie.

Au souffle des idées révolutionnaires venues de France
et secondée par l'ambition de Napoléon, dont l'astre pâ-
lissait au delà des Pyrénées, l'Amérique Méridionale,
imitant sa grande sœur du nord, secouait audacieuse-
ment le joug quatre fois séculaire du lion d'Espagne qui
devait le croire éternel. Jusque-là, dans les lieux que
l'oppression et le despotisme enveloppaient des ténèbres
de l'ignorance, tout essor de la pensée, toute tentative
d'art ou d'industrie chez les fils du sol américain, avaient
été systématiquement refoulés ou circonscrits dans
d'étroites limites. Les peuples asservis, habitués à souffrir, se taisaient tristement. Nul, parmi eux, n'élevait la
voix pour faire retentir à leurs oreilles les accents vibrants et fiers, mais touchants et flatteurs, du grand
langage lyrique, car rien dans les faits présents de leur
histoire, ou dans leur passé depuis la conquête, ne leur
rappelait des prouesses personnelles, propres à relever
les courages abattus ou les aspirations défaillantes.

Il fallut que l'aube de la liberté éclairât le sol natal
arrosé du sang de milliers de martyrs, tandis que, sur la
cime des Andes, se dressait glorieuse la figure d'un colosse, son rédempteur, pour que l'âme d'un véritable
poète s'y réveillât soudain et que sur sa lyre on entendît
vibrer la corde des grandes épopées.

Olmedo fut ce poète-là, Olmedo de qui l'on a dit aussi
très justement que les lettres et les écrits sortis de sa
plume révèlent un penchant naturel, invincible, au ly-
risme et que son style est celui « d'un homme qui pense
en vers ».

Comme il fut le premier, Olmedo demeura longtemps

le seul représentant de la poésie lyrique dans l'Equateur, cette jeune République, dernière apparue au lendemain de l'Indépendance sur le continent nouveau, qui s'enorgueillit aujourd'hui d'avoir vu naître OLMEDO, l'un des plus grands poètes et Juan MONTALVO, le plus grand prosateur de l'Amérique Méridionale (1).

(1) Juan MONTALVO, né en 1833 à Ambato, berceau d'un grand nombre d'hommes de lettres de l'Equateur, mourut le 17 janvier 1889 à Paris, qu'il habita pendant plusieurs années d'exil. Sa patrie réclama ses cendres. On pourra lire dans notre recueil de poésies, *Héros des Andes*, (édité chez A. Lemerre), le sonnet que nous écrivîmes à cette occasion. Prosateur le plus remarquable de l'Amérique latine, il a écrit la langue castillane avec la plus grande pureté. Parmi ses nombreux ouvrages il faut citer : *le Cosmopolite, les Sept Traités, le Spectateur, les Catilinaires, la Mercuriale Ecclésiastique, Granja, l'Excommunié, le Père Lachaise, la Jeunesse s'en va, les Lettres d'un Père jeune*, etc., où il se révèle publiciste, philosophe, érudit, critique, polémiste, dramaturge et poète. — Le Comité « Juan Montalvo » de Guayaquil nous fit l'honneur de nous désigner, en même temps que deux fervents amis des lettres, le regretté M. Clemente BALLÉN et M. J. E. SEMINARIO, pour surveiller l'impression faite en France de *l'Essai d'Imitation d'un Livre Inimitable ou chapitres oubliés par Cervantes*. Cette œuvre posthume de Montalvo est une merveilleuse suite aux aventures de Don Quichotte avec des allusions mordantes à des personnalités politiques ou mondaines de l'Equateur. La verve satirique du railleur épique y coule abondamment. Le coloris et la variété des scènes, l'élévation des pensées et la correction impeccable du style de ce livre paru en 1895 ont vivement intéressé la presse espagnole qui a rendu hommage au génie de l'auteur. — Montalvo connut Lamartine. Il écrivit sur lui un article ému et touchant. Le grand poète lui répondit: « J'ai lu ces lignes et j'ai aimé la main étrangère qui les a tracées. Plût au ciel que dans ma patrie on conservât des sentiments semblables ! Je ne me verrais pas

Mais, quelque innovateur qu'il fût en introduisant dans la poésie nationale un genre où les poètes, ses prédécesseurs, ne s'étaient pas essayés ou n'avaient pas réussi, Olmedo, n'ayant pu être le créateur de ce genre qui existe depuis les temps les plus reculés, devait en avoir puisé les règles dans une éducation, même sommaire, et appartenir ainsi à une école, ne fût-ce que sous des formes vagues et indéterminées. Olmedo, qui se trouvait au point culminant de sa carrière alors que Victor Hugo commençait à poindre comme un astre, se rattache à l'école classique, avec un esprit pourtant moderne dans les idées où passe le souffle révolutionnaire du siècle dernier tout en conservant au style la noblesse et la pureté du siècle d'or de la poésie castillane. S'il a puisé largement, comme Racine, Lamartine et tant d'autres, aux sources fécondes, profanes ou sacrées, de l'antiquité, c'est avec un art profond. Son érudition étonne quand on se reporte par la pensée aux temps troublés, aux lieux obscurcis où il vivait. Malgré ses fréquentes réminiscences classiques, il est resté toujours très personnel dans ses grandes compositions où son langage imprégné de couleur locale est animé par l'inspiration et soutenu par l'enthousiasme. Sa supériorité est incontestable sur ce que le génie poétique a produit sous le même ciel avant lui.

Ses poésies, ses poèmes épiques surtout, et parmi ceux-ci son *Hymne à Bolivar*, que tout américain moyen-

alors réduit à partager l'ombre de mes arbres entre ma famille et mes créanciers ». (Fragment de lettre publié par M. A. L. *Yerovi* dans son « Essai Biographique sur Montalvo » (1901).

nement instruit apprend à connaître sur les bancs de l'école et sait par cœur, ont inspiré des pages éloquentes aux plus remarquables écrivains du monde hispano-américain.

Andrés BELLO (1), cet illustre vénézuélien qui seul en Amérique peut prétendre à partager avec Olmedo le sceptre de la poésie lyrique, a fait de celui-ci le plus enthousiaste éloge. Tous deux s'étaient connus et appréciés à Londres, où, en qualité d'agents diplomatiques, ils représentaient deux nations américaines. Ils s'y lièrent d'une amitié sûre et touchante qui dura, sans rivalité, jusqu'à la mort. Nous aurons l'occasion d'en parler plus loin. Après lui, des poètes tels que : Rafael POMBO (2), en Colombie ; Felipe PARDO (3), au Pérou et, dans l'Equa-

---

(1) Andrés BELLO, né à Caracas le 30 novembre 1780, la même année qu'Olmedo, mort recteur de l'université de Santiago en 1865, au Chili, qui lui a élevé une statue. Il est le plus éminent des hommes de lettres du Venezuela et l'un des plus grands génies poétiques de l'Amérique. Polyglotte, il traduisit Racine, Molière et La Fontaine, une tragédie de Voltaire, un chant de l'Enéide et le Roland Amoureux de Boiardo. La plus célèbre de ses poésies est l'*Ode à l'Agriculture de la Zone Torride*. Membre de la légation envoyée par Miranda à Londres et plus tard ministre, il y fut le collaborateur de James MILL. Son *Code civil du Chili* est un monument précieux de haute sagesse, d'érudition et de justice. Ses quatre fils, formés à son image, ont tous brillé dans la carrière des lettres comme poètes, prosateurs, historiens et orateurs.

(2) Rafael POMBO, né à Bogota en 1833, écrivain, journaliste et poète distingué ; secrétaire de l'Académie Colombienne ; traducteur du Childe Harold ; auteur de nombreuses études biographiques et d'ouvrages didactiques. Son chant au Niagara est non moins célèbre que celui de Heredia.

(3) Felipe PARDO Y ALIAGA, — 1806-1868 —, né à Lima,

STATUE DE JOSÉ JOAQUIN DE OLMEDO
par Falguière, à Guayaquil.

teur, le chantre mélodieux de *La Vierge du Soleil*, Juan
Léon MERA (1) ; le vice-président Pablo HERRERA (2) et
Pedro CARBO (3), qui fut le vénérable chef du parti libé-

homme politique, diplomate ; mais, surtout, poète satirique
dont les chansons très spirituelles et les comédies, peintures
de mœurs péruviennes, lui acquirent une grande réputation.
Il fut le père de Manuel PARDO, le plus illustre et le plus bienfaisant des présidents du Pérou, lâchement assassiné par un
soldat.

(1) Juan Léon MERA, — né à Ambato, comme Montalvo, —
1832-1896 —, poète lyrique animé d'une grande ferveur patriotique et religieuse. *La Vierge du Soleil* est une de ses compositions célèbres. Il y a raconté, dans un style élevé, une in-
téressante histoire d'amour chez les indiens. Ce poème, un
délicieux roman, *Cumanda*, et plusieurs travaux importants
sur la race aborigène de l'Equateur l'ont fait appeler « le poète
des indiens ». Il a laissé des recueils de chants populaires
de son pays et, comme œuvre capitale, son *Coup d'œil d'histoire critique sur la poésie équatorienne depuis les temps les plus
reculés jusqu'à nos jours.*

(2) Pablo HERRERA, — 1820-1896 —, jurisconsulte et homme
politique éminent né à Quito. Il y fut plusieurs fois ministre
et, peu avant sa mort, vice-président de la République. Son
Essai sur l'histoire de la littérature équatorienne sera toujours
consulté par ceux qui s'intéressent aux lettres hispano-améri-
caines et nous l'avons mis à profit ainsi que sa *Biographie
d'Olmedo.*

(3) Pedro CARBO, — 1815-1895 —, chef du parti libéral à
l'Equateur, par son caractère intègre, son abnégation patriotique et son grand cœur, il donna pendant toute sa vie le plus
digne exemple des vertus civiques. Il occupa successivement
tous les postes publics auxquels peut prétendre l'ambition
d'un homme politique dans son pays. A plusieurs reprises,
dans des temps troublés, les rênes du pouvoir lui furent confiées et jamais il n'en profita pour l'usurper ni pour s'enrichir.
Il posséda autant de savoir, révélé dans de nombreux écrits,

ral ; plusrécemment encore, M. Clemente BALLÉN (1), le
très regretté consul général de la même République, si
universellement estimé en France, dans un recueil complet des poésies d'Olmedo ; tant d'autres, enfin, dont la
liste serait longue, lui ont prodigué des témoignages éclatants d'admiration qui ont répandu son nom et rehaussé
ses titres à l'immortalité.

Au premier rang de ces éminents critiques nous devons placer deux frères chiliens, MM. AMUNATEGUI (2),
qui estiment, à tort, selon nous, qu'Olmedo eut plus
d'habileté que d'inspiration, plus de science que de passion, mais déclarent en même temps que ce poète véri-

que de modestie. Par ses qualités morales et les services rendus à sa patrie nul ne s'y rapproche d'Olmedo mieux que lui.
Sa statue va s'élever sur une des places de Guayaquil, sa ville
natale, où une rue porte déjà son nom.

(1) Clemente BALLÉN, né aussi à Guayaquil, en 1828. Il fut
pendant de longues années le consul général de l'Equateur à
Paris, où il mourut le 18 juillet 1893, chevalier de la Légion
d'Honneur. Sollicité à plusieurs reprises d'accepter la magistrature suprême du pays natal, il préféra toujours lui rendre
à l'étranger des services désintéressés. Une des principales
rues de Guayaquil porte son nom. Grand admirateur d'Olmedo,
il fut chargé de faire couler en bronze, en Europe, la statue
du poète et il choisit à Paris M. FALGUIÈRE, comme auparavant il avait confié à M. MILLET celle du président ROCAFUERTE.
Il a écrit la biographie d'Olmedo qui figure en tête du recueil
des poésies éditées après sa mort.

(2) Miguel Luis et Gregorio Victor AMUNATEGUI, historiens,
hommes politiques et professeurs chiliens. Nés en 1826 et
1830, ils ont écrit en collaboration de nombreux ouvrages
ayant trait presque tous à l'histoire du sol natal ou des biographies d'Américains illustres. Leur *Jugement critique des
œuvres de quelques-uns des principaux poètes hispano-americains*
fut couronné par l'université du Chili.

tablement classique sut son métier à la perfection et ac-
complit tout avec talent, qu'il est pour la poésie ce que
Bolivar ou San Martin sont pour la guerre (1). Leur jugement a semblé « plus passionné que savant » au remarquable écrivain colombien Miguel Antonio CARO (2),
qui affirme que « personne n'imita avec plus d'originalité qu'Olmedo et n'eut plus d'originalité dans le style
sans pour cela blesser la pureté de la langue ni s'éman-
ciper des traditions d'école ». Ailleurs il ajoute, tout

(1) Le général José de SAN MARTIN naquit en 1778 dans la
Confédération Argentine. Elevé en Espagne, il y prit du
service, se trouva à la bataille de Baylen et obtint le grade
de colonel. De retour en Amérique il organisa au pays natal
les troupes qui combattirent avec succès pour l'Indépendance
dans le territoire Argentin et au Bas-Pérou. Sa traversée des
Andes est un des faits les plus grandioses de l'épopée américaine, comme sa bataille de Chacabuco en est un des
exploits les plus glorieux. Après avoir libéré le Chili il promena triomphant le drapeau de la Liberté à travers le Pérou
qui lui décerna le titre de « Protecteur ». Il y abolit l'esclavage. Après une entrevue avec Bolivar à Guayaquil, il s'effaça
devant ce héros et lui céda l'honneur d'achever l'œuvre de
rédemption au Pérou. Il fut aussi grand que Bolivar par
l'héroïsme et presque aussi grand par le génie militaire ;
mais, plus heureux que lui, il rentra dans la vie privée avant
que les déceptions et l'injustice n'eussent empoisonné ses
derniers jours. Il partit pour la France et mourut à Boulogne
en 1850.

(2) Miguel Antonio CARO, né en 1843, ancien vice-président
de la République de Colombie (1892-1898) et poète très
renommé, issu d'une famille distinguée dont tous les membres ont brillé dans les lettres, son père José E. CARO, surtout. Il a publié dans le *Répertoire Colombien*, en 1879, une
étude enthousiaste et impartiale sur *La Victoire de Junin*,
poème d'Olmedo.

aussi justement, qu'Olmedo, imprégné de la lecture des classiques latins, agitait sans cesse leurs phrases dans sa tête et les retrouvait sous sa plume, comme si elles eussent exprimé des idées personnelles : « On ne peut expliquer autrement les réminiscences classiques dont fourmillent ses écrits, ceux-là même qu'il a dû tracer à la hâte sur le papier. Ce n'est pas lui qui les cherche ; elles le hantent. Il semble s'identifier surtout avec Horace... »

Torres Caicedo (1) qui, lui aussi, mérita de grands éloges de Jules Janin en France et de la plupart des écrivains en Amérique, renchérissant sur tous les admirateurs d'Olmedo, s'est écrié ; « On trouve tout chez ce poète : l'inspiration, le feu, le sentiment, la profondeur et l'élévation ; la finesse, la pureté et la richesse du langage ; l'harmonie. Dans ses poésies rivalisent les plus belles fleurs et les plus riches parures de l'imagina-

---

(1) Torres Caicedo (José María), *Essais de Biographies américaines*, José Joaquin de Olmedo, tome I, 1863, 3 vol. Poète et publiciste colombien né en 1830 à Bogota où il remplit des fonctions officielles ; mort à Paris en 1889. Il occupa en France une haute situation dans le monde diplomatique et représenta successivement, en qualité de chargé d'affaires et de ministre plénipotentiaire, le Venezuela, la Colombie et le Salvador. Il a collaboré aux principaux journaux hispano-américains et publié à Paris de nombreux ouvrages en prose et en vers, parmi lesquels : *Religion, Patrie et Amour* ; *Etudes sur le Gouvernement anglais* ; *Mes Idées et mes Principes* ; *Bagatelles Littéraires* ; *Les Principes de 1789 en Amérique*, etc. Membre correspondant de l'Institut de France, grand officier de la Légion d'Honneur, il fut le défenseur ardent de la cause américaine et a joui d'une grande renommée de savoir et de haute intégrité.

tion avec les plus sages maximes d'une saine philosophie et les principes de la morale chrétienne... »

L'Espagne à son tour, oubliant les vieilles rancunes et
pardonnant au fils émancipé de trop dures paroles, pour
s'enorgueillir de la gloire du poète, a définitivement con-
firmé le jugement favorable des critiques américains.

L'académicien Cañete (1), décédé depuis peu, s'est
fait l'interprète de ses compatriotes en déclarant hautement, dans un travail très documenté, qu'Olmedo n'est
pas une célébrité exclusivement américaine, « car tous
les fils de la grande patrie littéraire espagnole se féli-
citent de pouvoir l'applaudir... »

La consécration officielle de l'Académie Espagnole
manquait au poète. Elle lui a été largement octroyée
dans l'*Anthologie des Poètes Hispano-Américains* (2),
publiée sous ses auspices par un de ses membres les plus
distingués, qui s'exprime ainsi : « Olmedo est assu-
rément l'un des trois ou quatre grands poètes du
monde américain. Quelques-uns lui décernent la première place qu'il mérite, si l'on n'a en vue qu'un genre
et qu'un style déterminés. Bello est plus parfait, plus
élégant ; il parle une langue impeccable ; il est plus hu-
maniste et d'un art plus exquis ; de Heredia (3), plus

(1) Manuel Cañete, *Escritores Españoles é Hispano-America-
nos*, Madrid, 1884.

(2) M. Menéndez y Pelayo, *Antologia de los Poetas Hispano-
Americanos*, publiée par l'Académie Royale Espagnole, tome
III, Madrid, 1894.

(3) De Heredia (José María), né à Santiago de Cuba en 1803,
mort en 1839, surnommé le *Cygne du Niagara* pour son admirable ode à la fameuse cataracte. Poète fécond et sentimental, il a enrichi sa langue d'un grand nombre de traductions
exquises de poètes étrangers.

passionné, est aussi plus spontané, mais plein d'hésita-
tions et d'inégalités quand il n'a pas trouvé la souveraine
idée du premier jet. Or, si le chantre de *La Végétation
de la Zone Torride* eut le don de la science profonde de
l'élocution, comme le poète du *Niagara* celui de la contemplation mélancolique et sentimentale, Olmedo, lui,
mieux et plus qu'aucun d'eux, reçut le don de la grande
éloquence lyrique, du verbe pindarique, de la continuelle
effervescence d'un souffle mâle et généreux ; il posséda
l'art des images splendides, des cadences sonores et des
mètres ronflants qui peuplent le cerveau de visions
éblouissantes. L'*os magna sonaturum* d'Horace semble
inventé pour des poètes tels qu'Olmedo et Quintana (1)... »

Il nous semble impossible de rendre mieux justice à
son génie.

Le Parnasse espagnol a ouvert ainsi grandement ses
portes au poète américain en assignant une place d'honneur dans son cénacle, auprès de Quintana, l'une de ses
plus grandes gloires, à *ce fils du régime colonial*, comme
le fait remarquer avec fierté, mais non sans amertume,
l'érudit académicien. Olmedo n'est donc pas seulement
une de ces gloires de terroir dont l'orbite de radiation
doit se circonscrire au ciel natal de peur que son éclat
ne se ternisse. Si sa renommée, s'élevant au-dessus des
cimes majesteuses des Andes, a traversé les mers pour
atteindre dans son vol le vieux continent, pourquoi,
alors qu'elle plane radieuse au delà des Pyrénées, ne

(1) Quintana (Manuel José), grand poète, le premier auteur
dramatique de son époque, homme politique professant des
idées libérales, né à Madrid en 1772, mort en 1857.

dépasserait-elle pas d'un coup d'aile leurs pics neigeux pour venir hardiment affronter la splendeur du ciel français ?

Nous croyons Olmedo vraiment digne d'être connu en France, parce qu'il est une des grandes figures et des plus sympathiques de l'Indépendance Américaine, autant qu'un remarquable poète. Il n'y sera d'ailleurs pas en pays inconnu, quelque effacée que puisse être la trace qu'il y a laissée. En qualité d'agent diplomatique, délégué par Bolivar, il habita assez longtemps la grande capitale. Ses lettres à son ami Bello, resté à Londres, prouvent qu'il admirait Paris, qu'il s'y plaisait. De l'Hôtel des Princes, à la date du 1er décembre 1826, ne lui écrivait-il pas, plaisamment, avec sa bonne humeur habituelle :

Mon apparition ici a dû faire sensation. Le Palais Royal semble une fourmilière en pleine ébullition ; tout Paris est en mouvement et le soleil lui-même a voulu célébrer mon arrivée par une éclipse. J'ai mal choisi le moment de ma visite. Les jours sont très courts et plus court encore le terme fixé pour mon séjour dans cette ville exquise pour quiconque y a des affaires ou cherche des plaisirs. Les théâtres m'ont paru bons ; mais moins que je ne l'imaginais, exception faite pour l'Académie Royale de Musique. Le Musée mérite d'être considéré comme le Musée de l'Europe. Ce fut une sottise de rendre à leurs propriétaires les statues et les tableaux dont Napoléon l'avait enrichi. Mais, c'est toujours à la louange des rois, qui disposent à leur gré des provinces et des royaumes d'autrui, ce scrupule de garder des pierres et des toiles...

Un an plus tard, le 9 février 1827, il lui écrivait en-

core de Paris, alors qu'il soupirait ardemment pour le
retour au sein de sa famille :

Comme ce climat, ces coutumes, cette langue me plaisent
mieux que n'importe quels autres qui ne soient pas les
miens, je me suis laissé aller à ne pas hâter mon départ...

Notre joie serait profonde et notre but atteint si, en
rappelant son nom, glorieux ailleurs, et en révélant ses
œuvres, nous pouvions le faire revivre dans la belle cité
où il aimait à s'attarder, où soixante années plus tard
ses traits devaient renaître dans le bronze, sous l'habile
ciseau d'un artiste renommé, M. Falguière, avant d'être,
sur une des places publiques du sol natal, l'objet de la
vénération d'un peuple.

Délicieuse et passionnante fut notre ambitieuse, mais
légitime ardeur, de présenter dans leur éclat, radieux
comme le soleil des tropiques, ses grandes et belles
compositions où le tonnerre gronde et le canon rugit,
répercutés au loin par la voix des Andes ; où les cieux
s'ouvrent largement pour laisser entendre des prophé-
ties et des chants, tandis que, dans des strophes délicates, avec une harmonieuse imitation, murmure la
voix troublante des forêts vierges et coule rapide l'onde
abondante des grands fleuves, qui reflète le riant décor
des campagnes embaumées.

S'efforcer, pourtant, de dévoiler l'âme d'un poète en
traduisant quelques-unes de ses œuvres, c'est toujours
une entreprise ardue, hasardeuse, hérissée de difficultés,
parfois insurmontables. Nous signalerons parmi les
moindres, dans un poème de longue haleine surtout,
les noms propres exotiques, durs à prononcer, souvent

répétés, qui écorchent l'oreille du lecteur, prêtent à rire
ou l'impatientent. Combien plus justifiées ces craintes,
lorsque notre effort a visé ce but : transposer en vers les
vers d'une langue dans une autre. Il y faut de l'audace
pour présumer de nos forces ; mais Olmedo l'a dit lui-
même en traduisant Pope admirablement, manière qui
pour servir d'excuse n'est pas à la portée de tout. le
monde :

Une fois que l'on s'est mis à l'ouvrage, qu'il est dur de
reculer ! Il y a une certaine honte à renoncer à un projet
résolument entrepris et l'on arrive insensiblement à se persuader qu'il est plus difficile de revenir en arrière que de
vaincre les difficultés qui se présenteront par la suite.

Comme lui, nous nous sommes trouvé sans volonté
pour nous arrêter en route. Si, dans notre acharnement
à poursuivre la muse d'Olmedo dans son vol superbe
par delà les fiers sommets neigeux et ensoleillés, nous
sommes resté loin derrière elle et si sa renommée doit
en souffrir, c'est notre insuffisance seule qu'il faut en
accuser. Pour nous consoler nous n'aurions même pas
l'orgueil de penser ce qu'Olmedo écrivait à Bolivar en
lui faisant hommage de son chant : « Si l'œuvre est
manquée, je sens que j'étais capable de faire mieux ! »
Notre consolation sera dans cet espoir que d'autres,
plus doués et plus heureux, s'intéressant à cette étude
imparfaite sur un poète américain, tourneront leurs
regards vers ces régions jeunes encore, mais fécondes
déjà en esprits d'élite, dignes d'être appréciés par les
fervents des lettres en Europe, qui fouillent tous les
pays du monde pour y découvrir les œuvres intéressantes de leurs maîtres les plus renommés.

Olmedo est un de ceux-ci en Amérique. L'un des premiers, il a su imprimer son cachet de véritable grandeur et d'originalité à la poésie américaine à l'époque où les fils de la captive de l'Espagne ne connaissaient d'autres poèmes épiques que *La Conquête de Grenade* et se contentaient, comme héros, du Cid, de Pélage ou de Gonzalve, ces demi-dieux des antiques légendes castillanes.

Si ses poésies n'ont pas toutes les qualités des œuvres des maîtres français, ses contemporains, on y trouve, à notre avis, de réelles beautés qui doivent lui conquérir assez d'estime et de sympathie pour que son nom reste en lumière.

Le plus important de ses chants puise ses réels mérites dans l'explosion énergique de sentiments sincères, inspirés par un patriotisme ardent et lui doit en grande partie sa vogue ; mais nous savons que de tels sentiments ne laisseront jamais indifférent le lecteur français, quel que soit le sol où les manifestations de l'héroïsme éclatent et les événements qui les fassent naître.

Notre engouement de chauvin pour le poète né sur le même sol que nous sera-t-il compris et partagé ?

> Toujours aux plus hardis appartient la victoire
> Et, sans l'espoir de vaincre, on est déjà vaincu,

s'est écrié Olmedo en parodiant son cher maître Horace.

Nous les avons écoutés tous deux, persuadé que le lecteur, s'il daigne nous aider dans notre tâche, et prendre du goût à ce travail, voudra bien lire ces poésies à travers le prisme de l'Histoire.

Sans cela, nous dit l'auteur de l'*Anthologie* (1), combien peu de vers survivraient ! Non pas que la beauté leur manque, mais parce qu'elles sont très rares, les œuvres artistiques dont les beautés irréprochables sautent aux yeux, sans qu'il faille les expliquer en quelque sorte, afin que tout le monde les reconnaisse et les admire. Or, si l'art lyrique d'Olmedo, par certains et même par beaucoup de côtés, est éternellement admirable, il se trouve assujetti de même à des conditions de temps et de lieu, à des habitudes d'école, à des traditions de langage qui peuvent plaire plus ou moins, mais dont il faut chercher la clef dans l'étude impartiale de l'histoire littéraire, seul remède efficace pour nous mettre en garde contre les préventions d'un goût trop exclusif.

Il faut aussi se rendre compte des faibles ressources dont disposa le génie d'Olmedo à son berceau. N'a-t-il pas écrit lui-même, peu de temps avant sa mort, non sans modestie :

Avec ma prédilection pour les belles-lettres où l'on a cru voir une heureuse disposition pour la poésie, j'aurais pu tirer quelque fruit de ces agréables études et produire une œuvre de mérite, si dans mes années de collège j'avais trouvé des maîtres et un enseignement.

Pour le juger impartialement, le lecteur devra enfin connaître la vie agitée du poète au milieu des convulsions incessantes de la terre américaine, des préoccupations politiques d'un Etat naissant, le rôle considérable qu'il y joua et ses missions diplomatiques en Europe, qui contribuèrent à parfaire son éducation, à

(1) M. Menéndez y Pelayo, *loc. cit.*

épurer son goût, à fortifier son génie, avant que, palpitant d'inspiration, il se soit écrié dans un emportement lyrique :

Qui me délivrera du feu qui me dévore ?
Comment chasser le dieu qui trouble mon repos ?

II

Naissance d'Olmedo. — Son éducation. — Ses premières poésies : Prologue à une Tragédie ; Mon Portrait ; Elégie à la
mort de Marie-Antoinette de Bourbon, Princesse des Asturies ; l'Arbre.

Le 20 mars 1780, José Joaquin de OLMEDO naquit à
Guayaquil. Cette ville, aujourd'hui l'un des ports les
plus importants de l'océan Pacifique et capitale com-
merciale de la République de l'Equateur, se trouvait
alors sous la juridiction militaire du Pérou, mais formait
partie intégrante du territoire de la présidence de Quito.
Elle fut fondée par Benalcazar, le *fameux capitaine*,
qui, bien inspiré dans le choix de son emplacement, la
bâtit sur les bords d'un superbe fleuve, non loin de son
embouchure dans la mer, — ce qui permet aux navires
de tous les tonnages de séjourner dans ses eaux, — et
en un site appelé à devenir le centre des plus florissantes campagnes et des plus riches propriétés.
C'est au cacique Guayas, l'un des vaillants chefs indiens vaincus là, que le conquérant, prit, pour baptiser
le fleuve, le nom d'où dériva celui de la ville de Guayaquil « qui semble un gazouillement d'oiseau », d'après
l'heureuse expression d'un poète français (1).

(1)... « ces villes exotiques dont les noms semblent des

Par les avantages de sa situation et le développement toujours très avancé de son commerce, Guayaquil, à l'aurore de son indépendance, devint l'objet des convoitises de deux Républiques naissantes, la Colombie au nord, que Bolivar encourageait dans ses prétentions, et, au sud, le Pérou, qui croyait y avoir certains droits. La création d'un troisième Etat mit heureusement un terme à la querelle, qui commençait à s'envenimer, et Guayaquil, berceau d'Olmedo, devint une ville équatorienne.

Olmedo descendait d'une famille très distinguée de Malaga. Son père, le capitaine Don Miguel Agustin de Olmedo, qui en était originaire, débarqua en Amérique vers 1757 et jusqu'en 1762 remplit à Panama les fonctions d'administrateur des rentes royales. On le retrouve à Guayaquil, en 1764, occupant divers postes de confiance. Il y épousa une américaine de sang espagnol. Deux années plus tard, il était nommé à Quito corrégidor et haut justicier, puis alcade. De retour à Guayaquil, il y mourut le 27 août 1808, laissant deux enfants, ce fils qui devait illustrer son nom et dont les succès universitaires lui avaient donné les plus belles espérances et une fille, dont la mort, en arrachant au poète un superbe cri de douleur, lui inspirera un de ses plus beaux sonnets.

L'enfance d'Olmedo et une grande partie de son existence s'écoulèrent sur les bords du merveilleux Guayas au cours rapide et abondant qui, par endroits, mesure plus de deux kilomètres de largeur. Quiconque le re-

gazouillements d'oiseaux, comme Guayaquil, ou des cris de perroquets, comme Caracas ». (François COPPÉE, *Les Vrais Riches, La Cure de Misère*, ch. III.)

monte jusqu'à sa source dans la Cordillère, depuis
l'océan, où il se jette au milieu d'un dédale d'îles ver-
doyantes, recouvertes de palétuviers géants et de plantes
halophyles, blanchies par des efflorescences salines, ne
peut se lasser d'admirer la diversité des paysages qui
sur chaque rive étalent à ses yeux la luxuriante végétation d'un sol comblé de bienfaits par la nature.
Fermes pittoresques et riches domaines s'y succèdent,
où des milliers d'animaux paissant en liberté émaillent
de taches multicolores les fertiles pâturages et les vastes
savanes tapissées de haute verdure. On y voit de magnifiques plantations, touffues comme des bois, où dispa-
raissent les rayons brûlants du soleil, qui font éclore
la blanche fleur du caféier ou germer la graine d'or des
théobromes, cette nourriture des dieux, véritables mines
d'inépuisables richesses.

Au milieu d'elles et tout autour des coquettes habita-
tions, groupées en hameaux ou capricieusement dissé-
minées, que les lianes enlacent depuis le sol jusqu'aux
tuiles étincelantes de leurs toits, les palmiers royaux,
en nombre imposant et majestueux, s'élèvent à des hau-
teurs prodigieuses, rivalisant avec d'autres couronnés
de palmes qui retombent comme un flot de rubans verts
sur les puissantes mamelles pleines d'un lait exquis et
rafraîchissant. Combien encore de ces palmiers, plus ou
moins élevés, aux variétés innombrables, s'y dressent
offrant, soit leurs branches dentelées au paysan pour
couvrir sa chaumière, soit leurs larges feuilles en éven-
tail qui, tressées par la main de l'homme, protégeront
son front des ardeurs tropicales et lui donneront aussi
le délicieux hamac pour délasser son corps ou bercer sa
paresse.

Non loin d'eux frissonnent les gerbes épaisses des bambous élancés qui donnent un cachet particulier si pittoresque à ces contrées et, projetant leurs ombres sur les troupeaux, s'inclinent, doucement caressés par l'haleine du vent, comme pour rendre plus respirable l'air ambiant aux hôtes d'alentour.

Les champs gracieux des frêles cannes à sucre sont annoncés par le bruit monotone des moulins, le seul, avec celui des bateaux courriers traversant le fleuve à de longues heures d'intervalle, ou avec les cris des animaux, qui trouble la paix de ces campagnes.

Sur les plaines humides apparaissent les épis légers des rizières, les barbes blondes du maïs, suivis de près par des légions de bananiers, dont le fruit délicat sert de pain aux indigènes, mieux que celui de l'arbre qui en porte le nom. Partout, les tamariniers sombres, les gais manguiers, les orangers et les citronniers parfumés et d'innombrables arbres exotiques, au puissant feuillage, alternent sur les terrains plus cultivés, où s'épanouissent aussi les diverses plantes qui promettent d'excellents légumes, comme l'igname et le manibot, ou sont chargés de fruits savoureux dont le plus apprécié, l'ananas, leur roi,

> . . . . porte sa couronne
> Sur un trône doré, vrai sceptre de Pomone.

Que les yeux s'abaissent sur les plages près desquelles se chauffent, parmi les nénuphars et les ajoncs, les caïmans, ces ouvriers aquatiques qui servent, dit-on, à ouvrir de nouveaux estuaires pour fertiliser les plaines, mais dont la repoussante laideur fait contraste avec la

radieuse beauté des lieux environnants, là déroule ses
feuilles aux nervures fines la plante du tabac. Plus loin,
sur la lisière des savanes, et, dans certains endroits, à
partir des bords du fleuve, commencent les noires forêts impénétrables, palais des singes, volières des per-
ruches, des colibris et des oiseaux-mouches, demeure
du jaguar ; véritables forteresses dont les murailles vé-
gétales servent de bois de construction, plus durables
que le marbre, quand, pour les chercher, l'homme s'y
fraye, la hache en main, un passage que les abondantes
pluies de l'hiver auront bientôt fait disparaître. Là, vit
en bonne compagnie des cèdres, des lauriers et des
gaïacs, la bienfaisante famille des quinquinas ; là, se cachent en parasites les passiflores et les divines orchi-
dées ; là, mimosas, frangipanes et vanilliers exhalent à
toute heure leurs enivrants parfums.

Des collines où l'imagination ardente des habitants
se plaît encore à rêver de trésors cachés par les Incas,
mamelonnent par endroits les terrains boisés, variant
mieux les attrayantes perspectives, comme des chaînons
détachés de l'imposante masse « assise sur des bases
d'or », dont les pics neigeux, couronnés de flammes, se
perdent dans la nue et dont les plateaux étagés cachent
dans leurs replis nombreux d'autres florissantes campagnes et tant de paisibles cités.

Dans sa longue course au pied de la chaîne des Andes,
le Guayas et les deux fleuves qui par leur réunion le
forment, serpentent ainsi capricieusement à travers les
plus éblouissantes campagnes du monde tropical. Le
charme en est inoubliable pour qui les contemple en
toute saison, mais plus vif encore, si c'est après les premières pluies de janvier. Le tapis des savanes devient

alors d'un vert plus séduisant ; des effluves printaniers répandent de tous côtés le parfum des gardénias, des jasmins et des roses, exhalé par des milliers de jardins le long du fleuve ; les oiseaux, parés de leur plus beau plumage, chantent en bâtissant leurs nids ; les papillons, aux ailes étincelantes, semblent, en volant, des touffes lumineuses détachées d'un arc-en-ciel et les petits insectes multicolores bruissent dans les herbes ou se poursuivent dans l'espace.

Au milieu de ce décor féerique, la ville de Guayaquil, adossée à trois collines pittoresques, resplendissante de lumière sous un ciel flamboyant, mais ombragée par les palmes et rafraîchie par la brise vivifiante d'une mer très peu lointaine, déroule sur de larges quais, coupés par des estuaires, le premier cordon de ses maisons fleuries à deux et trois étages, soutenus par les arcades de vastes galeries, et mire coquettement ses clochers dans le grand fleuve où elle plonge elle-même, par tout un quartier de plaisance planté sur pilotis.

On se plaît à reconnaître, et c'est justice, que sur ce sol embrasé où tout atteint un très haut degré d'intensité, le développement des séductions de la nature et des passions humaines, les hommes sont doués d'une imagination vive, féconde, exubérante. On comprend que parmi ceux qui vivent dans la continuelle contemplation des merveilles de cette chaude nature, un jour, sous l'influence irrésistible des événements grandioses d'une crise héroïque, une âme d'élite se réveille et prenne son essor, génie prédestiné, à qui il suffira de regarder autour de lui pour que les cieux, les monts, les fleuves et les champs lui fournissent les matériaux divins d'une œuvre immortelle.

Olmedo devait avoir, et il l'eut au plus haut degré,
le sentiment profond, l'amour inné de la nature. Nul
ne se plut davantage dans sa contemplation. Les sédui-
sants paysages des forêts tropicales servent souvent de
fond à ses grandes poésies. Fréquemment il rappelle en
termes émus et peint d'un coup de pinceau sobre et
juste, inoubliable, son superbe fleuve, les monts géants,
sa florissante campagne. Il nous mène, suivant le ca-
price de sa muse, « errer dans les bois endormis »,
nous reposer pour méditer en paix sous un grand arbre
vénérable,

> Où la fureur des vents, si redoutable,
> Vient se rompre et s'apaiser.......

Il nous conduit près des bords du fleuve, où fleurit son
jardin, à travers les rosiers. Parfois, il nous fait

> D'un vol impétueux planer sur les sommets

dont il pouvait apercevoir de sa fenêtre, par les temps
clairs, le pic le plus élevé, celui du fier Chimborazo, au-
quel il adressa un jour ces paroles :

> Roi des Andes, que ton front radieux s'incline,
> Car voici le vainqueur.......

Ces mots ne s'appliquent pas malheureusement à Bolivar, le seul homme dans l'Amérique méridionale qui
pouvait, en méritant tous les hommages, rendre excusable la hardiesse de ce langage.

Olmedo avait neuf ans quand, en 1789, son père
l'emmena à Quito pour y commencer ses études de

grammaire au collège de Saint-Ferdinand, dirigé par les dominicains. Il y devint le condisciple de Mejia (1), l'un des orateurs les plus éloquents des cortès de Cadix en 1810 et le plus remarquable des députés américains qui s'y rendirent. Tous deux furent les élèves d'un homme fort érudit pour son époque, né à Quito, le Dr. Espejo (2), qui, devinant l'intelligence des deux enfants, leur donna d'excellents conseils et les encouragea vivement à persévérer dans l'étude des lettres. Trois ans plus tard, des événements imprévus rappelaient Olmedo à sa ville natale où il séjourna jusqu'en 1794. A cette date, il fut envoyé à Lima, au fameux collège de Saint-Charles, pour suivre les cours de philosophie et de ma-

(1) Mejia (José), l'un des fils illustres de l'Equateur qui, par son éloquence, fut aux cortès de Cadix en 1810 le rival du célèbre Arguelles et mérita d'être surnommé le *Mirabeau américain*. Olmedo a écrit sur sa tombe : « Il posséda tous les talents, aima et cultiva toutes les sciences ; mais il aima surtout sa Patrie. Il défendit les droits du Peuple Espagnol avec la fermeté de la vertu, les armes du génie et de l'éloquence et avec toute la liberté d'un Représentant du Peuple. Né à Quito, mort à Cadix en octobre 1813, à l'âge de 36 ans. Ses compatriotes et ses amis gravent en pleurant ces mots pour la postérité. »

(2) Espejo (Francisco de Santa Cruz), né à Quito (1740-1796), de race indigène, mourut dans un cachot victime de son patriotisme. Habile chirurgien et savant professeur qui possédait les plus vastes connaissances encyclopédiques que l'on pouvait acquérir de son temps dans sa patrie, il y fonda le premier journal : *Les Prémices de la culture* et publia des ouvrages manuscrits célèbres, parmi lesquels *Le Nouveau Lucien ou Réveil des Esprits*, œuvre satirique, puissant pamphlet qui donna l'impulsion au premier mouvement révolutionnaire en faveur de l'Indépendance.

thématiques. Son intelligence et son application le
firent remarquer de ses maîtres et, à la fin de ses études
scolaires, il obtint, en concours public, la chaire de
philosophie de l'université de Saint-Marc. Il ne l'occupa
que peu de temps. A peine reçu docteur en droit, il se
vit désigné pour la chaire de droit romain. Sa réputation commençait à s'établir déjà et ses premières poésies
se répandaient dans le public. Malheureusement il ne
nous reste que cinq, peu importantes, de celles qu'il
écrivit avant l'âge de trente ans.

Olmedo n'était qu'un étudiant lorsque, à la prière de
ses camarades, il composa son *Prologue* en vers pour
une tragédie de Quintana qu'ils allaient jouer. Preuve
incontestable de la supériorité littéraire, poétique au
moins, qu'ils lui reconnaissaient sur eux.

Sans s'élever bien haut, cette poésie ne manque ni
de charme ni de goût. Ecrite dans un style élégant et
correct, elle semble inspirée en partie par Lucrèce. Le
poète y célèbre l'utilité des récréations saines, des dis-
tractions honnêtes qui encouragent au travail, favori-
sent le progrès des sciences, donnent plus de vigueur au
talent, de l'essor au génie. Aussi compare-t-il cette oisiveté momentanée à la bienfaisante rosée que répand
le ciel en gouttes légères pour féconder le sol, faire ver-
dir les champs et s'épanouir les fleurs

> Portant l'heureux augure
> De leurs milliers de fruits aux laboureurs ,
> Source pour eux certaine de richesse.

Cette petite pièce est un éloge éloquent et bref de la
loi du repos, imposée par Dieu à la nature entière, d'où

l'excuse des jeux de ses condisciples alternant avec de sérieuses études,

> Tout en suivant le long sentier
> Très escarpé qui mène
> Au temple glorieux de la science humaine.

Il expose ensuite le sujet de la tragédie du poète espagnol, à qui plus tard il devait être comparé lui-même, et trouve des notes justes pour flétrir en quelques mots la tyrannie, tout en exaltant le courage et l'amour.

PROLOGUE A UNE TRAGÉDIE (1)

> Le ciel répand en perles au matin
> Une rosée utile et salutaire
> Pour rafraîchir et féconder la terre.
> A son contact si bienfaisant, soudain,
>> Les champs se couvrent de verdure ;
>>> Partout naissent des fleurs
>>> Portant l'heureux augure
>> De leurs milliers de fruits aux laboureurs,
>> Source pour eux certaine de richesse.
> De même tout honnête et court amusement,
> Comme l'oisiveté que l'on goûte un moment,
> Encourage au travail, raffermit la sagesse,

(1) Il s'agit d'une des plus célèbres tragédies de Quintana, Le DUC DE VISEO, représentée à Madrid en 1802.

Protège les progrès des arts en imprimant
De l'essor au génie et, pour la noble étude
Des lettres, c'est un bon et doux délassement
A l'esprit sérieux qui, dans sa tâche rude,
Se distrait et s'applique et trouve du plaisir.
La loi que la nature a faite universelle,
C'est la loi du repos. On voit comme, à loisir,
    Au jour fixé la terre maternelle
Fait germer dans son sein des fruits nombreux et beaux ;
    Au jour fixé, les pare pour séduire,
Et se repose au jour fixé pour le repos ;
    Mais, si sans cesse on l'oblige à produire,
Elle s'épuise et se fatigue. Quant à nous,
Seigneur, nous désirons obtempérer au doux
Devoir que cette loi si sage nous impose
Et nous alternerons notre utile métier
Avec notre loisir utile qui repose,
      Tout en suivant le long sentier,
        Très escarpé qui mène
Au temple glorieux de la science humaine.
Que notre âge aujourd'hui plaide en notre faveur,
      Comme notre inexpérience,
    Pour mériter votre aimable indulgence.
Le feu des passions au fond de notre cœur
      En attendant déjà s'allume,
Et ce n'est pas en vain que nous les repassons,
    Pour éloigner l'orage qu'on présume,
Ces exemples si grands, ces utiles leçons
    De la philosophie et de l'histoire
Que nous aurons toujours présents à la mémoire.

Viséo nous fait voir le tyran inhumain
Qui, dans le sang d'un frère ayant trempé la main,
Va s'ouvrir le sentier qui mène à la puissance,
    En le semant de crimes et de morts.

Son cœur hautain et sans remords,
Altéré de vengeance,
Brûle d'amour et, pourtant, dans son cœur
Ne brille pas la tendre et consolante flamme
Que porte un amoureux sensible dans son âme.
C'est le feu destructeur
Qui du sein d'un volcan terrifiant s'élance !
Mais il emploie en vain la violence
Pour délier ou déchirer les nœuds
Formés depuis longtemps par les plus chastes feux,
Par la beauté, par la tendresse.
Un amour pur et fort
Triomphe des tyrans toujours et de la mort.
L'homme cruel dans sa fureur insulte, blesse
L'ennemi désarmé, mais il tremble le jour
Qu'il en voit un hardi lutter pour son amour.
Il se trouble, il se frappe, il a la mort du lâche
Et l'amour est vainqueur ! Que l'opprobre s'attache
Sur le front des pervers !
Mais donnez-moi des lauriers verts,
Apportez-moi des roses
Nouvellement écloses
Pour couronner le front heureux
Des amants fidèles et vertueux.

Ah ! quel bonheur si dans le cours de notre vie
Nous mettons à profit tant de belles leçons ;
Et notre âme sera ravie
Si les exploits que sur la scène nous plaçons,
Seigneur, peuvent vous plaire
A vous si bienveillant pour tous nos professeurs
Et le plus empressé de tous nos protecteurs.
Pourquoi douter de vous distraire ?

Puisqu'en nous accordant cette insigne faveur
D'honorer nos loisirs avec votre présence,
Vous nous donnez, pour peu que soit notre labeur,
Un plaisir, votre estime et notre récompense.

Quelques-uns des biographes d'Olmedo ont cru que
cette allocution dite par un élève du collège de Saint-
Charles, en présence de l'évêque de Lima, qui présidait
la séance, devait être la plus ancienne de ses poésies ;
erreur rendue évidente par M. Ballén qui dans son recueil, la fait précéder de trois autres incontestablement
antérieures et composées aussi sur les bancs de l'école.
La première de celles-ci porte la date de 1803 et ce titre
Mon Portrait. Voici cette composition légère et piquante
pleine de fraîcheur et de jeunesse, qui révèle la gaieté
et la malice de l'étudiant. Il l'écrivit pour amuser sa sœur,
tendrement aimée, qui réclamait un portrait de lui et à
laquelle il dira :

> Je porte noir l'habit,
> Car, pendant ton absence,
> Je suis toujours en deuil.

MON PORTRAIT

A ma sœur Madeleine.

I

Le rire doit poursuivre
Ces hommes vaniteux
Qui veulent se survivre
Dans des tableaux pompeux.
Ils mettent dans leurs toiles
Un illustre blason,
Des livres, des étoiles,
Des titres à foison.
Gardent-ils l'espérance
Que d'antiques portraits
Aient pour leur descendance
Du prix et des attraits
Et qu'à travers les âges,
Les hommes, à l'aspect
Fané de leurs visages,
Seront pleins de respect ?
Frêles châteaux qu'à terre
Jette le moindre vent !
Le portrait de grand'père
M'a fait rire souvent...

. . . .

Si les hommes oublient
Les morts, ma sœur, après
Crois-tu donc qu'ils se plient
A garder leurs portraits ?
Souillés par la poussière,
Dans un coin sans lumière
Dorment tous ces aïeux,
Même les plus grands preux !
D'ailleurs, lorsque je pense
Combien c'est naturel
Qu'on veuille être immortel
Par sa vaste science
Ou par ses grands exploits,
Fort bien je m'aperçois
Que c'est d'être ton frère
Que je puis me vanter.
Le reste ne vaut guère
L'honneur de le compter.
Or, comme à l'homme sage,
Modeste et résigné,
Suffit le court passage
Sur la terre assigné,
Je veux suivre sans cesse
L'exemple, trait pour trait,
Du sage qui nous laisse
Des œuvres pour portrait.

Me crois-tu donc avide
De connaître les traits
D'Homère, Horace, Ovide,
Virgile ?... Beaux ou laids,
Si dans leurs vers je trouve
Bon profit, grand plaisir,
Satisfait, je n'éprouve

Aucun autre désir.
Laisse qu'en paix je vive
Les jours présents et foin
Du siècle qui me suive,
Car je serai bien loin,
Sans que rien ne me touche,
Ni grands compliments faux,
Ni jugement farouche
Des savants et des sots.
Réjouis-toi, ton frère
N'a pas de vanité !
Joyeux mon vers sincère
Dit sans témérité :
Le rire doit poursuivre
Ces hommes vaniteux
Qui veulent se survivre
Dans des tableaux pompeux !

II

Il est dur, je l'avoue,
De faire son portrait,
Surtout quand on est laid !
Pour toi je me dévoue
Et, soumis à tes vœux,
Je fais ce que tu veux.

Le peintre c'est moi-même.
Vite, vite un miroir
Pour qu'il me fasse voir
Dans sa franchise extrême

Mes charmes, mes défauts.
« Pas si mal », dit la glace.
Je garde les pinceaux
Qu'en contemplant ma face
J'avais craint de jeter,
Sûr de m'épouvanter.
Or, maintenant, j'espère,
Puisque tu m'aimes tant,
Et moi le méritant,
Pouvoir te satisfaire.
Figure-toi, ma sœur,
La taille d'un jeune homme
De cinq pieds de hauteur.
Ni blonds, ni noirs, ni comme
Des crins rudes et plats,
Mes cheveux ne sont pas
Non plus ceux d'un mulâtre.
J'ai très large le front,
Tel qu'un esprit profond,
Mais non acariâtre.
Nul ne le voit froncé,
Revêche ou bien austère.
Epais, d'un noir foncé,
Sont mes sourcils. Ton frère
Se flatte que ses yeux
Sont ce qu'il a de mieux.
Pas très grands, mais, je pense,
Point petits. Sous les cils,
Douteuse est leur nuance :
Ni bleus ni noirs. Sont-ils
Joyeux ou voilés d'ombres ?
Ni trop vifs, ni trop sombres.
Mon nez, je le sais long
Et m'en fais une gloire,
Car toujours, c'est notoire,

Les plus grands hommes ont
Un grand nez. Entre mille,
Je citerai Virgile,
Homère, si fameux,
Qui l'avaient long tous deux.
Et l'amoureux Ovide,
Mon maître le plus cher.
Ma lèvre n'a pas l'air
Saignante ni livide;
Peu mince est son contour.
J'ai la bouche moyenne
Et je ris sans détour
De toute chose humaine,
Pour bien montrer dedans
La blancheur de mes dents,
Complètes et semblables.
J'ai des poils misérables
Sur un menton pointu.
J'en suis heureux, en somme,
J'aurai d'un gentilhomme
Cela de moins, vois-tu (1).
Certainement l'ensemble
Du visage me semble
Rude. Si sa couleur
N'est ni noire ni blanche,
Je m'y trouve, en revanche,
Quelques taches, ma sœur.
Vit-on le champ céleste
Sans étoiles jamais?
Enfin, sur tous mes traits
S'étend un air modeste
Voilant mal ma laideur.

(1) Allusion à l'habitude qu'avaient les Espagnols nobles
de porter la barbe.

Que dis-tu de ma face ?
Eh bien ! T'ai-je fait peur ?
Non ? Attends que je fasse
Le portrait de mon corps.
Mon cou n'est pas énorme
Et n'a rien de difforme,
Ni grand, ni court, ni tors.
Assez large est l'épaule
Et le buste peu long,
Mais je n'ai pas le tronc
Penché comme le saule,
Ni raide comme un pieu.
Jamais d'un petit maître
Je n'eus l'air, grâce à Dieu !
Ma jambe peut paraître
Un peu forte, mais laid
Je n'ai pas le mollet,
Ni le pied trop immense,
Sans qu'il soit très petit.
Je porte noir l'habit
Car, pendant ton absence,
Je suis toujours en deuil.
Autour de ma poitrine
Un ruban bleu domine
Qui flatte mon orgueil,
Car c'est pour le plus digne
Au collège, l'insigne
Suprême de l'honneur.
T'ai-je fait voir, ma sœur,
Combien de chaque extrême
Je suis distant en tout ?
Moralement, de même,
Toujours suivant mon goût,
En vices, en sagesse,
En penchants, en adresse,

Je garde un bon milieu.
Mais, pour t'aimer, grand Dieu !
Pour t'aimer, sois-en sûre,
Je n'ai point de mesure !
Dans mes rapports divers,
Mon air, mon caractère
Sont francs, comme mes vers,
Doux et cherchant à plaire.

Voilà donc mon portrait
Qui restera parfait,
Si ta main environne
Mon front de la couronne
De roses que l'Amour
Et les muses tressèrent,
Où les lauriers autour
Des myrtes s'enlacèrent.
Assieds-moi tout auprès
D'un ruisseau pur et frais,
Dont le cours soit tranquille,
Et sous un arbre au soir,
D'où mes yeux pourront voir
La campagne fertile.
Dans un coin du tableau
Mets mon bonnet par terre,
Mon écharpe scolaire,
Ma robe et mon manteau.
. . . .
. . . .

Et près de ma main place
Des livres peu nombreux,
Très peu ; tous bons ; entre eux,
Virgile, Ovide, Horace,

Plutarque, Anacréon
Et Pope et Richardson
Et toi, Valdès (1), ma joie,
Mon délice et l'ami
Des Muses, que parmi
Les meilleurs on t'y voie !
Puis, au pied du tableau,
« Il aima », fais écrire,
« Ce qui vraiment est beau
« Ce qu'il faut qu'on admire ».

Ah ! Bienheureux portrait,
Tu pars sans que je puisse
Avoir ton sort propice
Qui tant me sourirait !
Prends une âme à la vue
De mon plus cher trésor
Et, d'une voix émue,
Sache lui dire encor :
L'amour que je lui voue
Et mes vœux de bonheur.
Donne-lui de tout cœur
Un baiser sur la joue.

Faut-il considérer la poésie précédente comme le premier essai du poète ? Nous ne le croyons pas. A vingt ans, partout, plus encore dans ces contrées précocement exubérantes, où l'imagination s'embrase si vite, dès que les premières émotions du cœur se font

____

(1) Juan MELÉNDEZ VALDÉS, grand poète espagnol de la seconde moitié du xviiie siècle, fut appelé le restaurateur de la poésie castillane tombée dans le domaine du mauvais goût de l'école gongorique.

sentir, la plupart des jeunes gens ne sont-ils pas convaincus qu'une muse ardente et impérieuse habite en eux ? Facilement dociles ils s'empressent, pour lui obéir, de confier d'abord timidement au papier, puis de faire circuler parmi les intimes, et de divulguer plus hardiment, enfin, par la presse, leurs premières sensations, leurs illusions amoureuses, surtout. Olmedo, qui avait pourtant « l'amoureux Ovide » pour maître et pour ami, et Anacréon parmi ses lectures préférées, a-t-il su résister à cette tentation, bien qu'il fût né, lui, vraiment poète ? Ou, s'il sacrifia à ce goût, si répandu parmi la jeunesse des tropiques, il dut avoir soin d'en faire disparaître jusqu'aux moindres traces, dès qu'il sentit parler en lui une muse appelée à de plus glorieux destins, impatiente de plus hautes envolées. Et cela est d'autant plus vraisemblable, qu'il nous dit lui-même :

Dans ma jeunesse je faisais des vers avec une facilité extrême, peut-être parce que la jeunesse est une saison magique ; peut-être parce que je ne m'essayais pas dans des compositions élevées et sérieuses ; peut-être enfin, parce que, connaissant moins l'art, le spectre de la perfection m'effrayait moins (1).

Il faut donc considérer *Mon Portrait* comme la première des poésies de sa jeunesse qui soit arrivée jusqu'à nous, conservée sans doute par la tendresse de sa sœur. Nous avons hésité à la traduire, autant par son peu d'importance littéraire que parce qu'il n'est pas possible de le faire sans la déflorer. Il est difficile de rendre la grâce badine du poète débutant et la légèreté

______

(1) Lettre au général Florès publiée plus loin.

de son coup de pinceau. Nous nous sommes décidé, pourtant, à l'insérer ici, ne fût-ce que pour faire mieux sentir les étapes successives que parcourut Olmedo dans l'art de versifier.

Cette composition a été jugée sévèrement par quelques-uns qui ne lui trouvent aucun mérite, avec trop d'indulgence par d'autres, pour qui elle est « ravissante à cause de son ingénuité » ; impartialement, à notre avis, par tous ceux qui, se rappelant l'âge de l'auteur, ont bien voulu n'y voir que ce qu'il s'était promis de faire délibérément, « c'est un amusement poétique, facile et gai, un peu long peut-être ». Mais, n'a-t-elle pas son prix pour nous cette poésie et n'est-elle pas un intéressant document humain pour l'étude physique et psychologique du poète à ses vingt ans ? Oui, certes, car elle reproduit ses traits dans la force de la jeunesse ; elle met à nu une âme aimante et bonne, un cœur plein de tendresse fraternelle. Or, si nous savons que l'âge n'altéra pas ses qualités morales et donna plus de vigueur à son esprit, la gravure n'a popularisé que ses traits déjà marqués par la griffe du temps, tels que nous les voyons dans le portrait mis en tête de cette étude, le seul, croyons-nous, qui existe de lui.

Examinez-le attentivement pourtant. Peu à peu, vous y retrouverez les lignes saillantes de la légère esquisse tracée par la main du poète et dont, à dessein, il atténua les côtés flatteurs pour en exagérer les défauts. Voyez ce large front de penseur, entouré de cheveux naturellement bouclés ; ces yeux grands ouverts, « ce que j'ai de mieux », dit-il, noirs et vifs, enfoncés sous des arcades bien garnies. Ils ont tout à la fois l'expression de l'intelligence, la profondeur de l'esprit que doit

avoir l'homme destiné à donner des lois à un peuple,
la mélancolie douce du rêveur. Son nez aquilin
est bien un peu long, ce dont il se montrait fier par
la ressemblance qu'il croyait avoir ainsi avec ses
maîtres préférés de l'antiquité. Les ailes en sont légèrement écartées, comme agitées par des sensations fortes,
et semblent humer la brise printanière des rives embaumées de son beau fleuve. Les lèvres fines dessinent
franchement le contour de la bouche, où s'ébauche un
aimable sourire, reflet d'un cœur indulgent. Rien dans
ce visage ovale, amaigri, « au menton un peu pointu »,
et complètement rasé, suivant la mode du temps, ce
qui donne à sa physionomie un air vague de prélat as-
cétique, rien de même, dans ce corps courbé sous le
poids de soixante années, qui ne garde l'empreinte
de la distinction. Tout y commande le respect et la
sympathie, car tout dans son harmonieux ensemble
porte le sceau visible de la beauté morale et du
génie.

La seconde des poésies d'Olmedo dans l'ordre chro-
nologique, n'a que le faible mérite d'avoir été impro-
visée sur un programme d'examens en 1806. C'est un
court éloge des mathématiques.

Nous arrivons ensuite à l'élégie composée à l'occasion
de la mort de la princesse des Asturies en 1807. Le
poète y cherche sa voie. Son inspiration grandit; sa
muse a des ailes et du souffle. Il touche par l'émotion
sincère qu'il ressent et laisse pressentir les grandes qualités de ses poèmes épiques de l'âge mûr. Sur sa palette il assemble déjà les couleurs sombres et les couleurs brillantes. Si la lyre ne prélude ici qu'aux accents
plaintifs d'un nocturne sentimental, la note est juste et

l'accord vigoureux quand il décrit les calamités qui s'abattent sur l'Espagne.

> ..... dont les exploits si dignes de mémoire
> Rendaient le monde entier confus

et qui

> Sur ses épaules faibles ne peut plus
> Soutenir le cadavre de sa gloire.

Ces calamités sont : la peste et la famine, la perte de sa flotte au milieu d'un combat dans une affreuse tempête et la mort cruelle de cette jeune princesse napolitaine à qui tout souriait quand, pour épouser l'héritier du trône, elle débarquait sur la plage espagnole et qui semble désignée peu après comme victime expiatoire par un Dieu courroucé. La personnalité d'Olmedo ne se dégage pourtant pas complètement dans cette poésie où les réminiscences sont fréquentes, comme on s'en rendra compte par la traduction suivante.

DE MARIE-ANTOINETTE DE BOURBON

PRINCESSE DES ASTURIES (1)

Seigneur, Seigneur, le peuple qui t'adore,
Ecrasé sous le poids de ton divin courroux,
Ne peut plus résister. Il gémit, il t'implore
    Et courbe les genoux.
Le fragile roseau s'incline et se balance
Si l'aile du zéphyr s'agite doucement.
Que le rude ouragan souffle avec violence,
Il s'ébranle, se rompt, n'est plus en un moment.
    Ainsi, mon Dieu, ta colère céleste,
Sous les aspects effrayants de la peste
      De la guerre et de la faim
Sur l'Espagne s'appesantit soudain.
Celle dont les exploits, si dignes de mémoire,
    Rendaient le monde entier confus
    Sur ses épaules faibles ne peut plus
    Soutenir le cadavre de sa gloire !

(1) Cette princesse napolitaine, fille de Ferdinand Ier roi des Deux Siciles, épousa le prince des Asturies, plus tard Ferdinand VII, et mourut de la peste en 1807.

Oui, celle qui voyait à ses pieds autrefois
        Soumis les peuples et les rois,
D'un double continent se proclamant la reine,
    Gémit comme une esclave qu'on enchaîne !

        Et pendant que tu sévis
        Oubliant tes devoirs de père
        Et ta pitié, tu nous ravis
Cette princesse encor qui nous était si chère,
        Qui fut notre plus doux espoir,
    D'attraits et de vertus parfait miroir !....

        L'inoubliable journée
        Où Barcelone fortunée,
Son noble cœur rempli d'allégresse et d'orgueil,
        Triomphante et radieuse
De faire à ses grands rois un magnifique accueil,
        Vit la mer écumeuse
        Baiser son mur puissant
    Et déposer après sur le rivage,
        Devant la foule immense s'y pressant,
    Le trésor précieux dont Naples fit hommage.

Au milieu des clameurs et du bruit du canon,
Cette auguste Princesse enfin foule la terre
        Qui de Reine, Maîtresse et Mère,
Pieusement un jour doit lui donner le nom.
Les yeux sans se lasser la contemplent. Personne
Ne peut la voir sans aussitôt l'aimer.
Noblement gracieuse et douce on l'environne ;
        Partout elle va semer
L'amour. Elle arrive et remporte
    Sur tous les cœurs la victoire aisément.
Princesse, sans régner hélas ! tu n'es pas morte.

Tu vis un peuple entier t'obéir librement,
Car, qui connaît l'amour, connaît l'obéissance
Et seul l'amour peut plus que l'or et la puissance !

Espagne maternelle, où sont, hélas, où donc,
          Les grandes espérances caressées,
              Lorsque, d'un même et puissant tronc,
Les deux branches naguère étaient entrelacées ?
          Où sont les tendres rejetons poussant,
          Comme on croyait, de la royale souche,
          Dont les veines devaient porter le sang
Glorieux du dompteur de Naples la farouche ?
Héritiers de sa gloire et de ses noms
          Ils devaient naître et s'élever à l'ombre
                  Du trône des Bourbons,
              Perpétuant ainsi le nombre
          Des rois chrétiens, guerriers forts et vaillants,
          De leurs sujets vrais pères bienveillants !

Espagne, qui reçut ton ardente prière
Lorsqu'au pied de l'autel, la face contre terre,
Versant des pleurs de joie, en un jour radieux,
Pieusement ta voix s'élevait jusqu'aux cieux ?

              Seigneur, sourd à sa plainte,
Aveugle pour ses pleurs, tu détournes tes yeux
          Remplis de ton indignation sainte,
                  Tu fais trembler les cieux ;
              La terre aussitôt tremble
Et tous les éléments se déclarent ensemble
              La guerre sans merci (1). Les airs

(1) Allusion à l'épouvantable tempête qui consomma la
perte des escadres pendant le combat du 21 Octobre 1805.

Se fendent sillonnés d'éclairs.
Avec fracas partout résonne le tonnerre,
Et le vent en fureur hurle agitant la mer.
Dans un affreux combat les navires de guerre
Se heurtent en marchant, s'abordent sans voir clair
Et, se brisant, comme la pierre ils glissent.
Au fond de l'océan plein de sang et de feu.
Sans gloire et sans vengeance à l'instant tous périssent ;
Seul ton courroux triomphe, impitoyable Dieu !
Puis l'ange de la mort, à ton appel se dresse.
        Ton doigt lui montre la Princesse,
L'Infante de l'Espagne, et lui, plein de respect,
De ses ailes voilant sa face à ton aspect,
Reçoit ton ordre et, ceint de la brillante épée
Que les Egyptiens ne voient pas sans frémir,
        Car de leur sang elle est encor trempée,
                Prend son vol pour t'obéir.
Il frappe et sur le sol il couche la victime
                Qui tombe en expiation,
La victime innocente de ton crime,
                O coupable nation !
                Elle tombe frappée
                    Par cette même épée
Qui servit à punir un peuple renégat !
            Aux yeux du Tout-Puissant, peut-être,
                Moins odieux doit paraître
Un peuple qui n'a pas la foi qu'un peuple ingrat !

Auparavant, déjà, les maux et la souffrance,
                Guerriers qui, pleins d'indifférence,
Servent sous le drapeau lugubre de la mort,
                Autour du front royal volèrent
En menaçant la chère existence. Et d'abord
                Ses beaux yeux se voilèrent,

De sa lèvre s'enfuit le sourire joyeux,
Une triste langueur s'empare de ces yeux
Où jusque-là siégeaient l'amour et la tendresse,
Puis, ce cœur où brûlaient les vifs et chastes feux
De Ferdinand, se fatigue et s'oppresse.
　　Un même jour a vu notre allégresse
Naître, croître et mourir. La nuit d'un jour si beau
　　Devient la nuit obscure du tombeau.
En vain on épuisa toute humaine ressource.
Au ciel était signé le décret de sa mort
Et l'art fut inutile ; impuissant son effort.
L'Ange d'Isaac dut interrompre sa course !

　　Sybille qui dans ton antre mystérieux
　　De Cumes (1), dans des accès furieux
　　　　Par un dieu tourmentée,
Et jusqu'aux cieux par ton extase transportée
Révélas autrefois de terribles destins,
　　　Pourquoi ne t'es-tu pas dressée
Sur la tombe où, depuis des siècles si lointains,
Ton vénérable front repose, et courroucée,
Donnant un libre cours à tes divins accents,
Pourquoi sur le tombeau, sinistre et redoutable,
Ne nous fis-tu pas voir la chute lamentable
　　　Des empires puissants
Et les sceptres brisés (2) ? Pourquoi, troublant l'ivresse
De Naples, n'as-tu pas annoncé dans un chant
　　　Quel sort misérable et touchant

(1) Cumes, se trouvant près de Naples, patrie de la princesse, le poète s'en est souvenu pour faire cette invocation à
la Sybille.
(2) Ferdinand 1er avait été dépouillé de son royaume de
Naples en 1806, un an avant la mort de sa fille.

Sur la plage ibérique attendait la Princesse
Qui, confiée aux flots, s'éloignait de ton sol,
Pour être reine un jour du grand peuple espagnol?
L'oracle eût empêché le deuil de ta patrie,
Ou le malheur prévu l'aurait moins assombrie !

Et toi, lorsque tu vis tranchés les nœuds si doux
Qui t'attachaient, Princesse, au trône, à l'existence,
     A Ferdinand, ton cher époux,
   Toi qui ne trouvant plus de résistance
   A tes efforts pour retourner aux cieux,
      Y remontas d'une aile sûre,
     Comme une flamme belle et pure
S'échappant du foyer terrestre ; que tes yeux
   S'abaissent sur l'Espagne infortunée,
   A sa douleur extrême abandonnée,
   Qui, ses atours de reine déchirés,
   Laissant flotter sa noire chevelure,
   De jacinthes le front couvert et de cyprès,
      Gémit devant ta sépulture.
L'Amérique, sa fille, en écoutant ses pleurs,
Se lamente à son tour, partage ses douleurs.
         Touchante et désolée
      Sa plainte ainsi s'est exhalée :
« Quel coup inattendu vient frapper maintenant.
Mon cœur blessé ! J'ai vu le monstre de la guerre
Se trouvant à l'étroit dans le vieux continent,
   A la nage passer l'océan en colère.
A son sinistre aspect, à son rugissement,
De tous côtés trembla ma terre éperdument !
Et j'ai vu sur mon sol chrétien et sans souillure
      L'Anglais perfide, ambitieux,
      En présence des cieux,

Poser sa plante impure ! (1)
J'ai vu mes champs ruinés ;
Dans mes temples j'ai vu les autels profanés ;
J'ai vu mes fils s'armer au nom de la Patrie,
De leurs Rois et de Dieu ; je les ai vus mourir,
Mes vaillants fils aimés, dont la main aguerrie
N'abandonna qu'à leur dernier soupir
Le fer baigné de sang, couvert de gloire !
Seul souvenir, hélas ! qui me remplit d'orgueil
Et me console dans mon deuil !
Grand Roi, mes fils sont morts ! Ah ! vengeons leur mémoire
Car, s'ils n'ont pas vaincu des ennemis nombreux,
Tous ont lutté, comme ils sont morts, en preux ! »

O, ma chère Patrie, à tes combats fais trêve.
Suis-moi, car derrière l'éclair,
Comme l'aigle voici que je m'élève
Jusqu'au séjour heureux et clair.
Soudain je vois s'ouvrir les portes éternelles,
N'entends-tu pas des voix touchantes, solennelles,
Dont les accents montent harmonieux
Autour de l'Agneau Pur au fond des Cieux ?
Ecoute dans ce chœur retentissant, sublime,
La prière fervente aussi de ta victime
Offrant, pour les malheurs du peuple qu'elle aima,
Sa jeunesse, sa vie et son martyre !
Contemple le regard de paix qu'elle alluma
Sur le trône divin et l'affable sourire
Qui jusqu'à nous dans un rayon descend.
La foudre échappe enfin des mains du Tout-Puissant.

Et toi, ministre ailé de la vengeance,
Qui dans sa fleur fauchas notre espérance,

(1) Allusion aux attaques et pillages du corsaire anglais
Drake.

Annonce aux peuples ennemis
Que le courroux de Dieu s'apaise ;
Qu'au rang de ses enfants il nous a mis,
Que faibles on nous voit quand sur nous sa main pèse ;
Mais qu'enfin son pouvoir ranime notre bras.
Qu'ils tremblent ! Désormais ils ne nous vaincront pas !
Et lorsque le lion d'Espagne plein de haine,
Après avoir brisé sa chaîne,
Hérissant sa crinière rugira,
A son rugissement l'Insulaire fuira
Aiguillonné par l'épouvante,
Sur les flots orageux de sa mer décevante
Et sa main laissera, défaillante, échapper
Le trident qu'à l'Espagne il croyait usurper ! (1)

Un an après avoir publié l'élégie précédente, en 1809, Olmedo s'inspira des événements déplorables qui se déroulaient en Espagne pendant l'invasion de Napoléon, pour écrire une ode, *L'Arbre*, fidèle reflet des sentiments très naturels des Espagnols et de tous les Américains encore dévoués à la mère-patrie. Ce fut la première des grandes compositions célèbres qui le mirent à la tête des poètes de l'Amérique latine. Le début, que nous avons traduit, est plein de majesté.

(1) Deux mois après que le poète eut écrit cette élégie, dix mille Anglais attaquèrent la ville de Buenos-Ayres, mais, vaincus par ses habitants, ils furent obligés de se rendre.

L'ARBRE

A l'ombre de cet arbre vénérable,
Où la fureur des vents si redoutable
      Vient se rompre et s'apaiser,
    Pour méditer, je veux me reposer.
Son grand âge m'inspire un saint respect mystique,
Son tronc rugueux et nu m'offre un siège rustique,
Le feuillage imposant dont je le vois couvert
Le fait l'unique roi de ce désert
Très vaste qui s'étend tout à la ronde.
Ma Muse, déployant son aile vagabonde,
A travers l'air subtil va prendre son essor,
Ainsi qu'un papillon volage aux ailes d'or,
Qui, libre, dans les bois fleuris, joue et se pose
      Sur un œillet, sur une rose,
Ou, comme une colombe, au chant tendre et plaintif,
A Chypre elle ira voir son compagnon captif ;
Ou, tel qu'un alcyon hardi traversant l'onde,
Elle visitera tous les pays du monde.
Parfois, aigle quittant plein d'audace le sol,
Jusqu'au ciel étoilé s'élèvera son vol.

Ne vois-tu pas combien de richesses rapportent
Des Indes les vaisseaux espagnols qui supportent
La colère des vents et la fureur des eaux ?
Ainsi tu reviendras, ma Muse, avec des flots
De sublimes pensers, de splendides images ;
Avec tous les trésors que, sur tous les rivages,

La sublime Nature enferme dans son sein,
Et pour te délasser de ton long vol lointain,
Tu viendras, comme au port très sûr et désirable,
Te reposer au pied de l'arbre vénérable.

.   .   .   .

Dans cette ode, qui n'avait pas encore la chaleur enthousiaste de l'Hymne à Bolivar, Olmedo, comme on
l'a dit, prouvait déjà que, s'il pouvait par la suite
améliorer son style et fortifier son éducation, il avait
trouvé son instrument. L'ode se présente, en effet,
avec toutes les qualités de l'arrogance lyrique et de
l'emphase solennelle dont il posséda l'art.

A la publication de cette poésie succède un long
silence de sept ans, probablement dû aux occupations
multiples de sa profession, car de retour à Quito, en
1809, il se fit agréger à l'université de Saint-Thomas-
d'Aquin, et, bientôt après, commencèrent pour lui les
agitations de la vie politique. Peut-être aussi les critiques adressées à ses premières poésies lui firent-elles
sentir le besoin d'une instruction plus complète et de
nouvelles études littéraires, auxquelles il s'adonna dans
la solitude et le recueillement.

L'enseignement universitaire de l'Espagne dans ses colonies d'Amérique. — La poésie avant Olmedo dans l'Equateur.

Avant d'aller plus loin, il semble intéressant de rechercher ce qu'était l'enseignement universitaire, dans les colonies de l'Espagne, à la veille de l'Indépendance, et, plus spécialement, dans cette partie du territoire américain, qui devait former plus tard la République de l'Equateur, enseignement dont Olmedo lui-même nous a dénoncé l'insuffisance au point de vue de l'étude des lettres.

Comme il fallait s'y attendre, les appréciations les plus contraires ont été émises toujours sur ce sujet, selon qu'elles émanent d'écrivains espagnols ou américains. Pour les premiers, l'étude des lettres était de longue date en honneur dans les régions qui se trouvaient sous la dépendance du président de Quito ou du vice-roi du Pérou, comme partout en Amérique ; pour les seconds (1), si les conquérants opposèrent de tout

(1) Parmi ces écrivains nous devons signaler les auteurs

temps une résistance opiniâtre au développement des
arts et de l'industrie, ils regardaient avec indifférence
les questions d'éducation ; l'instruction qu'ils donnaient
aux colonies était tout à fait rudimentaire, peu propre
à favoriser le moindre progrès dans la voie des lettres
et des sciences. S'il y eut quelques esprits cultivés,
poètes ou prosateurs, qui donnèrent des preuves de savoir relatif et d'intelligence, comme de faibles points
lumineux brillant dans la nuit de l'ignorance, pour
faire mieux constater l'épaisseur des ténèbres, ils ne devaient qu'à leurs efforts individuels le peu qu'ils sa-
vaient. Des deux côtés, on reconnaît pourtant que ce ne
fut pas le gouvernement central qui eut l'initiative des
premières maisons d'éducation ouvertes sur le territoire équatorien. Ce furent les ordres monastiques qui
les fondèrent avec leurs propres ressources ou secondés
par quelques municipalités ; et la plupart d'entre eux se
sont disputé plus tard l'honneur d'avoir donné la première instruction à ces pays-là. Les dominicains,
aussitôt après la conquête et dès la fondation de la ville
de Quito, y avaient reçu dans leur couvent un certain
nombre d'élèves ; mais le collège de Saint-André,
créé par les franciscains, semble avoir été le premier or-

équatoriens où nous avons puisé la plus grande partie de nos
renseignements : Pedro Fermín Cevallos, *Histoire de l'Equateur*, Quito. 1870. Pablo Herrera, *Essai sur l'Histoire de la Littérature Equatorienne*, — Quito, 1889. Juan Léon Mera, *Coup
d'œil d'Histoire Critique sur la Poésie Equatorienne*, Quito, 1868.
La dernière édition de cet ouvrage a été faite à Barcelone en
1893 par les soins de M. J. T. Mera, fils du poète et, actuelle-
ment, le très distingué consul général de l'Equateur en Belgique.

ganisé de façon sérieuse en 1556, à l'époque où l'un de
ces moines, le R. P. Rickle, y introduisait le premier
grain de blé. Philippe II le subventionna en 1562 et la
cédule royale, par laquelle il le dotait de trois cents
piastres de rente annuelle, nous apprend qu'on y en-
seignait : « tout ce qui est utile au salut et à la
bonne doctrine des indigènes : lettres, bonnes mœurs
et métiers, afin qu'ils aient vie chrétienne et politique ».

Jusque-là, il ne s'agissait encore que d'un enseignement primaire. Ce furent les jésuites qui, trente années
plus tard, en 1585, introduisirent dans l'Equateur,
comme dans toute l'Amérique espagnole, le véritable
enseignement littéraire, destiné aux fils des Espagnols
seulement, les humanités. Ils eurent soin de créer, en
même temps, des classes d'art et d'exciter l'émulation
de leurs élèves en rendant fréquents les examens et les
séances publiques, que présidaient les autorités ecclé-
siastiques et civiles. Leur vogue fut si grande, que le
célèbre évêque Luis López de Solís, à la fin du
xvıe siècle, mit entre leurs mains le collège de Saint-
Louis et que, sous leur direction fut encore placée, en
1620 l'université officielle qui reçut le titre d'Université
Royale et Pontificale de Saint-Grégoire-le-Grand, bien
que les moines augustins, rivalisant de zèle avec les
ordres précédents et autorisés par bulle apostolique du
pape Sixte-Quint, eussent fondé avant celle-là l'université de Saint-Fulgence.

L'expulsion des jésuites fit un grand vide dans l'enseignement littéraire de l'Equateur au xvıııe. Après
leur départ, l'étude des humanités ne pouvait que rester stationnaire, au point où ils l'avaient laissée, ou

même rétrograder, car, en dehors d'eux, les maîtres étaient insuffisants et les idées qu'ils professaient viciées par l'esprit sectaire des différentes écoles. A aucune époque, pourtant, l'enseignement universitaire dans les colonies ne semble être arrivé à un degré de développement remarquable. L'ignorance y était plutôt générale jusque dans la seconde moitié du xviii* siècle. Si les collèges et les universités s'étaient multipliés, les Américains n'y recevaient que quelques notions de latin et de morale et, si les ordres religieux introduisirent peu à peu l'enseignement de la philosophie, de la théologie et de la jurisprudence, conformément aux doctrines de saint Thomas-d'Aquin, les études analytiques y étaient complètement inconnues. Peut-être y a-t-il quelque exagération à affirmer, comme le font les historiens américains, que la connaissance de la grammaire castillane était elle-même très superficielle, très négligé l'art de parler et d'écrire correctement la langue maternelle et que l'on se bornait le plus souvent à la récitation de textes latins mal expliqués et encore plus mal compris ; mais il est certain que les sciences physiques étaient peu ou point enseignées, que les sciences naturelles, en dehors de quelques notions de minéralogie, étaient ignorées, autant que les sciences politiques qui eussent semblé dangereuses pour la sécurité de la domination espagnole. On est plus surpris d'apprendre que les classes d'histoire n'existaient pas et que les élèves n'apprenaient jamais ni celle du sol qu'ils habitaient, ni celle de la nation qui s'en proclamait la souveraine, moins encore l'histoire universelle, même résumée. L'étude du droit et de la théologie se répandait seule chaque jour davantage ; mais à la première n'étaient admis que les fils des Espagnols, les métis eux-mêmes en étaient exclus, et la seconde se trouvait réduite à des rudiments plus qu'élémentaires.

Telle était la situation fâcheuse de l'enseignement colonial, dont la méthode vicieuse, « calquée sur celle en vigueur dans la métropole pendant la première moitié du XVIIIᵉ siècle, bien qu'elle fût plus dégénérée encore », (1) pouvait être excusable quand l'Europe elle-même ne s'était pas encore dégagée des brouillards qui obscurcissaient les intelligences ; mais, dès que les lumières s'y répandirent de tous côtés, les colonies espagnoles ne furent pas appelées à en profiter. Les vérités découvertes par les philosophes du XVIIIᵉ siècle et les principes nouveaux établis par eux y furent méconnus ou repoussés, comme y furent défendus, sous peine de châtiments sévères, l'étude et l'enseignement de la philosophie moderne.

Les colonies auraient continué à croupir longtemps dans cet état funeste d'instruction insuffisante et viciée, sans l'arrivée des commissions savantes européennes et en grande partie françaises. Celles-ci, trempées à la plus large source des connaissances humaines de l'époque et nourries des doctrines des philosophes modernes et des encyclopédistes du XVIIIᵉ siècle, allaient colporter dans ces régions lointaines les semences, d'abord, et les fruits ensuite, de la grande révolution française. L'influence des astronomes, des géomètres et des naturalistes européens devait avoir comme résultat logique, partout où ils passèrent, de faire comprendre aux esprits supérieurs leur ignorance des

____

(1) M. Menéndez y Pelayo. *Anthologie, loc. cit.*

progrès accompli dans les lettres et les sciences et la nécessité d'en sortir au plus vite.

Les savants français Godin, Bouguer, La Condamine, Jussieu et les savants espagnols Antoine de Ulloa et Georges Juan visitèrent les régions équinoxiales de 1735 à 1744 dans le but de fixer les dimensions et la configuration de la terre en mesurant quelques degrés du méridien terrestre. En 1801 Humboldt et Bompland arrivaient à leur tour à Quito pour se livrer à leurs grandes études sur la physique de la terre et la géographie des plantes. Peu après, l'immortel CALDAS (1), fils de la Nouvelle Grenade, « à qui l'Espagne doit un monument

---

(1) CALDAS (Francisco-José de), né à Popayan, Nouvelle Grenade, en 1770. Gloire américaine des plus pures, savant de premier ordre qui étonna le monde hispano-américain par son génie et ses découvertes à l'époque où l'ignorance des colons ne permettait pas d'espérer que l'un d'entre eux s'élevât aussi haut dans les régions que peut atteindre la pensée humaine. Dans son ardeur infatigable pour l'étude, il construisait lui-même les instruments qui lui permettaient d'observer les astres et d'arracher à la nature ses secrets. Il fut grand botaniste, astronome distingué, géographe intrépide et physicien inventeur. (Notes du Dictionnaire de *Cortés*). — Parmi ses grands travaux il a laissé un *Etat de la géographie du viceroyaume de Santa-Fé de Bogota par rapport à l'économie et au commerce*, ouvrage colossal, monument scientifique impérissable. Accusé de conspirer contre la domination espagnole, il fut condamné à mort et, comme pour grâce suprême il demandait quelques jours de vie encore pour rectifier des calculs et terminer une étude, ENRILE, vice-roi de Bogota, lui fit répondre que « l'Espagne n'avait pas besoin de savants ». Il fut fusillé le 29 octobre 1816. L'Espagne a raison de pleurer sa mort en maudissant ce crime, comme la France a pleuré celle de Lavoisier.

expiatoire (1) », parcourait l'Equateur pour aller étudier
sur leur sol primitif les quinquinas de la province de
Loxa. Les visites de tous ces savants contribuèrent,
sans aucun doute, à élever le niveau de la culture scientifique dans l'Equateur ; elles firent germer aussi des
tendances à l'esprit critique et développèrent le goût
des connaissances nouvelles dans toutes les branches
des sciences humaines parmi les habitants de Quito,
doués d'un esprit fécond et piquant.

En 1779, un an avant la naissance d'Olmedo, il s'y
trouva un homme courageux qui osa attaquer en face,
sans égards ni ménagements, la méthode vicieuse de
l'enseignement universitaire, dans un livre manuscrit,
car les imprimeries manquaient encore. Les copies s'en
éparpillèrent un peu partout dans les régions voisines et
quelques-uns de ses feuillets arrivèrent jusqu'en Espagne. Ce livre satirique, spirituel et violent, avait pour
titre : *Le Nouveau Lucien ou le Réveil des Esprits* et son
auteur était le Dr Espejo, celui-là même qui fut, nous
l'avons dit, l'un des premiers maîtres d'Olmedo. Chirurgien réputé très habile dans l'exercice de sa profession, il jouissait d'une renommée plus grande encore
d'homme possédant des connaissances encyclopédiques
et des aptitudes très variées. Son intelligence était vaste,
son esprit mordant. Il se trouvait naturellement porté à
embrasser les idées nouvelles en tout ce qui se rappor-
tait aux sciences, à la société et à la religion. L'opinion
publique trouva une source d'agitation très puissante
dans ses pamphlets, qui furent qualifiés de sanglants et
de séditieux par le président de Quito. Ils lui valurent

____

(1) M. Menéndez y Pelayo, *loc. cit.* tome III, p. 103.

une année de prison et un long exil à Bogota. Mais le
Dr Espejo n'était pas homme à taire facilement les idées
qui bouillaient dans son cerveau et les convictions qui
embrasaient son cœur. Il les prônait partout où il se
trouvait et l'éloquence de sa parole séduisait et entraî-
nait des hommes éminents. A Bogota plusieurs d'entre
eux, comme Mariño (1), qui devaient figurer plus tard

(1) Mariño (Antonio), l'un des hommes les plus illustres de
la Colombie, né à Santa-Fé de Bogota en 1765 et l'un des
plus ardents champions de l'Indépendance. C'est lui qui le premier parla de liberté dans sa patrie, y cueillit le plus de lauriers et éprouva le plus de malheurs. Imbu des principes des
philosophes du xviiie siècle, dont il se procurait les livres par
contrebande, il réunissait dans sa maison les jeunes gens les
plus studieux de la ville, attirés autant par la richesse de sa
bibliothèque que par le charme de sa conversation. Condamné
à la prison et à l'exil pour avoir imprimé, dans une imprimerie montée à ses frais, et publié la « Déclaration des droits de
l'Homme », en 1794, il réussit à s'enfuir de Cadix et se rendit à Paris où il s'efforça, en vain, de gagner à la cause de sa
patrie Tallien, alors chef du pouvoir. Le gouvernement anglais lui opposa un égal refus. Il se risqua à retourner à la
Nouvelle-Grenade. Dénoncé, il fut incarcéré à nouveau et fit
d'abord six années de prison jusqu'à la révolution de 1810,
puis, quatre années à Cadix. Le mouvement libéral dont Qui-
roga et Riego furent les promoteurs le rendit au jour. Il sortit de prison emportant sous le bras le manuscrit qui renfer-
mait son projet de Constitution pour sa patrie. Obligé de fuir
l'Espagne à l'avènement de Ferdinand VII, on le retrouve à
Londres, préparant l'opinion publique en faveur de son pays,
puis à Paris, où il fut l'ami de Humboldt, du comte de Fracy
et des généraux de Bonaparte. De retour en Amérique, il fut
élu Vice-Président de la Colombie au Congrès de Cucuta, poste
qu'il refusa, n'acceptant que celui de sénateur en 1822. Il
mourut à Leiva le 13 décembre 1823, miné par les mauvais

au premier plan dans la guerre de l'Indépendance, entrèrent en relations avec lui et partagèrent ses théories fougueuses, mais patriotiques. On peut affirmer qu'il fut ainsi le véritable instigateur de la révolution qui éclata le 10 août 1809 à Quito, cette ville qui, entourée de hautes murailles de granit à 2850 mètres au-dessus du niveau de la mer et n'ayant alors que des rapports lointains et difficiles avec le reste de la terre, poussa, avant toute autre, le cri de liberté retentissant dans l'Amérique entière.

Dans un discours éloquent et resté célèbre qu'il adressa de Bogota à la municipalité de Quito, le docteur équatorien débutait ainsi : « Nous vivons dans la plus grossière ignorance et dans la plus déplorable misère ». A la fin du XVIIIe siècle, même après la première incursion des savants européens, les progrès accomplis dans le relèvement social et littéraire des colonies ne devaient donc pas être sensiblement notables.

traitements soufferts en prison. La veille de sa mort il avait prononcé les paroles suivantes, véritable testament politique de ce glorieux doyen des champions de l'émancipation : « J'ai haï par instinct les tyrans ; en luttant contre eux j'ai perdu tout ce que je possédais ; j'ai perdu ma patrie. Lorsqu'apparut, enfin, cette liberté pour laquelle j'avais tant souffert, la première chose qu'elle fit ce fut de chercher à m'étouffer de ses propres mains ! Tous m'ont donné des chaînes, tous ! On m'a calomnié ! Mais, je n'ai haï personne, pas même ceux qui me persécutaient. Gravez sur mon tombeau ces mots: Il aima sa patrie. Je n'ai rien à laisser à mes fils, sinon mon souvenir et à ma patrie mes cendres... » Le fils de MARIÑO servit dans l'armée colombienne pendant la guerre de l'Indépendance et se retira avec le grade de colonel. Il fut un instant par ses exploits le rival de Bolivar. (Dictionnaire de *Cortès*.)

L'auteur espagnol de l'*Anthologie des Poètes Hispano-Américains*, mû par un sentiment d'amour filial respectable, s'est empressé d'inscrire en faux le Dr Espejo en déclarant que « ses écrits personnels éclos sous le régime colonial et à la chaleur des idées venues d'Espagne, prouvent péremptoirement le contraire de ce qu'il a affirmé ».

Les plaintes amères du Dr Espejo, confirmées à un demi-siècle de distance par les déclarations spontanées d'Olmedo, sont, à notre sens, empreintes d'un tel accent de haute sincérité, qu'elles ne peuvent nous laisser de doute sur ce point : que l'enseignement donné par la métropole à ses colonies était défectueux et vraiment insuffisant jusqu'au jour de leur émancipation, surtout si l'on songe à ce qu'il aurait dû être par rapport à ce qu'il était dans tous les pays où l'étude des lettres avait pris depuis longtemps un grand développement. D'ailleurs, l'académicien espagnol, tout en déclarant que ce n'étaient ni les études ni les esprits capables qui manquaient en Amérique, n'avoue-t-il pas que la bonne direction y faisait défaut ? Si nous comparons, pourtant, l'enseignement de la fin du xviiie siècle à celui que les colons recevaient cinquante années plus tôt, il faut reconnaître que quelques progrès avaient été réalisés, ce qui est d'autant plus méritoire que l'Espagne, pour des raisons multiples, n'occupait plus dans les lettres le premier rang qu'elle avait pris avec tant d'éclat parmi les nations de l'Europe à l'époque de la Renaissance. Le latin continuait toujours à faire les frais de l'instruction universitaire ; mais dans le cours de philosophie, qui durait trois ans, on avait intercalé l'arithmétique, un peu de géométrie, d'astronomie et de méthaphysique,

pendant les deux premières années, et la physique dans
la troisième. Venaient ensuite les études de *facultad
mayor*, c'est-à-dire, la théologie et la jurisprudence,
qui terminaient la carrière scolaire. Jusqu'en 1794, où,
la raison l'emportant sur la routine, mais pour peu de
temps, la philosophie moderne fut vaguement professée,
les étudiants durent se contenter de celle d'Aristote et
les jésuites Maguin, Aguirre et Hospital n'eurent pas à
se louer d'avoir essayé d'introduire et de développer
avec plus ou moins de hardiesse le système de Descartes
et les doctrines de Leibniz et de Bacon. La censure ecclésiastique qui, de tout temps sévère dans l'admission
de livres étrangers, a été maintenue jusque vers la fin
du siècle dernier dans la République de l'Equateur, eût
bientôt fait de mettre un terme à un enseignement réputé pernicieux. Les autres branches des connaissances
humaines étaient complètement négligées.

Quant à la poésie, cette partie des belles lettres qui
nous intéresse plus vivement, dans l'instruction reçue
au collège par Olmedo, pour connaître les sources qui
alimentèrent son génie naissant, les colons n'en avaient
que peu de notions et nulle part ne recevaient un enseignement spécial à cet art, pas plus dans la présidence
de Quito que dans les vice-royautés de la Nouvelle-Grenade et du Pérou, pays voisins où la culture des lettres
était plus avancée. S'il reste peu de traces de ce que pouvait être la poésie espagnole au xvie siècle dans la Nouvelle Grenade, le siècle suivant y fut celui du mauvais
goût et de la stérilité poétique et l'on ne pourrait citer
que des échantillons de versifications gongoriques peu
féconds. La poésie y sommeillait encore en l'année 1738,
celle où les jésuites introduisirent la première impri-

merie à Bogota. Dans la seconde moitié du xviiie siècle, si la science y prit de l'essor, on ne trouve pas de génie poétique. La guerre de l'Indépendance n'en produisit aucun. Il faut arriver au xixe siècle pour trouver dans la Nouvelle-Grenade José Eusebio Caro (1), le plus lyrique de tous les colombiens, et Julio Arboleda (2), l'auteur de Gonzalo de Oyon, poème épique célèbre, mais ina-chevé. Le Pérou, séjour brillant des Pizarre et de vice-rois fastueux, fut de tout temps la colonie espagnole que visitèrent en très grand nombre les esprits les plus cul-tivés, éminents même, venus de la mère patrie ; aussi, les poètes qui y acquirent de la renommée aux xvie et xviie siècles étaient-ils originaires de Séville et apparte-naient à l'ordre des jésuites. A Lima, la célèbre univer-sité de San Marcos, où Olmedo termina ses études, da-tait du xvie siècle et, rivale de celle du Mexique, elle était la plus prospère, la plus opulente et la plus fré-quentée de toute l'Amérique ; mais l'ère du bon goût fut d'aussi courte durée au Pérou qu'au Mexique. Dans la première de ces nations, l'époque la plus paisible, la plus florissante, coïncida malheureusement avec

(1) Caro (José Eusebio) 1817-1853, journaliste, philosophe, homme politique, mais surtout remarquable poète, né à Oca-ña (Colombie) et père du non moins éminent poète, Miguel Antonio Caro, vice-président de la République de Colombie (1892-1898).

(2) Arboleda (Julio) 1817-1862. Il fit ses études en Europe et à l'âge de quatorze ans, il collaborait au journal scienti-fique anglais *The Mechanic's Magazine*. Fort érudit, polyglotte, orateur éloquent, illustre poète épique. Ses ennemis brûlèrent le manuscrit de son fameux poème Gonzalo de Oyon dont il ne put reconstituer que les quelques fragments qui nous restent, car il fut tué dans une guerre civile.

celle de la plus fatale décadence littéraire. Ce n'est encore qu'au xixe siècle que se révèle un fils du Pérou comme le vrai représentant de l'école classique espagnole : Felipe PARDO Y ALIAGA (1), poète inspiré, eut l'âme lyrique, mais il préféra toujours le genre satirique épigrammatique et même moraliste où il réussit à merveille. Dans l'Equateur, où l'imprimerie n'était pas encore introduite à la fin du xviiie siècle, alors qu'elle l'avait été au Pérou depuis le xvie, quarante années plus tard, pourtant, que le Mexique, s'il y a eu des poètes avant son affranchissement, bien qu'en nombre restreint et d'un mérite insignifiant, ceux-là, poussés par leur instinct poétique, se sont formés tout seuls et n'ont dû qu'à eux-mêmes d'avoir réussi à tirer de la lyre quelques faibles sons.

Il ne faut pas chercher la poésie dans les temps primitifs des colonies américaines, c'était un véritable siècle de fer que celui-là, où l'on inondait de sang les filons des mines, et de larmes et de sueurs les labours et les moissons... Au xvie siècle l'Espagne était une forêt peuplée d'oiseaux chanteurs et l'Amérique une immense prison, un lieu de malédiction. Là-bas le divin Garcilaso (2), né presque avec le siècle, donna libre cours à des accents harmonieux, inconnus jusqu'alors des fils du Cid et de Pélage. Il éclaira le chemin du Parnasse que gravirent ensuite jusqu'au sommet Fray Luis de Léon (3), Rioja (4),

---

(1) Voir la note page 7.

(2) GARCILASO DE LA VEGA (1503-1536), né à Tolède, guerrier et célèbre poète dont les œuvres produisirent une véritable révolution littéraire en Espagne.

(3) FRAY LUIS DE LÉON (1527-1591) théologien et grand poète, surnommé le *Cygne de Grenade*.

(4) RIOJA (Francisco de) — 1600-1659 —. Poète lyrique dont les odes et les élégies mélancoliques sont célèbres.

Herrera (1), Francisco de la Torre (2) et d'autres génies éminents qui donnèrent à leur patrie la primauté des lettres sur
plusieurs autres nations de l'Europe. Parmi nous, (en Amérique), on ignorait même leur existence ; comment aurait-on
pu écouter leurs voix ! Le célèbre Colomb enseigna le moyen
de traverser l'océan ; mais non pas celui de transporter aux
régions américaines les semences de la civilisation et les
productions des grandes intelligences. Les premiers vagis-
sements de ce que nous pouvons, quoique improprement, appeler poésie, furent entendus dans l'Equateur plus d'un
siècle après la conquête. Il semble que les premières lueurs
de l'intelligence commencèrent à briller lorsque était de beaucoup diminué l'or qui affola les premiers envahisseurs ; car
la richesse engourdit aussi parfois les facultés de l'âme ; c'est
l'ombre glaciale qui décolore la fleur éclose en elle, c'est le
vent qui lui ravit son parfum. Mais, dans ce temps-là, déjà le
mauvais goût introduit par Gongora avait étendu ses ténèbres,
qui enveloppaient le Parnasse espagnol. Notre poésie commença, par conséquent, sous de très funestes influences (3).

Passé, en effet, le siècle où les gloires poétiques de
l'Espagne arrivaient à leur apogée, l'école du mauvais
goût, le cultorisme, comme elle fut appelée, s'était im-
plantée et ses leçons nuisibles avaient pénétré un peu
partout, dans la métropole d'abord et dans les colonies

---

(1) Herrera (Fernando), surnommé le *Divin* (1534-1597), né
à Séville. Son *Ode à la bataille de Lépante* est aussi célèbre
que l'*Ode sur les ruines d'Italica*, de Rioja, et que *La Prophétie
du Tage*, de Fray Luis de Léon.

(2) Francisco de la Torre, poète contemporain de Fray Luis
de Léon, sur lequel on n'a pas des renseignements biographiques. Il a laissé de très beaux sonnets et des poésies sen-
timentales exquises, parmi lesquelles : *La Tourterelle.*

(3) Mera, *loc. cit.*

ensuite. Les exemples de Gongora (1) et de ses imita-
teurs y furent accueillis avec tout l'enthousiasme propre
aux peuples jeunes ou décadents qui se laissent éblouir
par les extravagances des idées alambiquées et du style
précieux et boursouflé, présentées sous une forme plus
ou moins brillante et originale. Rien d'étonnant, donc,
à ce que la bonne direction dans l'étude des lettres manquant et les mauvais modèles régnant toujours, on ne
trouve avant Olmedo aucune œuvre poétique de puissante envergure sur cette grande étendue de terre équatorienne. Le progrès de la renaissance littéraire en Espagne vers le milieu du siècle avant-dernier pénétra
dans ses colonies ; mais, si faiblement, que son action
mit un temps très long à devenir bienfaisante. A cette
époque-là appartiennent pourtant les compositions des
poètes OROZCO (2), VIESCAS et de quelques autres, *rari
nantes*, non dépourvues de mérite ; mais encore enta-
chées des défauts de cette prétentieuse école de la déca-

(1) GONGORA Y ARGOTE (Luis), né à Cordoue (1561-1627),
poète spirituel et plein de naturel au début. Il semble que ce
soit par dépit d'être méconnu qu'il se décida, vers le déclin
de l'âge, à être le créateur d'un genre faux et absurde qui fit
école en Espagne et en Amérique et un peu partout, surtout
en France, où il contribua à dépraver le goût littéraire de la
première moitié du XVIIe siècle. Il ne faut pas oublier, pourtant, que Corneille, Rotrou et d'autres auteurs français, vers
la fin du même siècle, puisèrent à la grande source espagnole
le canevas de quelques-uns de leurs chefs-d'œuvre.

(2) OROZCO (José). Prêtre et poète distingué, né à Riobamba
(Equateur), en 1773. Son poème épique *La Conquête de Minorque* est considéré comme le monument le plus important
de la littérature équatorienne sous la domination espagnole.
Il est composé de cent quarante-deux strophes de huit vers.

dence des lettres en Espagne, qui devait se régénérer au contact des idées et des procédés des maîtres français, non sans que la pureté de la langue castillane eût à en souffrir.

Avant la fin du siècle où le poète Orozco composa son poème épique, *La Conquête de Minorque,* en l'honneur du roi d'Espagne Charles III, la plupart des poètes ou prosateurs équatoriens avaient écrit leurs œuvres en latin, langage considéré comme plus noble d'après l'exemple transmis par la métropole et commun auparavant en Europe. Chez presque tous, les sujets religieux sont traités de préférence ; les sentiments mystiques d'une vie purement contemplative prédominent, car, en grande partie, c'étaient les moines ou les jésuites, esprits à peu près seuls cultivés, qui se consacraient aux travaux littéraires. Nulle part ne se laissent sentir dans leurs poésies l'amour fervent du sol natal, l'admiration spontanée de la nature, l'enthousiasme passionné pour les actions d'éclat accomplies sous le ciel radieux de la patrie, ou l'entraînement irrésistible d'un cœur soupirant pour une condition sociale meilleure. Toutes ces qualités ne devaient se trouver réunies que chez Olmedo :

dont la destinée fut d'arracher la poésie des mains ignorantes qui l'avaient accaparée et de la présenter au monde dans tout son éclat, avec toutes les séductions de la beauté divine, en chantant superbement la liberté de l'Amérique et les héros qui conçurent cette entreprise et la menèrent heureusement à bout. Quel spectacle sublime, de voir la poésie surgir en même temps que la liberté des peuples !... Le génie de la poésie prit son essor à travers des régions jusque-là inconnues sous notre ciel et mit entre les temps récemment écoulés

et les jours présents la différence qui, ailleurs, a été engendrée et développée avec la pesante lenteur des siècles... (1).

Pour être ainsi le restaurateur de la poésie en Amérique, Olmedo, nous l'avons prouvé par tout ce qui vient
d'être dit, n'obtint sur les bancs de l'école qu'un enseignement insuffisant. A-t-il eu raison de déclarer que
pour son art il n'y avait pas trouvé des maîtres ni reçu
des leçons ? Ceci semble impossible au critique espagnol
Cañete :

Olmedo, nous dit-il, fit des vers dans sa jeunesse qui
prouvent la base solide d'un enseignement conduit par la
bonne voie des humanités. L'inspiration peut deviner beaucoup de choses ; mais, si nous n'épurons et ne raffinons pas
notre goût moyennant une éducation littéraire élémentaire-
ment bonne, il sera très difficile de trouver la beauté expres-
sive de la forme qui sert d'émail à la pensée.

Il ne lui semble pas que : sans une bonne préparation,
sans un enseignement sûrement réglé et professé par des
maîtres instruits, Olmedo, livré à lui-même, eût étudié
avec profit.

Olmedo est, dès le début, assez saturé de textes latins, pour que nous ne doutions pas qu'il apprit au
collège à connaître les œuvres des maîtres de l'antiquité
les plus renommés, qui faisaient, en effet, le fond de
l'instruction au xviiie siècle dans les colonies de l'Espagne. Homère, Virgile, Horace, Plutarque, n'inspiraient
pas des craintes aux gouvernants. Mais, en dehors des
auteurs anciens, les étudiants n'avaient jamais entre les
mains ceux, partout célèbres, d'autres nations du monde

_____

(1) Mera, *loc. cit.*

que l'Espagne, s'ils ne se les procuraient à dure peine.
Ne sait-on pas qu'Olmedo fut dénoncé à l'Inquisition
par deux fois et inscrit sur ses listes en 1802 et 1803,
alors qu'il étudiait à l'université de Saint-Charles, parce
qu'il avait en sa possession des livres prohibés, tels que
la *Henriade* de Voltaire et sa *Zaïre* (1)?

Faut-il trouver prétexte dans la constatation de l'ignorance relative où se trouvaient ces colonies, quand l'Europe entière, envahie par les idées nouvelles, se réveillait
sous la bienfaisante influence des lettres et des arts,
pour accuser l'Espagne implacablement aujourd'hui
encore et toujours? Plus qu'à tout autre cela nous sem-
blerait injuste. Si le système politique, d'où découlait
celui de l'instruction publique, hostile à toute idée de
réforme, à toute innovation, fut funeste et alla finalement à l'encontre du résultat qu'en espéraient ses auteurs, c'est moins l'Espagne elle-même qu'il faut en
accuser que les errements du temps et la routine ; peut-
être aussi la cupidité ou l'incapacité de ses représentants.

L'Amérique latine reconnaissante, a-t-on dit avec
raison, devra s'enorgueillir éternellement des liens indissolubles qui la rattacheront toujours à la grande nation
qui fut la première du monde à l'époque où elle en
reçut les bienfaits d'une religion consolante et d'une
langue, par sa beauté, presque divine.

(1) On peut consulter à ce sujet les intéressantes *Tradiciones*
de M. Ricardo Palma, le très distingué homme de lettres péruvien, 1re série, p. 127 (1883).

IV

Olmedo aux cortès de Cadix en 1812. — Evènements de l'Espagne. — Nouvelles poésies : traduction de l'Essai sur l'Homme, de Pope. — Epître à un ami sur la naissance de son premier enfant.

C'est sans doute à l'absence d'études élémentaires solides ou bien aux occupations, aux agitations de la vie d'Olmedo, plutôt qu'à la paresse ou à l'infécondité de son génie, qu'il faut attribuer le petit nombre de poésies qu'il composa pendant le cours de sa longue existence. Dans le recueil de M. Ballén, le plus complet qui existe, nous comptons en tout vingt-trois poésies dont quelques-unes sont très courtes. Huit seulement, les plus célèbres, sont des œuvres de longue haleine. Peut-être en est-il d'inédites. Nous savons qu'il en existait au moins une, entre les mains de son fils ; malheureusement nous n'avons pu nous la procurer. Olmedo nous parle aussi dans une de ses lettres d'une marche dont il composa les paroles pour fêter la dernière victoire remportée au Pérou, poésie que nous n'avons pu retrouver. Quoi qu'il en soit, le génie ne se jauge pas au poids du bagage littéraire. Arvers passera à la postérité pour un sonnet qui vaut un long poëme. A d'autres, pour vivre dans la mémoire des hommes, il suffit parfois de moins encore, d'un vers frappé au coin de leur esprit.

Le long silence poétique d'Olmedo eut aussi d'autres motifs puissants. Sa carrière politique commençait. En 1809, son parent et protecteur, Don José Silva, évêque de Huamanga, désigné pour faire partie de la Junte centrale de Séville, le choisit comme secrétaire et l'emmena avec lui. Mais en route, sur les côtes du Mexique, ils apprirent la dissolution de cette assemblée et tous deux se trouvèrent de retour à Guayaquil l'année suivante.

A peine arrivé, Olmedo, alors dans sa trentième année, se vit l'objet d'une grande manifestation d'estime et de confiance de la part de ses compatriotes. Ceux-ci, lui donnant la préférence sur des hommes plus âgés et de réputation solidement établie de longue date, le désignèrent pour représenter sa ville natale aux cortès de Cadix. Cette distinction, qu'Olmedo n'avait pas briguée, n'était pas la conséquence banale d'un vote ordinaire. Elle avait une haute signification des plus flatteuses, car elle n'avait pas été obtenue encore par d'autres. Depuis peu, la mère–patrie venait de reconnaître le principe intégral de l'égalité légale et politique entre tous ses fils indistinctement, qu'ils fussent nés sur la presqu'île ou dans ses colonies. « Ce principe avait été depuis longtemps méconnu pour les mêmes raisons qui détruisirent ou bouleversèrent en Espagne ses meilleures lois (1). »

(1) TORENO (José Maria, comte de Matarrosa) : « Histoire du soulèvement de la guerre et de la Révolution d'Espagne de 1808 à 1814 ». (1835-1838, 5 vol.).

Pour obtenir ce mémorable décret du 22 janvier 1809 qui déclarait partie essentielle et intégrante de la monarchie espagnole ses vastes possessions d'outre-mer, il avait fallu que l'Espagne se trouvât précipitée dans un abîme par la faiblesse et l'aveuglement de Charles IV, autant que par l'ambition de son ministre, le fourbe Godoy, dont la reine Marie-Louise avait fait un favori. La déplorable cession à la France de la partie espagnole de l'île de Saint-Domingue, première conquête de Christophe Colomb, avait valu à ce ministre le titre de Prince de la Paix, après le traité de Bâle. La paix de Tilsitt avait, d'un autre côté, permis à Napoléon d'intervenir officiellement dans les affaires de l'Espagne, ce dont il profita pour envahir le Portugal et faire exclure du trône la dynastie de Bragance. Le Portugal divisé en trois Etats, après le traité de Fontainebleau, l'un d'eux échut en toute souveraineté au Prince de la Paix dont Napoléon se faisait ainsi un allié utile pour ses projets d'invasion de la presqu'île, tout en continuant son plan de blocus continental.

Ce fut à ce moment que le peuple espagnol se souleva, enfin abreuvé de honte et lassé des intrigues d'un ministre qui, n'écoutant que son ambition, avait, de faute en faute, conduit la nation à sa perte, après l'avoir entraînée, dans un but d'intérêt personnel, à une alliance, tantôt avec l'Angleterre et tantôt avec la France. Le résultat en avait été la perte pour l'Espagne d'une autre de ses possessions des Antilles, La Trinité, cette île, assurée aux Anglais par le traité d'Amiens, d'où sortirent les premières armes avec lesquelles se fit l'indépendance du Venezuela.

La couronne d'Espagne passa alors du front de

Charles IV sur celui de Ferdinand VII, qui avait essayé peu de temps auparavant de la lui ravir par la force. Napoléon saisit cette occasion pour s'immiscer dans les querelles de la famille royale et, après l'avoir obligée à l'entrevue de Bayonne, sous prétexte que l'abdication du roi n'avait pas été volontaire, il força le fils à rendre le sceptre au père et l'enleva ensuite à celui-ci pour le donner à son frère Joseph.

Les rois partis pour l'exil, bientôt après Murat ensanglantait les rues de Madrid et les remplissait de carnage et de deuil exécutant l'ordre impérieux de son redoutable beau-frère. Les provinces espagnoles, sans un chef pour guider leurs patriotiques efforts, proclamèrent leur suzeraineté primitive et confièrent la direction des affaires à des Juntes provinciales. Celles-ci, alliées à l'Angleterre, déclarèrent la guerre à l'envahisseur et la supportèrent héroïquement jusqu'à la réunion de la fameuse Junte centrale qui siégea dans Aranjuez d'abord, le 25 septembre 1808, puis, l'année suivante à Séville. Successivement chassée de ville en ville par les troupes françaises, la Junte convoqua à Cadix les cortès, qui durent se réfugier dans l'île de Léon, dernier bastion de la résistance espagnole contre l'invasion de l'étranger.

Ce fut la Junte centrale de Séville qui, reconnaissante pour les subsides d'argent considérables envoyés spontanément par les colonies américaines, leur octroya le droit de se faire représenter aux cortès où chaque municipalité américaine devait envoyer un député. Les paroles suivantes consignées dans la proclamation qu'elle leur adressa méritent d'être rappelées : « Dès ce jour, Espagnols Américains, vous êtes élevés à la dignité d'hommes libres. Vous n'êtes plus, comme vous l'étiez jusqu'ici, courbés sous un joug d'autant plus écrasant que vous étiez plus éloignés du centre du pouvoir ; regardés avec indifférence ; humiliés par la cupidité et ruinés par l'ignorance (1). » Eclatant aveu, sorti des lèvres espagnoles les plus autorisées, et qui confirme la justice et la vérité des plaintes qu'exhalait le savant médecin équatorien Espejo quelques années plus tôt : « Nous vivons dans l'ignorance la plus complète et dans la plus grande misère ». Promesse solennelle, en même temps, d'un sort meilleur ; mais, combien éphémère !

Lorsque, peu après, éclata le mouvement révolutionnaire de quelques villes américaines qui protestaient contre les attributions excessives que la Junte s'était octroyées et voulaient témoigner ainsi leur fidélité envers le roi Ferdinand VII, cette même assemblée, en déclarant la guerre à ces sujets rebelles, s'écriait que « le dernier survivant des espagnols dans les colonies avait le droit de se proclamer leur maître ». Preuve in-

(1) C'est à Quintana, le grand poète, qu'échut le grand et périlleux honneur de consigner ces paroles dans le manifeste de la Régence annonçant aux Américains la convocation des cortès et la future élection des députés. Il l'accepta sans crainte et s'en acquitta avec l'énergie habituelle de son âme libérale et impartiale ; mais, il le paya bien cher. Quand, un an plus tard, des ennemis politiques et des rivaux jaloux de sa gloire littéraire s'unirent pour le perdre au sein des cortès et dans l'esprit de l'opinion publique, ils exhumèrent cette phrase de sa proclamation et l'accusèrent, parmi d'autres griefs, d'avoir contribué à l'insurrection des peuples d'Amérique. (Voir le remarquable Essai critique et biographique de M. Enrique Piñeyro sur Manuel José Quintana. Paris-Madrid, 1892).

contestable de la supériorité humiliante que les Espagnols nés dans la presqu'île croyaient avoir alors sur
ceux qui étaient nés en Amérique et de l'orgueilleuse
façon de faire peser leur autorité.

Pour obéir aux décisions de la Junte centrale et dans
l'espoir de jours meilleurs, les municipalités américaines
firent choix de leurs représentants aux cortès de Cadix
et, en 1810, Olmedo fut investi du mandat que, pour la
première fois, Guayaquil, sa ville natale, était appelée à
conférer à l'un de ses fils. Il s'embarqua vers la fin de
la même année pour se rendre en Espagne. Par quelle
suite de circonstances fortuites et fâcheuses n'arriva-t-il
à destination que huit mois après son départ, nous
l'ignorons. Il est regrettable qu'Olmedo ne nous en ait
pas laissé le souvenir dans une de ces intéressantes
lettres où il aimait à donner libre cours à son esprit
plein de verve et de bonne humeur, et que les dangers
courus pendant une traversée orageuse, au dire de ses
biographes, ne lui aient pas inspiré quelques strophes
grandioses, saisissantes, comme celles que Heredia composa sur l'océan pendant une tempête.

Si le jeune député courut des dangers il dut les oublier bien vite au sein de l'assemblée où il retrouva, en
octobre 1811, son ancien condisciple Mejía, que Santa
Fé de Bogota avait envoyé siéger aux cortès. Il y fit connaissance avec toute une pléiade de poètes et d'écrivains
déjà célèbres ou dont la réputation prit racine dans ce
tournoi oratoire.

Olmedo eut l'honneur le 24 août 1812 d'être nommé
l'un des secrétaires des cortès.

Si le député de Guayaquil, moins heureux en cela
que son compatriote Mejía, qui disputa la palme de

l'éloquence à tous ses collègues et la ravit aux députés américains, ne fit pas retentir la tribune des mâles et vibrants accents que devaient provoquer les lamentables événements d'Espagne et la surexcitation des esprits en Amérique, il n'est pas juste de dire avec quelques-uns de ses critiques espagnols qu'il passa presque inaperçu aux cortès. Olmedo prit part aux discussions et aux résolutions les plus importantes et il prononça un grand discours où se révélait déjà le champion de la liberté. Ce discours avait pour but la suppression des *mitas* ou corvées des Indiens, mesure humanitaire énergiquement réclamée par Castillo, député de Mexico. Par ces corvées, reliquat des vexations du Moyen Age, les Espagnols propriétaires de mines ou de terres, obligeaient les malheureux descendants de la race aborigène, depuis la conquête, à un travail gratuit ou très peu rétribué. En réalité, dans la plus grande partie de l'Amérique, depuis longtemps les indigènes tributaires de ces corvées s'y étaient vus remplacés par des esclaves amenés d'Afrique : « Une institution opprimante, ont dit les historiens de l'époque, avait été remplacée par une autre plus inique, plus barbare et plus cruelle, contraire à la nature à la dignité de l'homme ». Toutefois, aucune loi nouvelle n'avait abrogé l'ancienne. Le discours d'Olmedo peut se résumer en ces mots, qu'il y plaça comme épigraphe :

Il faut s'étonner qu'à une époque quelconque il y ait eu des raisons pour conseiller cette coutume d'esclavage et de mort ; mais il faut s'étonner bien plus encore qu'il y ait eu des rois pour l'ordonner, des lois pour la protéger et des peuples pour la supporter.

Les cortès de Cadix, soit dit à leur louange, abolirent la pénible corvée des Indiens à l'unanimité des voix, après les plaidoyers éloquents des députés de Mexico et de Guayaquil.

La constitution nouvelle de la monarchie espagnole votée par les cortès ordonnait qu'à la clôture des sessions une assemblée siègerait en permanence, qui représenterait la nation dans l'intervalle de deux convocations des cortès. Olmedo, désigné pour être au nombre de ses membres, en fut encore le secrétaire et vota le fameux décret du 2 février 1814 déclarant que l'autorité de Ferdinand VII serait méconnue aussi longtemps qu'il n'aurait pas prêté serment de fidélité à la constitution libérale. Mais, à peine rétabli sur le trône, le jeune roi s'y refusa et, la déclarant nulle et sans valeur, donna l'ordre d'incarcérer les députés. Olmedo, prévenu à temps, réussit à s'enfuir et se retrouva dans sa ville natale à la fin de l'année 1816. Son camarade Mejía n'eut pas un sort aussi heureux. Après avoir défendu avec une éclatante éloquence les intérêts de l'Espagne contre l'ambition de Napoléon, et les intérêts de l'Amérique contre les prétentions de l'Espagne et mérité au sein des cortès d'être surnommé le *Mirabeau américain*, cet illustre équatorien, qui semblait appelé à un grand avenir, mourut de la peste à Cadix en 1813, à l'âge de 36 ans. Olmedo composa l'épitaphe touchante qu'on y lisait sur la tombe.

De retour d'Espagne, Olmedo eut la douleur d'apprendre la mort de sa mère, survenue quelques mois auparavant. Peu après, il épousa à Guayaquil une de ses parentes, dont il eut trois enfants, deux filles et un fils récemment décédé. Pendant quatre ans, il vécut à l'écart

des fonctions publiques, tout entier consacré aux douces
joies de son foyer et à des travaux littéraires, à des traductions en vers surtout. De ce nombre sont : Un fragment de l'*Anti-Lucrèce*, du cardinal de Polignac; l'*Ode
XIV du livre I d'Horace* et la première épître de l'*Essai
sur l'Homme*, de Pope, dont il ne traduisit que dix-sept
ans plus tard les deux suivantes. Il nous en a dit lui-
même les raisons :

L'oisiveté dont je jouissais, l'éloignement de toute affaire
publique et la solitude me préparaient merveilleusement à
cette grande et délicieuse occupation ; mais, tout à coup, une
voix impérieuse m'appela à prendre part aux destinées de
ma patrie. Les soucis de la vie publique et les dangers courus
par le pays jusqu'à la victoire de Pichincha, non seulement
entravèrent ma tâche, mais encore m'éloignèrent de toute
étude, surtout de mes relations avec les Muses, qui sont,
comme on sait, des demoiselles extrêmement susceptibles et
jalouses.

L'admirable traduction de Pope, qui, bien que para-
phrastique, semble à la plupart des critiques d'Olmedo
supérieure par endroits au texte original, prouve qu'il
s'était de bonne heure familiarisé avec la langue anglaise.
Dès le collège, il nous l'a dit dans *Mon Portrait*, Pope
et l'auteur de Clarisse Harlowe se trouvaient parmi ses
lectures favorites. Il eut le loisir d'ailleurs de s'y per-
fectionner plus tard pendant son séjour à Londres, en
qualité de ministre. Ce sera alors seulement, croyons-
nous, durant ses voyages à Paris, qu'il fera ample connaissance avec la langue française dont il avait commencé
à lire les chefs-d'œuvre pendant les mois précédemment
passés en Espagne. Il arriva à la posséder presque complètement et nous le voyons s'amusant à écrire en vers

français une lettre qu'il adressait à son ami le général
de Villamil (1). Celui-ci, descendant d'une famille française, avait combattu pour l'indépendance de l'Amérique
du Sud et s'occupait alors de plantations dans l'archipel
fertile de Galápagos. Cette petite poésie, dont toutes les
rimes n'auraient pas été goûtées par l'impeccable Ban-
ville, prouve que, si Olmedo ne possédait pas à fond les
règles de la versification française, il lui était aisé
d'écrire dans cette langue. Elle commence par ces vers :

> Ces îles fortunées
> Qu'un esprit agissant
> Naguères a données
> A l'Ecuador naissant

Verront fleurir bientôt dans leurs flancs étonnés
Le riz et l'ananas et les épis dorés ;
Alors, ô Villamil, quand la nuit étoilée
Suspendra les travaux chéris de la journée
Le Florien (2) heureux mêlera dans ses chants
Ton nom à sa Philis, tes bienfaits à ses champs...

C'est à la même époque qu'Olmedo composa la mélancolique poésie : *A un ami sur la naissance d'un enfant*, que nous avons traduite ainsi :

(1) Villamil (José de), né au commencement du xixe siècle
à la Nouvelle-Orléans, vécut à Guayaquil où il fut l'un des
promoteurs les plus actifs de l'Indépendance proclamée dans
cette ville le 9 octobre 1820. San Martin lui conféra le grade
de lieutenant-colonel. En 1831, il fut nommé gouverneur de
l'archipel de Galápagos. Général de brigade en 1845, ministre
de la guerre et président du Conseil en 1851 ; puis, chargé
d'affaires aux Etats-Unis. Il mourut en 1864 à Guayáquil où
une rue porte son nom.

(2) Habitant de l'île Floreana.

SUR LA NAISSANCE D'UN ENFANT.

Vivre est-ce un si grand bien pour qu'empressés on voie
Les parents radieux, les amis pleins de joie,
Entourer le berceau d'un enfant nouveau-né,
Puis, dans leurs vers flattant l'illusion du père,
Pronostiquer en chœur son astre fortuné.
Le premier qui l'embrasse au front, d'un sort prospère
Y reconnaît le signe ; un autre dans ses yeux
Voit briller le génie ; une céleste flamme :
L'amour de la patrie ; ou découvre joyeux
Sa soif de gloire et de savoir. Tous dans son âme,
Quand le cher innocent sourit avec douceur,
Auront lu : piété, tendresse ou bien candeur.

Mais, sera-t-il heureux ? Hélas ! ne seront-elles
Que des illusions, ces espérances belles ?
Des illusions, oui, Risel ! Ce doux enfant,
Aujourd'hui ton amour, ton orgueil triomphant,
Est un être au malheur voué par sa naissance.
Contre les coups du sort n'auront pas de puissance
Ces deux titres si vains : la fortune et le nom.
Mais à quoi bon parler de nom et de fortune ?
Dans ces funestes temps son génie et chacune
De ses vertus seraient un crime sans pardon.
Suivre les simples lois de la morale pure,

En philosophe vrai, passerait, ô Nature !
Pour de l'impiété. Des pervers arracher
Le voile sous lequel ont soin de se cacher
La superstition avec l'hypocrisie ;
Affirmer que Dieu met des bornes au pouvoir
Comme à la mer, qui, dans sa folle fantaisie,
Moins rebelle à ses lois pourtant se laisse voir,
Tout est sédition, impiété nouvelle !
Le front hautain, partout le vice se révèle
Portant cette devise : « audace et ruse ». Ainsi,
Sans épargner son or ni ses efforts, il tente,
Il séduit tous les cœurs et les embrase aussi.
Il donne du renom au mal et le contente ;
Osant tout, il triomphe et se proclame roi.

Que de scènes, grand Dieu ! d'exemples et d'effroi !
Et vivre est un bonheur ? Le ciel pouvait, je pense,
Pour des jours plus sereins retarder ta naissance,
Cher enfant ! Aujourd'hui ne peuvent voir tes yeux
Que ce spectacle indigne : un pays qu'on déchire
Et le sang de ses fils s'échappant en tous lieux,
Et la Discorde horrible, en son cruel délire,
Agitant les serpents qui sifflent sur son front,
De sa torche allumée, en prodiguer l'affront.

Ah ! s'il t'était permis encor de disparaître
Et de rentrer soudain dans le néant obscur,
Séjour heureux autant qu'il est tranquille et sûr,
Et s'il t'était permis seulement de renaître
Au grand soleil fécond, âme de l'univers,
Quand la patrie aura, forte de sa victoire,
Sur son front radieux, montré des lauriers verts ;
Quand la science au but de sa course notoire
Parvienne en occident ; quand le culte des arts

Et du sillon, ces arts valant mieux que richesse,
Au pays à jamais rendra de toutes parts
Le bien-être et l'honneur, la joie et la sagesse ;
Quand, la paix décrétant la justice et l'amour,
Tous les peuples unis s'aimant, luira le jour
Où tomberont au sein du plus profond abîme
La haine des partis, l'ignorance et le crime.

Envoyez-nous, ô cieux, envoyez promptement
Ce beau jour attendu par nous à tout moment !
Mais, d'ici-là, Risel, refoule avec prudence
Dans ton cœur les élans de joie et d'espérance !
Combien de fois, hélas ! la séduisante fleur,
Que le premier rayon du matin fit éclore,
Quand du jardin déjà la proclamait l'honneur
La foule des enfants turbulents de l'Aurore,
Cette charmante fleur que quelque tendre amant
Destinait à mourir peut-être en parfumant
Le chaste sein de sa bergère heureuse et belle,
Combien de fois, hélas ! languissante et pâle, elle
Ne parvient pas à voir le soleil ! Oui, souvent
Le moindre froid la glace ; elle s'effeuille au vent,
Ou bien, foulée aux pieds par quelque bête impure,
Elle voit sa beauté périr dans la souillure !

Et cependant puisque à la haute dignité
De père le voilà, Risel, enfin porté,
C'est ton devoir, mon cher ami, de ne pas craindre
Et de prévoir d'un cœur vaillant, pour mieux l'atteindre,
L'invasion du mal ou la fureur du sort.
Tu possèdes : vertu, courage, intelligence.
Mets tout en œuvre et de ton fils guide l'enfance
Dans le chemin du Bien, toujours en désaccord
Avec l'ambition et le mensonge. Aspire

A lui rendre pur l'air infect que l'on respire.
Qu'en t'imitant il soit prudent sans être faux ;
Brave sans être fier ; dans la fortune un sage
Et digne constamment en supportant les maux,
Car lorqu'au sein des bois se déchaîne l'orage,
Seul le frêle arbrisseau rompt sous l'effort du vent ;
Mais le robuste chêne au sol humble n'incline
Jamais son front superbe ; au contraire, il domine
Au loin, tout près des cieux, les éléments souvent
Se déclarant entre eux une implacable guerre,
Et brave hardiment le foudroyant tonnerre.

Et toi, ma douce amie, oui, toi dont le bon cœur,
Sanctuaire brûlant d'amour et de tendresse,
Pour suivre ton époux, consolant sa tristesse,
Sur un plancher peu sûr, avec mâle vigueur
Osas passer les mers en naufrages fameuses
Et visiter les cours plus qu'elles périlleuses,
Toi qui, toujours sereine au fort de la douleur,
En voyant à tes pieds s'ouvrir la tombe obscure,
Sur l'abîme jetas un regard sans frayeur
Et ne montras jamais d'angoisse ni de cure
Que pour l'injuste sort accablant ton époux,
Ou, quand ton tendre cœur au souvenir si doux
De ton pays absent battant dans ta poitrine,
Tu songeais au retour vers lui, l'âme chagrine,
Ainsi qu'à tes amis ; alors, supposais-tu
Que le ciel réservait pour prix à ta vertu
L'enfant qu'il refusa dix ans à ta prière,
Et que, mère, bientôt t'embrasserait ta mère ?
Jouis de ton bonheur, amie, à tout jamais,
Jouis à tout jamais de ta douce conquête,
Car le nuage a fui qui portait la tempête
Et voici que pour toi se lève un jour de paix.
Te voici sur le sol aimé de la patrie,

Voici ton ciel paisible et voici ton foyer.
Pourquoi soupires-tu ? Cesse de t'effrayer,
Ce n'est pas un vain songe. Oui, ta mère attendrie
Te presse dans ses bras, tandis que de nouveau
Je ne dois embrasser la mienne qu'au tombeau !

Sois heureuse et jouis de l'ineffable étreinte
De ce charmant enfant, sans excessive crainte
Pour ce gage premier de ton premier amour.
Il me semble te voir admirant chaque jour
Les grâces de ton fils, naïves et touchantes ;
Mais je vois aussitôt que deux larmes brûlantes
S'échappent de tes yeux et le tendre innocent,
Comme s'il entendait ce que sa mère pense,
De ses petites mains, appelle en souriant
Le baiser maternel, sa douce récompense.
Donne-le lui cent fois. Partage ton bonheur
Avec ton cher Risel. Le sage Créateur
Ne dut te faire aimable, à ta naissance, et belle,
Sinon pour être épouse et mère très fidèle.

Et toi qui de ton sort aveugle, cher enfant,
Dans ton berceau doré reposes triomphant
Et doucement souris ou fermes la paupière,
Puisque le ciel te fit contempler la lumière,
Grandis en florissant pour que, dans l'avenir,
Sous nos regards amis tu puisses devenir :
L'honneur de ta patrie et l'orgueil de ta race.
De tes dignes parents suis hardiment la trace
Et ne crains rien. Toujours un homme vertueux
Se résigne à son sort, heureux ou malheureux,
Et, libre ou dans les fers, même alors que le glaive
Menacerait sa tête, il courbe avec fierté
Le front plutôt devant la rude adversité
Que les genoux aux pieds d'un tyran qui l'élève.

On a reproché à Olmedo, comme un manque de goût,
les paroles lugubres qui tombaient de ses lèvres sur le
berceau d'un enfant impatiemment attendu pendant dix
ans de mariage.

Comme il a dû glacer le cœur de ces parents transportés
de joie ! Ils se préparaient à écouter dans la voix du poète
des accents qui fussent l'écho fidèle de leurs sentiments et le
reflet des horizons riants entrevus déjà dans l'avenir du nouveau-né. Olmedo ne se met pas à leur diapason au contraire,
il gémit comme sur le bord d'une tombe (1).

A lire la poésie tout entière, qui rappelle la sentimentale mélancolie de Leopardi, on se pénètre de l'effet que
son auteur a voulu produire en peignant sombre, d'a-
bord, le paysage pour l'éclairer ensuite par des touches
harmonieusement graduées. La critique est excessive
qui veut lui en faire un reproche. L'inspiration n'est-
elle pas élevée ? Les sentiments exprimés ne sont-ils pas
nobles et touchants ?.......

(1) Mrs. Amunategui, *loc. cit.*

V

L'indépendance de Guayaquil. — Olmedo Président du Gou·
vernement Provisoire jusqu'à l'annexion de la ville à la
grande République de la Colombie. — Son départ pour le
Pérou. — Rôle politique qu'il y joua.

Le 9 octobre 1820 la ville de Guayaquil poussait le
cri de liberté à l'instigation d'une poignée de patriotes
qu'exaltaient les prouesses de Bolivar au nord et de San
Martín au sud. Olmedo avait été choisi par eux comme
chef du mouvement révolutionnaire. Le paisible poète
qui avait les qualités requises pour conduire la barque
du gouvernement par les temps calmes et pour donner
des lois à l'Etat, comprit qu'il n'avait pas l'énergie du
pilote hardi manœuvrant sous la tempête et se récusa.
« Vous pouvez compter sur moi pour tout », dit–il aux
républicains, « sauf pour être le chef de la révolution,
car il faut à ce poste un militaire et même un militaire
intrépide (1) ».

(1) Les patriotes, au nombre de trente environ, après le
refus d'Olmedo et du lieutenant-colonel d'artillerie en retraite Rafael Jimena, qui s'excusa pour ne pas paraître ingrat
envers l'Espagne où il s'était élevé, résolurent d'agir par eux-

Après la proclamation de l'Indépendance, Olmedo fut désigné comme Première Autorité, avec le titre de Chef Politique. Il s'occupa aussitôt de mettre sur pied la nouvelle administration et rédigea l'acte de la constitution, qu'il intitula : *Règlement provisoire du Gouvernement*, dont l'article second disait :

La province de Guayaquil se déclare en entière liberté pour s'annexer à telle grande association qui lui conviendra le mieux parmi celles qui doivent se former dans l'Amérique du Sud.

Le collège électoral convoqué par lui l'approuva pleinement et, sur sa demande pressante, nomma une Junte de Gouvernement composée de trois membres dont Olmedo demeura le président (1).

Bolivar, qui venait de sceller l'indépendance de la Nouvelle-Grenade et du Venezuela par deux victoires d'impérissable souvenir (2) et de créer, en réunissant

mêmes. Ce fut aux capitaines Léon FEBRES CORDERO et Luis URDANETA, séparés du service actif par les Espagnols, qu'échut la gloire de s'emparer par la ruse, au milieu de la nuit, des casernes où ils avaient des affiliés. L'exploit réussit et l'indépendance de la ville de Guayaquil, proclamée aussitôt après, priva la métropole de l'unique arsenal qu'elle possédait sur la côte du Pacifique, de 15.000 soldats, de 150.000 piastres qui se trouvaient dans les caisses du Gouverneur et obstrua les voies de communication entre les forces espagnoles cantonnées à Quito et à Pasto.

(1) Les trois membres du Gouvernement Provisoire furent le poète OLMEDO, le lieutenant-colonel Rafael JIMENA et le négociant Francisco ROCA, tous trois fils de Guayaquil.

(2) La victoire de *Boyaca* (7 août 1819), fut remportée par Bolivar, après la terrifiante ascension du glacier du mont Pisba et l'admirable passage des Andes. Le capitaine espagnol

ces deux Etats, sa célèbre autant que peu viable République de Colombie, s'empressa d'écrire au gouvernement de Guayaquil pour lui démontrer les avantages d'une annexion de la nouvelle province affranchie à celles du nord. Sa lettre était adressée à Olmedo dans les termes les plus flatteurs pour lui. Dès cette époque commencèrent les relations amicales qui, pour la gloire des lettres américaines, devaient se resserrer davantage de jour en jour entre le héros et le poëte appelé à s'immortaliser en le chantant.

Pour la première fois, Bolivar tournait ses regards vers cette région du Pacifique qui s'était affranchie sans son épée. Les esprits s'y trouvaient déjà divisés sur la question de savoir si elle devait faire partie de la Colombie, comme le réclamait Bolivar, ou du Pérou, qui l'avait eue sous sa juridiction militaire. Un troisième groupe, ayant Olmedo à sa tête, demandait la création d'un nouvel Etat indépendant et n'acceptait, une autre solution prévalant, que la jonction au Pérou. Olmedo désirait lui, personnellement, la formation d'une nation composée des principaux départements qui constituèrent depuis et constituent encore la République de l'Equateur. M. Ballén a dit fort justement :

Le Guayas et le Chimborazo, sont inséparables l'un de l'autre. Le premier reçoit du second les eaux qui fertilisent ses campagnes et tous deux forment ensemble le plus bel

---

BARREIRO y fut vaincu. La victoire de *Carabobo* (24 juin 1821), où PAEZ, dans un défilé étroit, avec ses *llaneros*, fils des pampas, se couvrit de gloire, sous les ordres de Bolivar, vit la défaite du général LA TORRE. La première mit fin à la domination espagnole dans la Nouvelle-Grenade et la deuxième au Venezuela.

ornement de la luxuriante nature équatorienne. Aussi, Olmedo les a-t-il réunis dans l'écusson d'armes de la République de l'Equateur, qu'il dessina lui-même en 1845 (1) ».

Bolivar, qui caressait l'idée grandiose, mais irréalisable jusqu'à présent, de réunir dans une vaste et puissante confédération tous les pays affranchis de l'Amérique du Sud, s'était empressé d'expédier un corps d'armée à Guayaquil sous prétexte de secours; mais, réellement, en appui de sa demande d'incorporation à la Colombie. Le gouvernement provisoire y fit une réception enthousiaste à ses soldats et à leur chef, le fameux général Sucre, peu après maréchal, et organisa aussitôt un corps expéditionnaire avec lequel ce héros se couvrit de gloire à travers les Andes dans sa marche vers Quito. Secondé par un bataillon que San Martín, le libérateur du Chili, lui envoya du Pérou, Sucre remporta l'importante victoire de Pichincha qui confirmait l'indépendance de la Colombie (2).

(1) Cet écusson d'armes porte un soleil dans la moitié supérieure coupant en parties égales un segment du zodiaque ; en bas et à gauche, la Cordillère des Andes avec le Chimborazo, au pied duquel coule le Guayas, où se trouve un navire à vapeur. Sur l'écusson est posé un condor les ailes déployées. Le tout repose sur un faisceau d'armes surmonté d'un caducée. Sur les côtés figurent les couleurs nationales, jaune, bleu et rouge, avec une branche de laurier et une palme. (*Nous l'avons reproduit en tête de cet ouvrage*).

(2) La bataille de *Pichincha* fut livrée le 24 mai 1822, sur les flancs du volcan de ce nom, en face de Quito, à 4.600 mètres au-dessus du niveau de la mer. Le général vénézuélien Antonio José de Sucre, l'un des plus purs héros des guerres de l'Indépendance, y remporta la victoire et obligea à capituler le maréchal Aimerich, dernier président espagnol

Bolivar, poursuivant l'idée qui lui tenait à cœur, arriva à Guayaquil où il fut acclamé avec délire par la population entière. Mais, dès son arrivée, dans sa réponse aux discours lui souhaitant la bienvenue, il prononça des paroles si hostiles envers les membres du triumvirat peu empressés à seconder ses plans d'annexion, que ceux-ci, profondément blessés, quittèrent la séance sur-le-champ. Bolivar voulut réparer en partie la faute commise. Dans ce but il chargea son aide de camp d'aller exprimer des regrets, non pas aux troistriumvirs, à Olmedo seulement, en déclarant « qu'il s'inclinait devant son génie, sans se soucier de ses fonctions ».

En dépit des efforts des membres du gouvernement qui voulaient soumettre le différend au collège électoral, Bolivar, toujours impérieux et prompt dans ses résolutions, quand il croyait que la cause de la liberté ou le salut de l'Amérique l'exigeaient, lança un manifeste préliminaire de l'annexion et deux jours plus tard, de par sa propre autorité, le drapeau colombien flottait au vent sur la ville.

Les membres du gouvernement ayant Olmedo à leur tête et suivis de plus de deux cents citoyens notables qui les accompagnaient spontanément, émigrèrent au Pérou, protestant ainsi contre les événements accomplis. La lettre qu'à cette occasion Olmedo adressa à Bo-

de Quito, mettant un terme à la domination espagnole qui avait duré 288 années dans l'ancien royaume de Quito, depuis la conquête de *Benalcazar*. Le colonel CÓRDOVA, colombien, et le lieutenant Abdon CALDÉRON, fils de Guayaquil, se couvrirent de gloire dans ce combat. Nous avons rendu hommage à leur héroïsme dans notre livre « Héros des Andes ».

livar est pleine d'amertume et de dignité. Elle mérite d'être citée dans ses principaux passages. Ses paroles prouvent une fois de plus que dans les emplois publics la loyauté, le patriotisme et le désintéressement n'ont de tout temps pour récompense que l'ingratitude et l'injustice quand la politique s'en mêle.

Il est impossible, lui écrivait-il, que vous n'ayez pas observé combien ma situation ici est difficile et violente, et que les causes vous en échappent. Cette constatation justifiera tous mes pas dans ma conduite politique, attendu que je me suis trouvé toujours au milieu du choc d'opinions et de passions contraires dès le début de mon consulat jusqu'au-delà de son terme. Quelques-uns m'accusent de n'avoir pas eu d'opinion arrêtée sur la question du jour, sans réfléchir que, me trouvant à la tête de ce peuple, mon rôle public exigeait une circonspection extraordinaire qui pût modérer le feu des partis à l'intérieur et empêcher que les prétentions du dehors s'y ruassent, quand l'existence politique de cette province était encore douteuse. D'autres m'accusent de n'avoir pas soutenu les droits de ce peuple et d'avoir vendu cette province et l'effervescence arrivait au point extrême d'avoir conçu le projet d'envahir la maison qui ne m'appartient pas pour y commettre un attentat. D'autres, enfin, m'accusent de n'avoir pas fait entendre des protestations et des réclamations sur les derniers faits accomplis, comme si c'eût été mon devoir de provoquer un désaccord entre deux peuples frères et d'allumer le premier la torche de la discorde.

Je puis m'être trompé ; mais je crois avoir suivi dans l'affaire qui a mis un terme à mon administration le chemin que me conseillaient la raison et la prudence : celui de ne pas m'opposer davantage à vos résolutions, afin d'éviter au peuple des maux et des désastres, et, en même temps, de n'y pas intervenir et de ne pas leur donner mon assentiment pour sauvegarder la dignité de mes fonctions.

Je prends donc le seul parti qui me reste à prendre, celui de m'éloigner de ce pays en attendant que les choses rentrent dans leur assiette et que les esprits recouvrent leur bon sens naturel. La malveillance seule osera prétendre que je cherche à me soustraire à un jugement par mon absence, car il est notoire que tous nous avons de nous-mêmes demandé ce jugement et que, dans la lettre où nous le réclamions, nous lui laissions plus de latitude que n'en accorde la loi. Ayant assez de fermeté pour écouter un arrêt, fût-il prononcé par le plus sévère des tribunaux, je ne dois pas avoir la faiblesse de m'incliner devant celui d'un tribunal incompétent, quelque humain et bienveillant qu'il pût être.

Je sais que notre accusation est prête et que la sentence en est même écrite. La condamnation du gouvernement sera, assure-t-on, le principal argument pour justifier tout ce qui a été fait. Je n'en doute pas, car toutes les apparences le prouvent, du moment que dans les documents officiels on publie des déclarations calomnieuses, mensongères, infâmes, dont la trame est si grossièrement ourdie que leur misérable auteur ne s'est pas aperçu qu'il a fait dire et écrire à la même heure à trois ou quatre peuples différents, éloignés de plusieurs lieues les uns des autres, les mêmes imputations sous les mêmes formes et avec les mêmes mots. Quelle faiblesse d'imagination ! Mais je regarde tout cela comme des nuages qui flottent et se dissipent sous mes pieds.

Il faudrait pourtant la philosophie d'un stoïcien ou l'impudence d'un cynique pour contempler l'abus qu'on a fait de la candeur de ces peuples, en les forçant à dire qu'ils ont souffert sous notre administration un joug plus insupportable que celui des Espagnols ; pour voir cette imposture autorisée par votre nom dans les feuilles officielles colportées partout et pour demeurer dans ce pays, ou dans un autre de l'Amérique, où la certitude de notre honnêteté et de nos sentiments purs envers la Patrie et la Liberté ne puisse démentir hautement cette atroce calomnie. Que vont dire les gouver-

nements libres avec lesquels nous sommes entrés en relations
et qui entendirent prononcer notre nom avec respect ! Vraiment, ce fut une belle récompense que la nôtre pour tant de
soucis de voir ce peuple plus heureux et plus libre que nul
autre ! Ne croyez pas que je parle avec ironie. Une ovation
populaire me serait moins agréable. L'histoire de tous les
siècles nous a appris quel fut toujours le sort des hommes
de bien dans les révolutions et il m'est doux de partager un
malheur plus honorable qu'un triomphe.

Je me sépare donc accablé de tristesse d'une famille honnête que je chéris tendrement et qui reste exposée peut-être
à la haine et aux vexations à cause de moi. Mais mon honneur l'exige ainsi. D'ailleurs, pour pouvoir vivre, j'ai besoin
de repos plus encore que d'air ; ma patrie peut se passer de
moi. Je ne fais que m'abandonner à mon destin...

Ce destin pour le poète tranquille et doux qui, arrivé
au faîte du pouvoir sans y prétendre, n'avait pas tardé
à regretter sa solitude et ses études, ce destin n'était
que momentanément sombre et dans son infortune présente il devait trouver un élément nouveau de gloire
prochaine.

Le général O'Leary dans ses *Mémoires* commente l'at-
titude digne observée par Olmedo à l'égard de Bolivar
dans cette question de l'annexion et définit ainsi l'état
de son âme :

Né dans une contrée qui, par sa situation, sa beauté et
sa fécondité, est enviée de tous les pays que baigne la mer
du sud, Olmedo gardait toutes ses complaisances pour le sol
natal et le fleuve qui l'embellit. Philosophe sans prétentions,
il préférait étudier le monde dans son cabinet de travail que
dans le tumulte de la société. Comme poète il ambitionnait
moins de gouverner son pays que de le chanter dans ses
vers. Les événements politiques qui survinrent l'arrachèrent

à sa retraite et ses compatriotes lui firent l'honneur de lui confier les rênes du gouvernement. Comme fils de Guayaquil, l'idée de la création d'un Etat indépendant flattait son patriotisme. Ayant reçu son instruction à Lima, le caractère doux et indolent des Péruviens, peu différent du sien et les souvenirs de ses premières années le liaient avec le Pérou. Comme américain il admirait le courage et la ténacité des soldats de la Colombie. Dans son amour pour les beautés de la nature, il se plaisait sur les rives riantes du Guayas à contempler le stupéfiant Chimborazo, qui dresse son front blanchi de neige au milieu des nuages, sans que le spectateur puisse de loin se rendre compte si cela fait partie du ciel ou de la terre. Le génie de Bolivar, plus sublime encore, lui avait conquis son respect et sa vénération. Mais les sentiments qu'il professait en tant que poète et comme américain n'étaient pas des liens pouvant l'attacher à la Colombie... (1)

Olmedo, abreuvé d'amertume et de tristesse, se trouvait depuis peu de temps au Pérou quand la province de Pasco l'envoya siéger à l'assemblée constituante réunie à Lima le 22 septembre 1822. Il fut un des membres de la commission appelée à élaborer le projet de la première constitution que devait avoir le Pérou et il eut l'honneur d'être désigné, pour en rédiger le rapport, ce qu'il fit éloquemment. En voici le début où il plaide la cause de la souveraineté du peuple.

Difficilement se présente une situation plus inquiétante que l'actuelle pour pouvoir se livrer à ce travail avec la méditation et le repos que son importance exige. Dans la lutte pour l'Indépendance, ou, plutôt, dans la rude et tenace dispute du sol où elle doit être plantée, nous nous voyons forcés à la fois de bâtir et de réunir les matériaux pour l'édifice

(1) O'LEARY, *Ecrits Posthumes.*

lui-même. Quelle différence entre les nations qui ont eu en partage le bonheur d'écrire la charte de leur constitution à l'abri des sûrs remparts de la liberté extérieure et le Pérou, dont la naissance au monde politique et les soucis pour éviter la tyrannie sont l'œuvre d'un seul moment ! Mais, telle est l'inévitable destinée des peuples qui, déchirant les liens de leur ancienne sujétion, se décident irrévocablement à vivre d'eux-mêmes et pour eux-mêmes.

Le sentiment de l'indépendance nationale, qui est le résultat de celle des individus, met en mouvement toutes les affections humaines et tend à la dissolution de la masse sociale ; de sorte que le ferment pénètre en elle, grâce aux suggestions que chacun subit en soi par la contemplation de ses avantages personnels, et l'anarchie succède à l'ordre et l'Etat se voit exposé à devenir la proie du plus heureux ou du plus fort. Qui donc pourra ramener à leur juste milieu tous ces éléments en désaccord, ou, pour mieux dire, qui sera capable de leur assigner le juste milieu qu'ils avaient et qui a disparu, le point où tout d'abord ils tendaient s'étant déplacé. L'agent unique, légitime, efficace pour consolider les sociétés politiques, c'est la libre volonté des peuples qui les forment ; de même que pour faire rentrer dans l'ordre les mondes célestes la voix de l'Arbitre Suprême est seule puissante.

Cette légitimité, cette efficacité sont dans la nature des choses ; les révolutions ne peuvent se justifier sinon quand une corporation civile, lassée de voir ses droits outragés, résilie enfin le pacte et transige de nouveau sous une autre forme qui les garantisse ; de même, cet intérêt-là est le seul aiguillon qui pousse ses membres jusqu'au sacrifice de leur fortune et de leur vie. Tout le reste est purement accidentel. Et si l'histoire des transformations politiques nous révèle des influences d'une autre espèce, nous savons aussi que leur puissance a été éphémère et qu'un Etat qui dès le début ne fut pas fondé avec la volonté, le consentement et l'approbation des peuples, jamais, quels que soient ses efforts pour y parvenir, ne pourra être constitué. Devenu le théâtre de basses spéculations et toujours agité par les partis, il ne pourra plus se concilier la volonté de tous, ni, par conséquent, fixer les bases d'une administration permanente ; les peuples, une fois détrompés, ne reprennent plus le même chemin. Tout au contraire, nous observons que les pays fortunés, où l'on a concentré l'esprit d'indépendance avec celui de liberté, sous les garanties de la représentation populaire, ont peu tardé à mener à bout l'œuvre de l'émancipation et à consolider parmi eux, rapidement, le régime administratif.

En effet, tant que les lois fondamentales ne sont pas raffermies dans un Etat, tout y est précipitation et instabilité, ou, plus clairement, on y vit dans une espèce d'anarchie plus ou moins déclarée, car une des conditions nécessaires de l'ordre, c'est de reconnaître certains principes fixes d'où naîtront la régularité dans tous les actes et la précision des limites dans l'exercice de l'autorité et des droits civils.

Le même congrès ayant décidé d'implorer l'aide de Bolivar et de ses troupes pour chasser définitivement les Espagnols, qui occupaient encore une partie du territoire péruvien, Olmedo fut l'un des deux émissaires désignés pour lui présenter cette requête et ce fut lui qui, oubliant de justes griefs, adressa ces paroles au héros :

Le Congrés du Pérou a voulu confier à une députation choisie dans son sein l'honneur de renouveler à Votre Excellence ses sentiments de considération et de gratitude en lui réitérant ses vœux ardents de la voir par sa présence mettre un terme prompt et glorieux aux maux de la guerre.

Les ennemis ont occupé la capitale de la République. La dévastation précède et suit en tous lieux la marche du présomptueux et sanguinaire Canterac ; les traces de ses pas restent partout couvertes de cendres et de sang.

Mais, l'orage présent dissipé, la liberté paraîtra plus belle encore assise sur des ruines.

D'énormes contributions, le pillage des riches magasins et des temples sacrés, une aveugle et rigoureuse conscription de la jeunesse péruvienne, ont livré l'opulente Lima au sort souffert par tant de peuples sans défense et paisibles, où passaient les Tartares de l'Occident.

La conduite des Espagnols, la situation du Pérou, tout en imposant à Votre Excellence, comme au vengeur de l'Amérique, le devoir d'y voler pour le défendre et le venger, lui ouvrent en même temps un nouveau théâtre pour ses exploits et pour sa gloire.

Les ennemis éblouis par quelques faibles avantages dont seuls peuvent s'enorgueillir ceux qui ne pèsent pas toutes les causes qui influent sur le sort des combats, ou ceux qui, se rendant compte de leur propre faiblesse, sont émerveillés de vaincre une fois, les ennemis, dis-je, ont cru le Pérou tout à fait exténué et livré à soi-même, et, comme ils n'arrivent pas encore à se convaincre que tous les peuples de l'Amérique font cause commune, quand ils voient menacée l'indépendance de l'un d'eux, ils se sont lancés dans une entreprise qui doit leur coûter la perte de toutes les provinces qu'ils ont asservies et les anéantir entièrement eux-mêmes, si l'on profite des circonstances et des instants et si l'on met en jeu tous les moyens et toutes les ressources que nous possédons pour vaincre.

Les redoutables guerriers de la Colombie qui, avec les troupes de La Plata et du Chili, déjouant les plans de l'ennemi, restent campés devant les forteresses du Callao; le renfort qu'on attend avec Votre Excellence ; la nombreuse division qui, tout récemment, a quitté le rivage chilien ; l'expédition libératrice, qui débarqua heureusement dans Arica, composée de vaillants Péruviens, résolus à venger dans les mêmes champs de Torata le dernier affront que leur y fit la fortune ; voilà des éléments qui n'attendent qu'une voix pour les unir, une main pour les guider, un génie qui les conduise à la Victoire. Et tous les yeux, tous les vœux sont naturellement tournés vers Votre Excellence.

Votre Excellence vient d'écraser d'un pied ferme la dernière tête de l'hydre de la rebellion et rien ne peut l'empêcher d'écouter les vœux d'où dépendent la liberté d'un grand Etat, la sécurité du sud de la Colombie et le couronnement de la destinée du peuple américain. Que Votre Excellence brise tous les nœuds qui la retiennent loin du champ de bataille.

Après les siècles écoulés, il semble que les oracles ont de nouveau prédit que tant de peuples, convertis en une nouvelle Asie par la vengeance commune, ne pourront d'aucune façon vaincre sans leur Achille. Que Votre Excellence se laisse emporter par le courant qui, pour la dernière fois peut-être, l'entraîne vers de nouvelles gloires.

Voilà quels sont les vœux que par notre entremise adresse à Votre Excellence le Congrès du Pérou avec le ferme et certain espoir que Votre Excellence sera fidèle, comme elle l'a été jusqu'ici, à ses engagements envers la Patrie et la Victoire.

Bolivar lui répondit :

Monsieur le Député,

Mon respect religieux pour les institutions de la Colombie a été récompensé par une victoire que le ciel a voulu accorder à nos armes, en détruisant pour toujours les éléments de la guerre civile.

Il y a longtemps que mon cœur m'entraîne vers le Pérou ; il y a longtemps que les plus vaillants guerriers de l'Amérique entière comblent la mesure de ma gloire en m'appelant à leurs côtés ; mais je n'ai pu faire taire la voix du devoir qui m'a retenu sur les plages colombiennes. J'ai sollicité l'autorisation du Congrès Général pour qu'il me soit permis de mettre mon épée au service de mes frères du Sud ; cette faveur ne m'a pas encore été accordée. Je me désespère dans mon inaction, quand les troupes de la Colombie se trouvent placées entre les dangers et la gloire, et que je suis loin d'elles.

Monsieur le Député : je désire ardemment me rendre au Pérou ; ma bonne fortune me promet que bientôt je verrai s'accomplir le vœu des fils des Incas et le devoir que je me suis tracé de ne pas me reposer jusqu'à ce que le Nouveau Monde ait rejeté sur les flots tous les oppresseurs.

Bolivar tint peu après sa promesse et devint le maître des destinées du Pérou avec le titre de dictateur. Ses nouveaux succès éclatants le firent bientôt acclamer comme le libérateur de cinq nations.

Ce sont les deux immortelles victoires de Junin et d'Ayacoucho, remportées par Bolivar et Sucre au Pérou, qu'Olmedo rempli d'enthousiasme et débordant de patriotique inspiration, a chantées dans son *Hymne à Bolivar*, la plus longue, la plus vibrante de ses poésies lyriques et la plus célèbre aussi.

Simon Bolivar, le Libérateur. — Rapide aperçu de ses travaux,
de ses victoires et de ses malheurs.

La Victoire de Junin, Hymne à Bolivar, a consacré
la célébrité d'Olmedo en Amérique et immortalisé son
nom de poète.

Pour faire comprendre l'enthousiasme immense qui,
embrasant son cœur sensible, fit jaillir impétueuse et
vibrante l'inspiration de cette ode épique célèbre et la
soutint d'un souffle égal, chaude et harmonieuse, d'un
bout à l'autre de ce millier de vers sonores et majestueux, il faut d'abord rappeler ce qu'était Simon Bolivar.

Le nom de Bolivar peut laisser froide l'imagination
et indifférent le cœur d'un européen. Il n'en est pas de
même, on le comprend, parmi les habitants de l'Amérique latine. Là, son nom béni de rédempteur flamboie
comme un astre. L'éclat de son épée vengeresse semble
y faire jaillir encore des lueurs dans l'espace quand le
fracas des armes retentit. Avec les proportions surhumaines d'un colosse, il se détache aux yeux de tous, le
front resplendissant, sur la cime des Andes dont le

granit garde l'éternelle empreinte de ses pas, tandis que leur écho redit ses prouesses innombrables qui remplissaient d'admiration ses ennemis eux-mêmes et touchent au domaine de la fable. Les générations qui se succèdent se les répètent de bouche en bouche. Le père apprend au fils à épeler dans le livre de sa vie. Les louanges du demi-dieu servent toujours de thème favori aux jeunes gens dans les tournois littéraires. Des bords de l'Orénoque, où fut son berceau, jusqu'au cœur des montagnes sombres de la Bolivie, sur toute cette belle et vaste étendue de terre américaine où, d'une main ferme, il promena triomphant les trois couleurs, jaune, bleue et rouge, du drapeau de la Liberté par Miranda (1) as-

(1) MIRANDA (Francisco), né à Caracas en 1750. Après son retour d'Espagne, où il termina son éducation, il reçut le commandement des troupes espagnoles au Guatemala. Exilé pour ses sentiments libéraux, il prit du service aux Etats-Unis, parcourut, ensuite, l'Europe, s'efforçant de gagner à la cause de l'Indépendance de l'Amérique la grande Catherine en Russie et Pitt en Angleterre. La Révolution française éclata pendant son séjour à Paris. Son amour ardent pour la liberté lui fit embrasser avec enthousiasme la cause républicaine. Il fut l'ami des Girondins, particulièrement de Pétion, et servit dans la Champagne sous les ordres de Dumouriez avec le grade de général de division. Il commanda l'armée en Belgique et en Hollande, où il éprouva des revers. Dénoncé au tribunal révolutionnaire, il y fut défendu avec une fougueuse éloquence par Chauveau-Lagarde et, après son acquittement, il se vit porté en triomphe par le peuple. Il suivit le sort des Girondins et ne sortit de prison que le 9 thermidor. Bonaparte, sur de faux rapports, l'exila. De retour au Venezuela, il souleva son pays contre l'autorité espagnole et remporta des succès importants, Bolivar servit sous ses ordres. Il fut finalement vaincu par les troupes royalistes et dut signer le

semblées, il n'est pas un front qui ne s'incline en écoutant son nom, pas une lèvre qui ne le prononce avec respect, orgueil et gratitude ; pas une âme qui ne s'exalte au souvenir de ses hauts faits. Tous les cœurs, unis dans un seul amour, même au milieu des discordes civiles, gardent vivant le culte de sa gloire impérissable. Aussi, aux anniversaires de sa naissance et de ses triomphes, des autels s'y dressent en maints lieux pour rendre un perpétuel hommage à sa mémoire.

Napoléon en France, Washington (1) dans l'Amérique du Nord, ont excité de leur vivant, à des titres différents et à peu de distance, un enthousiasme aussi formidable. Par des actions éclatantes ils ont mérité, sans aucun doute, l'admiration des peuples et provoqué le délire des foules. Leurs grands noms ont retenti triomphants sur d'immenses contrées où s'employait leur génie et la renommée, par ses cent bouches, les a semés partout ailleurs. L'immortalité leur est grandement ac-

traité de paix de San Mateo, qui garantissait sa liberté et celle de ses officiers et qui ne fut pas respecté. Trahi et livré aux Espagnols au moment de quitter le sol natal, il fut emmené à Cadix, où il mourut en prison, la chaîne au cou, en 1816. Il fut l'héroïque et immortel précurseur de Bolivar, plus heureux que lui. Le nom de Miranda est inscrit sur l'arc de triomphe de l'Etoile.

(1) Une note biographique sur Washington nous semble aussi oiseuse qu'une notice détaillée sur Bolivar, car on peut avoir des renseignements sur la vie de ces deux grands capitaines dans les encyclopédies françaises. Nous n'avons consacré quelques lignes, trop courtes malheureusement, au bas de ces pages, qu'aux fils illustres de l'Amérique, cités au cours de notre ouvrage, dont les noms sont ignorés ou très peu connus en France.

quise. Mais Napoléon, quelque merveilleuses qu'aient
été ses innombrables prouesses et utiles les institutions
qu'il a laissées, appartient à la race des Alexandre et
des César qui, habités par un esprit impatient, fougueux
et despotique, et poussés par une ambition inassouvie à
la conquête de l'univers :

... détruisent les plus puissants royaumes pour en composer
d'autres avec leurs débris, mettent le pied sur le cou des
rois, ou leur font dire, sous le vestibule de leur palais :

Qu'ils se font trop attendre et qu'Attila s'ennuie (1).

Washington, lui, comme Bolivar, fut marqué par le
destin pour accomplir une œuvre plus durable et plus
humaine, bien que bâtie sur des monceaux de cadavres
et sur des fleuves de sang : celle de la liberté par l'affranchissement d'un continent. Combien, pourtant,
leurs caractères et leurs tempéraments, comme leurs
vies, diffèrent, tout en ayant quelques points de commune ressemblance !

Intelligence vaste et puissante qui ne s'appuyait pourtant pas sur une instruction solide ; pénétration profonde, jugement sûr, mais lent ; courage inébranlable,
mais prudent; docile aptitude pour écouter tous les conseils et en tirer le meilleur parti, sans que de lui-même
rien ne jaillît dans un moment d'enthousiasme ou de
passion qui, traduit par des paroles éloquentes, pût
entraîner irrésistiblement la volonté d'autrui, Washington posséda le plus grand nombre des grandes qualités
requises chez un guerrier appelé à jouer le premier

(1) Chateaubriand.

rôle dans les destinées de son pays. Mais il fut un héros qui aurait pu « s'ignorer lui-même » et non pas un foudre de guerre. Il lui manqua toujours l'exaltation véhémente de la pensée et du cœur qui pousse à des actes héroïques spontanés, comme l'activité toujours en éveil qui peut brusquement transformer en une victoire la défaite commencée, ou sait par un trait d'habileté déconcertante réduire à néant les plus savantes combinaisons des ennemis. Sa nature était froide, son esprit réfléchi. Il mûrissait longuement ses plans après les avoir lentement conçus et le moindre obstacle imprévu arrêtant l'élan de son effort le troublait visiblement. Chateaubriand, a encore écrit :

On dirait qu'il se sent le mandataire de la liberté de l'avenir et qu'il craint de la compromettre. Ce ne sont point ses destinées que porte ce héros d'une nouvelle espèce, ce sont celles de sont pays ; il ne se permet pas de jouer ce qui ne lui appartient pas. Mais, de cette profonde obscurité que de lumière va jaillir ! Cherchez les bois inconnus où brilla l'épée de Washington. Qu'y trouverez-vous ? Des tombeaux ? Non, un monde ! Washington a laissé les Etats-Unis pour trophée sur son champ de bataille.

Washington eut aussi toutes les vertus civiques. Par sa haute intégrité, son amour de la justice et son loyal détachement des honneurs suprêmes il fut le plus digne de gouverner le pays qui lui devait sa liberté ; mais cette liberté, quand son épée la conquit, n'avait plus qu'à pousser sur un sol qui en portait les semences profondément enfouies de tous côtés par des esprits supérieurs. De grandes nations, d'ailleurs, secondèrent ses efforts que l'ambition jalouse d'aucun rival n'entrava sur le champ

STATUE DE SIMON BOLIVAR
dans le Parc Seminario, à Guayaquil.

de ses opérations. Des officiers vaillants et renommés accoururent librement vers lui. La pénurie des ressources n'arrêta pas son action et il put organiser une armée nombreuse et régulière. S'il connut, avant le succès final, les vicissitudes que la fortune inconstante des armes a de tout temps réservées aux plus grands guerriers eux-mêmes, jamais il n'eut à souffrir de l'injustice des hommes ni de l'ingratitude des peuples. Quand il eut triomphé, le pays lui rendit un juste tribut d'hommages. Par deux fois il fut élevé à la magistrature suprême que son désintéressement patriotique l'empêcha seul d'accepter une fois encore. Il mourut vénéré au sein de sa patrie reconnaissante, et riche, car sa fortune personnelle ne fut pas engloutie dans sa lutte contre la tyrannie. Il légua son nom, glorieux héritage, à une grande ville. Enfin, si nul grand poète ne s'est immortalisé en le chantant, il trouva un Bonaparte pour pleurer sa mort et en faire porter le deuil à son armée.

Si Washington fut « l'homme vertueux à la tête d'une bonne cause et assurant son triomphe » (1), il fut aussi l'homme heureux qui jouit paisiblement de ce triomphe au déclin d'une belle existence.

Bolivar peut réclamer sa place entre Bonaparte et Washington. Plus rapproché du premier si l'on ne considère que son génie militaire, son tempérament fougueux, ardent et téméraire et les jours attristés de la fin de sa vie. Chez tous deux le caractère se dessine fortement et les qualités du guerrier l'emportent. Ils ont la fermeté nette des grandes résolutions prises dans leur

(1) GUIZOT. — Vie, correspondance et écrits de *Washington*.

propre conseil, le regard sûr qui embrasse et prévoit tout d'un coup d'œil ; la rapidité des courses immenses après les plans hardis promptement conçus. L'un d'eux, suivi de son armée, foule sous ses pieds la neige des sommets des Alpes ; en redescend pour traverser les fleuves de l'Europe sur des ponts improvisés et parcourir au galop les plaines célèbres par les plus grandes victoires de tous les temps, sur lesquelles ses triomphes jettent des ombres. Il prend d'assaut les empires et les royaumes « comme un Condé prendrait des villes ». Les vaincus sont des rois qui vont traîner son char et il n'a pas assez d'un continent pour cueillir des lauriers. Partout il entraîne des milliers de légions d'hommes que sa gloire affole, que son astre fascine et qui meurent heureux en acclamant son nom s'il daigne leur sourire.

Bolivar escalade les pics couronnés de flammes, inaccessibles jusque-là, des Andes ; traverse, comme un condor rapide, les plaines désertes, les savanes inondées, les forêts vierges ; franchit sur son cheval, à la nage, les fleuves impétueux en faisant prisonniers au passage les vaisseaux ennemis. Et qui le suit, une armée ! Non pas ; à peine une poignée d'hommes. Des volontaires, à demi-nus, mourant de faim, harassés de fatigue ; des *llancros*, rudes habitants des pampas, brûlés par le soleil qui, la lance au poing, sur leurs coursiers sauvages, sans selle et sans étriers, ressemblent à des centaures ; voilà ses guerriers. Il s'en contente. Il a le secret de décupler leurs forces d'un geste ou d'un regard et cela lui suffit pour vaincre, par l'audace ou la ruse, les innombrables vétérans aux brillants uniformes et bien repus de l'armée espagnole, les vainqueurs de Napoléon, car,

Ses gueux sont des héros qui le suivent sans trêve
Ne demandant jamais où les conduit son rêve,
Qu'ils savent, même alors qu'il est mystérieux,
Hardi le plus souvent, mais toujours glorieux.

Tous deux, Napoléon et Bolivar, ont l'éloquence per-
suasive et leur parole entraîne ; tous deux se connais-
sent en hommes et savent d'un coup d'œil approfondir
le cœur humain, aussi ont-ils le don de faire pousser à
leurs côtés des hommes étonnants qui rivalisent d'efforts
pour se hausser à leur taille, qui les comprennent et les
secondent résolument dans leur œuvre de conquête ou
de rédemption. Ici, Murat, Desaix, Ney, Marceau,
Hoche, Kléber, tant d'autres ; là-bas, Ribas (1), Sucre (2),
Páez (3), La Mar et Córdova, au premier rang.

(1) Ribas (José Félix de), l'un des plus vaillants héros de la
guerre de l'Indépendance, vainqueur dans les combats de
La Victoria, Charallave, Horcones et *Niquitao* ; mais, défait à
Urica, par Boves (5 décembre 1814), qui, peu après, l'ayant
surpris pendant son sommeil au fond d'un bois, où il s'était
réfugié, lui fit trancher la tête (18 janvier 1815). Dans l'aurore sanglante de l'émancipation américaine il fut le demi-
dieu dont l'activité fébrile, la conviction profonde et la constante audace préparèrent la voie triomphale au char de la
Liberté conduit par Bolivar.

(2) Nous parlerons plus loin de Sucre, La Mar et Córdova,
nommés dans « l'Hymne à Bolivar ».

(3) Páez (José Antonio), né au Venezuela en 1790, dont, à
deux reprises, il fut plus tard le président ; véritable Achille
américain, ses prouesses innombrables, surprenantes, semblent appartenir au domaine de la Fable. On peut les lire en
partie dans son *Autobiographie.* Parmi les exploits de ce
guerrier il faut citer la bataille de Queseras sur les bords de
l'Apure, remportée sur Morillo (1819) ainsi que celle de Cara-

Bolivar est plus près de Washington, tout en restant bien supérieur, à ne considérer que la grandeur morale du bienfait humanitaire accompli, l'absence d'ambition personnelle et le désintéressement consciencieux qui chez le premier est un exemple d'abnégation peu commune.

Pour rentrer dans la vie privée en simple citoyen, pauvre, épuisé, quoique jeune encore, par les souffrances physiques et morales, Bolivar, à plusieurs reprises, renonça, comme Cincinnatus, à un pouvoir considérable, illimité, à la dictature que, de leur gré, lui conférèrent divers peuples. Ambitieux, il eût pu s'asseoir sur un trône, devenir le monarque puissant de cette moitié de continent qu'il avait affranchie. Il n'avait qu'à changer le nom de sa dictature. Il ne voulut être qu'un citoyen libre. En ceci, il s'élève plus haut que les Napoléon et les César (1).

Issu d'une famille noble à Caracas, élevé à Madrid, compagnon de jeux de l'infant qui fut Ferdinand VII, dont il devait bientôt amoindrir la couronne, loin de

bobo (1821). Ce fut lui qui, à la tête d'un régiment de cavalerie, s'élança, la lance à la main, sous les yeux de Bolivar, au milieu des flots d'un fleuve, parmi les caïmans, et prit à l'abordage quatorze chaloupes canonnières des Espagnols, où il arbora le drapeau républicain. Exilé à la suite d'une des nombreuses révolutions du Venezuela, il mourut à New-York en 1871.

(1) « Si Bolivar meurt », a dit Benjamin Constant, « sans avoir ceint une couronne, il sera dans les siècles futurs une figure singulière. Dans le passé, il n'a pas son pareil, parce que Washington n'eut jamais entre les mains, dans les colonies britanniques du Nord, le pouvoir que Bolivar a assumé parmi les peuples et les déserts de l'Amérique du Sud. »

tirer de sa présence à la cour des rois d'Espagne des
motifs de vanité ou d'orgueil, il s'applique à étudier les
sentiments qui y dominent à l'égard des sujets nés dans
les colonies et il ne trouve qu'indifférence, dédain ou
mépris. De retour au sol natal, son cœur se soulève de
pitié et son front rougit de honte quand il voit le triste
sort des races indigènes et le déplorable état social et
politique où croupissent les fertiles possessions espagnoles. Le patricien sent battre dans sa poitrine un
cœur républicain. Il se dépouille de ses titres, renonce
au rang comme aux honneurs. Epris de l'idéal d'améliorer l'avenir de sa patrie, il se voue tout entier au
culte de la liberté qui trouve dans son sein un temple
sûr, inébranlable. Il débute dans son sacerdoce en
affranchissant de plein gré ses esclaves sur son domaine.
Il part ensuite pour se retremper aux sources mêmes
de la liberté. Il parcourt la France, qu'il avait connue
républicaine avec Bonaparte et qu'il retrouve obéissant
à un nouveau maître, Napoléon. Il passe en Italie et là,
devant Rome, sur le Mont-Sacré, il fait serment à sa
patrie :

De l'affranchir du joug ou de mourir pour elle.

Le néophyte républicain sent grandir son audace et
s'affermir son énergie au souvenir des grandes actions
de ces fiers Romains des temps antiques. Il a conscience de porter une âme capable d'imiter leurs grands
exemples. Son destin se révèle à lui. L'homme appelé
à mener à bout l'entreprise colossale dont il rêve pour
sa patrie, c'est lui. Il ne lui est pas possible de « s'ignorer lui-même ». Dès lors, la confiance dans son étoile
ne l'abandonne jamais. Sur le sol où il va planter l'arbre

de la liberté, qui sera lent à pousser, car, sans bonnes semences, il faudra pour le féconder l'arroser pendant vingt ans du sang de milliers de victimes, rien ne le rebute. Il a, au plus haut degré développée, une des qualités maîtresses du génie : la persévérance, et la voix de sa conscience lui dit la justice des droits que sa patrie réclame par son bras. Ses premiers revers l'exaltent davantage. Si sa voix ne réveille pas encore les échos endormis des grands bois silencieux ; si son nom n'entraîne pas encore les populations accoutumées au joug ; si, parmi les auxiliaires d'élite qui, séduits par son exemple, vont se grouper à ses côtés, quelques-uns lui disputeront l'honneur du premier rang, sans être organisés comme lui pour la lutte gigantesque ; indifférence des peuples, rivalités mesquines, calomnies, proscriptions, pénurie de subsides et de renforts, rien n'empêchera sa marche vers le but. Elle pourra être retardée un instant, paralysée jamais. Sa volonté de fer brisera tous les obstacles et la Providence veille sur lui. Par trois fois il échappe aux poignards des ennemis, qui, levés dans l'ombre, immolent d'autres victimes à sa place. Il vient à bout de tout, de la nature elle-même, dans cette lutte qui de jour en jour grandit plus effroyable. Il épuise bientôt son riche patrimoine et reste sans ressources. Qu'importe ? Il est beau joueur, lui, et plus d'une fois, il risque la partie, certain de la revanche. Son génie vaste crée et organise tout ; mais les protections lui manquent. Il fait appel aux nations du vieux continent qui suivent d'un regard rempli d'admiration et de surprise les hauts faits de ce titan étrange, mais sans se décider aucune à lui venir en aide. La Fayette est trop vieux ; Rochambeau n'est plus. Le compagnon

d'armes de Washington ne pourra qu'être des premiers
à le féliciter de ses triomphes et de sa conduite désintéressée, en lui envoyant, au nom de la famille du
héros, quelques reliques, un portrait et une médaille
avec ces mots : *De tous les hommes des temps modernes
et même de tous les temps historiques, le général Bolivar est le seul à qui mon paternel ami aurait préféré
envoyer ces souvenirs...* La grande sœur du nord
panse ses blessures récentes et se contente de faire des
vœux ou d'exprimer des sympathies. L'Espagne, qui le
dédaignait d'abord, comprend qu'elle a devant elle un
ennemi tenace et redoutable et les capitaines qu'elle lui
oppose deviennent dans ses colonies, pour la plupart,
des tigres altérés de carnage qui vont la déshonorer et
précipiter la ruine de son pouvoir par des actes d'atro-
cité inouïe. Et la guerre à mort est décrétée dans les
deux camps. Les peuples qui courbés sous la glèbe
n'avaient pas encore compris le mot de liberté retentissant à leurs oreilles, se dressent au suprême cri de la
patrie en détresse et accourent se ranger autour du
char de Bolivar qu'ils poussent au travers des chemins
abrupts et sanglants d'un vigoureux élan et d'un bras
sûr, jusqu'au sommet de la plus pure gloire. Et le
triomphe de *Boyaca* illumine d'une aurore nouvelle la
terre américaine. Et Morillo, le dernier chef espagnol,
digne autant que vaillant celui-là, stupéfié par l'adresse
et la célérité des mouvements de cet homme qui, à
quelques semaines d'intervalle, le battait lui dans les
plaines du Venezuela et triomphait de son lieutenant en
Colombie, après avoir dévoré des milliers de lieues et
franchi la Cordillère avec la vitesse de l'ouragan ou de
l'éclair, Morillo propose un armistice. Il demande à voir

de près ce guerrier fabuleux qui, avec la tactique et la stratégie des plus grands capitaines, prévient ses projets, déjoue ses plans, se multiplie, se montre partout et par sa présence déchaîne la tempête qui va foudroyer sûrement ses ennemis. L'entrevue a lieu. Les deux adversaires, en se trouvant face à face, d'un mouvement irrésistible ouvrent les bras, s'y précipitent et se pressent sans déguiser leur émotion; spectacle admirable qui fait honneur aux deux guerriers et prouve quel homme était Bolivar, qui forçait à une preuve aussi éclatante d'estime un implacable ennemi. Pour la première fois, on entendit alors retentir en Amérique des cris joyeux acclamant ensemble, dans deux camps irréconciliables, l'Espagne et la Colombie. Morillo, pénétré de la grandeur morale du héros dont il avait éprouvé le génie militaire, renonce à le combattre et, bientôt après, quitte le continent pour aller dire au roi d'Espagne qu'il ne doit pas espérer de le vaincre.

Sur le cadavre du despotisme terrassé, la Colombie, fille du génie de Bolivar, apparaît, armée de la cuirasse et coiffée du casque, mais radieuse, comme Minerve naquit de Jupiter. La liberté ne compte plus ses temples depuis les bords de l'Orénoque jusqu'aux rives du Magdalena. D'autres peuples, plus au sud, sur le sol d'Atahualpa et de Huascar, où Pizarre s'illustra, éblouis par les prodiges d'audace et de bravoure de celui que quelques-uns comparent à Sertorius et d'autres à Annibal, ainsi que par l'éclat de ses armes, réclament instamment l'appui de son bras infatigable. Et Bolivar accourt. Il se trouve en présence d'un autre guerrier glorieux, de San Martín, qui vient d'affranchir le Chili et qui aurait pu être aussi grand et renommé que lui, s'il n'avait circonscrit son action à un cercle plus étroit. San Martín, qui était venu au secours du Pérou avec le titre de Protecteur, aurait pu s'ériger en rival. Quelques minutes d'entretien suffisent pour qu'il s'incline, s'efface et se retire, rendant à son tour un éclatant hommage à Bolivar, plus républicain que lui, qui aurait préféré un gouvernement monarchique pour les Etats nouveaux. Et Bolivar continue aussitôt la longue série de ses admirables exploits, malgré les dissensions des partis politiques dans les Etats naissants et malgré les ambitions vulgaires qui, croissant dans l'ombre, devaient rendre impossible sa grandiose idée d'une puissante confédération des pays affranchis par lui. Les batailles de *Pichincha*, de *Junin* et d'*Ayacoucho* portent à son apogée la gloire de son nom et la célébrité de ses guerriers. L'enthousiasme des peuples ne connaît plus de bornes. Bolivar devient leur idole. Leur vénération, comme leur gratitude, paraît devoir être éternelle sans s'amoindrir un instant. Olmedo fait vibrer sa lyre et, d'un accent superbement ému, chante le héros. Salué du nom de Libérateur, Bolivar connaît alors les ivresses du triomphe; mais son âme est trop haut placée et sa raison trop solide pour qu'il se laisse aveugler sur ce que durent les flatteries des parlements et les transports frénétiques de la foule. Il refuse au Pérou les richesses dont on veut l'accabler et n'accepte qu'une médaille. Il se démet une fois encore, la paix conclue, de la dictature qui lui avait été si souvent imposée; se contente d'une modique solde dont il distribue la plus grande part aux veuves et aux orphelins de ses frères d'armes et croit avoir enfin le droit, sinon de gouverner cette Colombie qui lui doit l'existence et qui lui est si chère, de se reposer du moins de ses glorieux travaux et de terminer paisiblement ses jours, comme Washington, au sein de sa patrie reconnaissante.

Après avoir été l'un des hommes que l'histoire nous montre plus éprouvés, plus poursuivis par la fortune contraire, si, grâce à sa persévérante ténacité, par d'immortels exploits, en triomphant d'elle, il se plaça au niveau des plus grands héros, il fallait encore que l'intégrité et l'abnégation dont il donna constamment des preuves lui servissent de piédestal et le malheur d'auréole, afin que, dépassant à son tour la stature commune des êtres humains, il se dressât parmi les plus grands hommes de ce monde qui étonnent, éblouissent, qu'on admire et qu'on plaint. L'heure de gravir le calvaire sonna donc pour ce rédempteur. Ceux-là mêmes qui s'étaient élevés par son appui, à son ombre, deviennent ses accusateurs et intriguent pour que dans cet apôtre de la liberté le peuple s'imagine voir poindre un ennemi des libres institutions. Calomnié, honni, proscrit, Bolivar connaît toute l'amertume des déceptions issues de l'inconstance de la foule ignorante et de son prompt oubli des grands services rendus sans ambition personnelle.

Suspect à ses compatriotes, le Venezuela, gouverné par Paez, lui ferme ses portes. Il se retire dans la République voisine, d'où il écrit à un ami :

Je ferai pour la Colombie tout ce que je pourrai jusqu'à ce que la grande Convention décide de la nation. Je ne suivrai pas plus loin la carrière publique, car je représente ici les damnés de la fable : je ne vois jamais arriver le terme de mon supplice. Ce que je fais avec les mains, les pieds des autres le défont. Un homme luttant contre tous ne peut rien.

D'un autre côté, mes efforts ont épuisé mon énergie ; de
cette lutte je suis sorti anéanti et je vis sans avoir de forces
ni de but ; l'habitude seule me fait demeurer en ce monde,
comme un mort qui marche... (1) »

Sa présence dans la Colombie même, dont la capitale,
promesse éphémère, devait recevoir son nom, porte
ombrage à ses envieux. Abreuvé de tristesse, écœuré, il
se décide à quitter la terre américaine où il n'aura pas
la joie de cimenter les institutions solides qui font le
progrès des nations sages en leur procurant la paix.
Avec fierté il s'écrie : « Je suivrai la tactique des Par-
thes : je fuirai pour punir mes ennemis (2) ». Et il dit
dans ses adieux à ceux qui cherchent à le retenir :

La présence d'un soldat heureux, quelque désintéressé
qu'il soit, est toujours un danger dans un Etat jeune de
liberté.

La mort, clémente, le surprit pauvre, accablé par la
fatigue et les chagrins, quoique jeune encore, au moment où il allait s'éloigner davantage de sa patrie en
faisant des vœux pour elle, comme Aristide (3).

Les larmes que versent alors les peuples, les plaintes
qui s'exhalent de tous côtés, cherchent à racheter leur
ingratitude ; les cérémonies funèbres innombrables ne
servent qu'à mieux montrer l'hypocrisie des ambitieux

(1) Lettre à José Fernández Madrid, E. E. et ministre plénipotentiaire de la Colombie à Londres, datée de Caracas le
26 avril 1827.

(2) Lettre adressée au même ministre le 16 juin 1827.

(3) Bolivar, né en 1783 à Caracas, mourut à l'âge de 47 ans,
le 17 décembre 1830, à Santa Marta, en Colombie, dans la
propriété de campagne d'un espagnol, M. Joaquin de Mier.

et l'insanité des intrigues politiques. Mais la renommée
incomparable de Bolivar n'a pas besoin de ces éclatantes autant que vaines démonstrations de douleur
publique ni des monuments somptueux élevés plus tard
à sa mémoire dans toutes les grandes villes qui lui doivent de la reconnaissance. Cinq nations vivent au grand
soleil de la liberté et l'une d'elles, grâce à lui, portera
désormais le nom de Colomb, réparant une injustice.
Voilà son œuvre et voilà ses titres à la gloire rare d'être,
à travers les siècles, appelé le *Libérateur*.

VII

Genèse de *La Victoire de Junin, Hymne à Bolivar*. — Lettres
du poète au Libérateur. — Olmedo diplomate.

Le nom de Bolivar était, depuis longtemps déjà, le
symbole de la liberté en Amérique lorsqu'il remporta
au Pérou, le 6 août 1824, la victoire de Junin. Le succès
de cette terrible charge de cavalerie qui, fauchant à
l'arme blanche, sabre ou lance, des milliers d'ennemis
supérieurs toujours en nombre, était commandée par
Bolivar en personne, donna lieu à des manifestations de
joie immense dans tout le continent américain. Olmedo,
qui était l'admirateur passionné du héros et qui avait
autant de tendresse que de reconnaissance pour le pays
où s'était écoulée sa jeunesse d'étudiant, sentit son
cœur bondir à la nouvelle de ce triomphe qui présageait
la liberté prochaine du Pérou. Débordant d'enthousiasme,
dans un grand élan d'inspiration, il traça sur le papier
les premières strophes de son célèbre chant. Mais, esclave
de ses multiples occupations quotidiennes, il voyait son
travail interrompu à toute heure; aussi, n'en était-il
qu'au début quand, le 9 décembre de la même année,
le général Sucre remporta dans la plaine d'Ayacoucho

l'éclatante victoire qui lui valut le bâton de maréchal
et mit fin, pour toujours, dans le continent américain,
à la domination espagnole. Olmedo, de plus en plus
embrasé du feu sacré, ne put arrêter désormais le jet
de son génie et, se donnant tout entier à son poème,
n'eut de cesse qu'il ne l'eût terminé. Au lieu d'un exploit
unique il lui fallait pourtant en chanter deux et Bolivar,
— « bien qu'on vit son âme reflétée sur le front du
vainqueur », — comme le poète l'a dit dans ses vers,
ne se trouvait pas sur le champ de bataille d'Ayacoucho.
Nous verrons plus loin comment Olmedo se tira du
mieux qu'il put de cet embarras, non sans honneur, en
imitant d'illustres modèles.

Les lettres qu'il écrivit à Bolivar sur le poème composé à sa gloire disent plus éloquemment que nous ne
le saurions faire, la genèse, le plan de l'œuvre, l'ardeur
du poète pour y réussir et jusqu'aux imperfections qu'il
croit y reconnaître, tout en la défendant avec chaleur
contre certaines critiques formulées par son héros. Voici
ces lettres, qui prouvent encore l'intimité respectueuse
qui régnait déjà entre ces deux grands cœurs et la bon-
hommie charmante et spirituelle, familière au style du
poète. Dans la première il ne s'agit pas encore du chant ;
mais, seulement, de la victoire.

LETTRES D'OLMEDO A BOLIVAR (1).

Au Libérateur, au toujours vainqueur Simon Bolivar.

Cher Monsieur et ami très vénéré,

En ce moment on m'annonce qu'un navire part pour le Pérou et je ne veux pas perdre la première occasion de vous féliciter pour la mémorable victoire d'*Ajax-couco*... Avec ma licence poétique je modifie ainsi le nom d'Ayacoucho, qui sonne désagréablement, et rien de ce qui est laid n'est digne de l'immortalité.

Maintenant, maintenant oui, je m'avoue absolument surpris, car bien que je n'aie jamais douté du succès, il fallait une inspiration divine pour prévoir un triomphe aussi complet et aussi rapide. Le piment de la surprise lui-même a fait plus agréable la victoire.

(1) Ces lettres ont été insérées par M. Caro dans les numéros des mois d'avril et d'août 1879 du *Repertorio Colombiano* de Bogota. Les sept premières ont été retirées des archives de la famille O'Leary. Les deux suivantes se trouvaient entre les mains de M. Martin de Ycaza, beau-père d'Olmedo et furent publiées par son petit-fils, M. Francisco Pablo de Ycaza, dans le journal de Guayaquil *Los Andes*. La dernière, incomplète, figure dans les *Essais Biographiques* de Torres Caicedo. (Note de M. Ballén).

Cette journée-là a été véritablement celle de l'Amérique, la journée de Bolivar.

J'ai lu avec ravissement votre proclamation : elle est belle, elle est sublime. Elle ne laisse rien à désirer, rien, si ce n'est... si ce n'est que quelques mots ne fassent naître quelques jalousies sur la terre... et quelque tempête sur la mer.

Vous avez perdu tout droit de me reprocher ma liberté de parole depuis que vous avez laissé s'étaler impunément, en y applaudissant même, mes observations sur votre première proclamation datée de Pasto. La dernière, de Lima, est un des documents classiques de notre sainte révolution.

Les trois derniers mots sont dignes du marbre et du bronze. *Fi donc !* (1) Ils sont dignes des cœurs. Ne plus commander ! (2) Expression divine, expression exhalée par une âme qui ne peut plus supporter sa propre gloire. Elle me représente l'image d'un homme qui, ayant fixé les yeux grands ouverts sur le soleil, les baisse et les ferme accablés par tant de lumière.

Entends-tu ? Entends-tu ? Est-ce moi qui me trompe ? Quel est ce vacarme ? C'est le char de la Liberté qui, triomphalement, se promène depuis les rives majestueuses de l'Orénoque jusqu'au bord le plus reculé du lac orageux où surnage l'île de

(1) Ces deux mots sont en français dans le texte original.

(2) « Péruviens ! La paix a succédé à la guerre ; l'union à « la discorde ; l'ordre à l'anarchie et le bonheur à l'adver- « sité ; mais n'oubliez jamais, je vous prie, que vous devez « tout cela aux illustres vainqueurs d'Ayacoucho.

« Péruviens ! Le jour où votre Congrès se réunira sera le « jour de ma gloire, car il sera le jour où je verrai comblés « les vœux ardents de mon ambition : Ne plus comman- der ! »

(Fin de la proclamation du Libérateur, dont parle Olmedo. Elle fut promulguée à Lima le 25 décembre 1824). (Note de M. Ballén).

AVENUE OLMEDO
à Guayaquil.

Titicaca et, dans sa course, il dessine les couleurs de l'arc-en-ciel (1).

Salut et gloire,

OLMEDO.

A Simon le Gothique.

Guayaquil, janvier 31/825.

Je ne pensais pas vous écrire aujourd'hui, parce que je vous ai dérobé déjà de trop fréquents moments ; or, j'aimerais mieux passer pour n'importe quoi aux yeux des autres que pour un être ennuyeux. Je ne dois pas, pourtant, vous laisser languir de curiosité au sujet du nom de *Simon le Castillan* que je vous ai donné dans ma lettre de décembre.

Vous savez que dans les temps antiques les capitaines prenaient le nom du pays où ils avaient triomphé. Ainsi, Paul-Emile fut appelé le *Macédonien* et l'un des Scipions, l'*Africain*. Mais vous allez me dire que vous n'avez pas triomphé en Castille pour être surnommé le *Castillan*. Peu importe. L'un des empereurs d'Orient ne fut-il pas appelé le Vandale et le Gothique pour avoir vaincu les Vandales et les Goths ? Pour-

---

(1) Allusion aux couleurs, jaune, bleue et rouge, du drapeau colombien, assemblées, comme nous l'avons dit, par Miranda, l'immortel précurseur de Bolivar, et qui ont été conservées par le Venezuela, la Colombie et l'Equateur, avec de légères modifications de largeur. Miranda sépara les couleurs jaune et rouge du drapeau espagnol par la couleur bleue, qui est celle de la mer, pour indiquer que celle-ci séparait à jamais le pays de l'or du pays de la conquête.

9

tant, il ne les avait pas vaincus en Vandalie ou en Gothie, mais en Italie et en Allemagne.

Quant à vous, choisissez et dites-moi quel est le surnom qui vous sourit le plus (dans le même ordre d'idées, bien entendu). Est-ce le Gothique, le Vandale ou le Castillan ? etc. Le *Péruvien*, non pas, car vous n'avez pas remporté de victoire sur des Péruviens et le pays de vos triomphes n'est pas un pays lointain ou ennemi de l'Amérique...

Afin de m'épargner tout reproche pour vous avoir dit que le Pérou était une terre « d'épreuve et glissante », je vous dirai seulement qu'en m'exprimant ainsi, je ne pensais pas m'adresser chez l'ami au soldat, mais à l'homme. Autrefois, il y avait à Lima la rue du *Danger* qui, en effet, était glissante et fort dangereuse. Beaucoup de philosophes s'y décortiquèrent et montrèrent qu'ils n'étaient que des hommes.

Mais supposez, néanmoins, que j'aie voulu parler au point de vue militaire. Rien n'est perdu pour cela. Car c'est une affaire que le terrain soit glissant et c'en est une tout autre que les hommes y glissent forcément. Vous savez fort bien que la glace est très glissante et, malgré cela, on y court admirablement. J'entends par là que, plus on trouve d'obstacles et de périls dans sa route, plus on a de gloire à parvenir au but. N'allez pas vous vanter tous, tant que vous êtes, de votre grande expérience, ni croire que le sol des galeries de Lima est aussi aisé que celui des champs de Junin et d'Ayacoucho !

Je regrette que vous me conseilliez de chanter nos derniers triomphes. Voici longtemps, très longtemps que j'agite cette idée-là dans ma tête. La bataille de Junin eut lieu et mon chant commença. Je me trompe. Je commençai alors à tracer des plans et des châteaux ; mais j'avançai peu pendant un mois. De petites occupations qui, sans grande importance, suffisent à distraire ; de petites préoccupations pour les besoins de l'existence ; de petits soins domestiques ; de petites rumeurs montant de la ville ; tout contribua à tenir ma muse à court d'haleine. Mais Ayacoucho fut et je me réveillai *lan-*

çant un coup de tonnerre (1). J'en restai moi-même tout étourdi et je fis peu de pas en avant. Il m'aurait fallu à tout prix quinze journées à la campagne et cela, pour le moment, m'est impossible. D'un autre côté, je vous certifie qu'à mesure que j'écris, tout ce que je fais me semble mauvais, tout à fait inférieur au sujet. J'efface, je déchire, je corrige et c'est toujours mauvais. J'en suis arrivé à me persuader que ma muse ne peut se hausser au niveau du géant. Cette conviction me décourage et me refroidit. Avant d'en arriver là, j'étais tout fier et je croyais faire un poème qui m'emporterait avec vous vers l'immortalité. Mais, le moment venu, j'avoue que je suis tout à la fois battu et abattu. Comme il est escarpé, le sommet du Parnasse ! Comme elle est glissante, la montagne de la Gloire !

J'ai à peine écrit cinquante vers ; le plan en est superbe et, par cela même, je me sens impuissant à le réaliser. Ces jours derniers, l'on me demanda les paroles d'une marche qui devait être chantée dans une des fêtes par lesquelles nous avons célébré la victoire d'Ayacoucho. Cette marche, je la fis à pas redoublés. Elle a paru dans le *Patriote* du 22 janvier et voici que j'en ai honte. Vous allez penser que je suis extrêmement ambitieux de gloire, tout en ayant l'air de la mépriser. Je ne sais pas trop si vous vous trompez.., mais mon découragement actuel provient de cette idée dont je suis intimement pénétré : que rien de vulgaire, rien de médiocre, rien de périssable ne peut convenir à ce triomphe. Je n'aime pas la gloire autant que je déteste la médiocrité. Et que vais-je répondre à celui qui me dira, après avoir lu mon ode : « si « tu manquais de souffle pour un tel travail, à quoi bon l'avoir « entrepris ? Pour en ternir l'éclat ? Tu aurais mieux fait de « te taire ! » Que pourrai-je répondre alors, mon cher Monsieur ?

Vous voyez mon humilité. Attendez donc un peu et vous

____

(1) Allusion au début du chant (Note autographe).

verrez ce que sont les poètes. Vous me défendez de prononcer votre nom dans mon poème. Vraiment, parce que vous avez été à deux ou trois reprises le dictateur des peuples, croyez-vous pouvoir de même dicter des ordres aux Muses? Non, Monsieur! Les Muses sont des demoiselles entêtées, désobéissantes et rebelles, tyranniques, (bien femmes en cela), libres au point d'être libertines, indépendantes au point d'être séditieuses. Je ne dois pas acquiescer à votre désir en cette occasion et je ne le dois pas pour beaucoup de raisons; la première et la meilleure, c'est que je ne le pourrais pas. J'ai déjà fait mon plan après un travail impondérable. J'ai déjà écrit une cinquantaine de vers; je ne puis reculer. Sucre est un héros; il est mon ami et il mérite un chant spécial; mais, cette fois-ci, ce sera pour lui une dose d'immortalité bien suffisante de se voir nommé dans une ode consacrée à Bolivar. Enfin, de grâce, laissez-moi faire et n'allez pas m'apporter une entrave qui m'empêcherait, je ne dis pas de m'envoler ou de courir, mais même de marcher. Laissez-moi faire. S'il vous déplaît qu'on vous loue, pourquoi ne vous êtes-vous pas plongé dans le sommeil, comme moi, pendant quarante années? Cependant, j'ose vous faire part de cette pensée colossale: si l'heure de l'inspiration arrive et si je puis mener à bout le plan magnifique et hardi que j'ai conçu, vous et moi, tous deux ensemble, nous nous trouverons réunis dans l'immortalité. Si, par malheur, *cet heureux quart d'heure* ne sonne pas, je me contenterai alors de ma joie, (car les joies suffisent parfaitement dans tous les cas), de voir l'Amérique libre et triomphante, de me rappeler le nom de son Libérateur et de caresser ma fille, plein de philosophie, dans mon obscurité.

Votre respectueux ami,

OLMEDO.

Guayaquil, le 15 Août 1825,

Mon ami très respecté et cher Monsieur,

Je vous ai toujours dit que vous aviez une imagination singulière et que, si vous vous exerciez à faire des vers, vous dépasseriez Pindare et Ossian. Les imaginations ardentes découvrent des liens communs entre les objets les plus différents les uns des autres. Il n'y a que vous pour trouver une corrélation entre un poète qui chante sur sa flûte le long des rives de son fleuve et un ministre chargé de représenter une nation à la cour des rois (1). Eh bien, soit ! pour vous représenter, le plus que je puisse faire, le plus que je puisse vous promettre, c'est d'y mettre tout mon zèle, d'agir avec intégrité et de vivre modestement pour ne pas déshonorer votre choix et mon titre de républicain.

Par le courrier j'enverrai ma requête au gouvernement de la Colombie ; mais je n'attendrai pas son acquiescement, s'il faut partir avant de recevoir la réponse ; car, du moment que ces provinces sont sous vos ordres, à plus forte raison doit l'être la plus infime chose de la République : ma personne.

J'ai besoin d'instructions très claires et minutieuses ; mon intention est de ne pas m'excéder d'une ligne dans mes attributions. Je voudrais même que la part laissée d'habitude à l'initiative des Représentants, suivant les circonstances, fût restreinte et circonscrite autant que cela sera possible. Ceux

(1) Bolivar venait de désigner Olmedo et M. Paredes pour remplir une mission diplomatique à Londres et à Paris.

qui n'ont pas la main bien sûre tracent leurs lignes de travers quand ils écrivent sans transparent. . . . .
. . . .

Mon chant s'est allongé plus que je ne le supposais. Je pensais que l'œuvre aurait trois cents vers et certainement elle en aura plus de six cents. En voici 520 de faits et, bien que je me presse d'être au bout, je ne sais si en route il n'arrivera pas que je fasse un bond ou que je prenne mon essor vers quelque région inconnue. Il n'était pas possible, mon cher Monsieur, de passer sous silence tant de choses mémorables. J'ai souffert de la maladie à la mode, d'une fluxion, c'est-à-dire que j'ai perdu près d'un mois. Or, celui qui tousse ne sent pas sa poitrine disposée à chanter. Je voguerai toutes voiles dehors afin de vous adresser ma poésie par le prochain courrier, quelle qu'elle soit.

Je croyais avoir jeté l'ancre pour toujours et me voici livré à la mer. Mais, puis-je m'appartenir ? Et puis, est-ce une si grande affaire de ne pouvoir disposer de moi quand, vous-même, vous ne vous appartenez pas, vous à qui la Patrie pourrait accorder la liberté que vous avez si bien méritée.

Je m'étais dit souvent : Que faut-il à l'abeille ? Des fleurs et une ruche. Et je commençais à vivre tranquille, alors même que les rayons de miel n'étaient pas réussis.

Le courrier de Lima est arrivé peu d'heures avant le moment fixé pour son départ. C'est à peine si j'ai le temps de vous adresser mes sincères remerciements pour votre souvenir et pour la bonne opinion dont vous honorez le plus respectueux et le plus dévoué de vos amis.

OLMEDO.

Guayaquil, le 30 avril 1825.

Cher Monsieur et ami très respecté,

J'ai pensé que cette lettre serait aussi longue que mon chant ; mais cela ne peut être, car le courrier me presse et j'ai passé mon temps à copier les vers pour tenir la promesse que je vous ai faite de vous les envoyer aujourd'hui. Dans ma prochaine, je vous communiquerai toutes les réflexions qui sur moi-même me passeront par la tête. Car je ne suis pas content de mon œuvre. Je songeais à la laisser dormir un mois pour la limer et la réduire de trois cents vers au moins ; sa longueur étant un de ses principaux défauts. Comme vous allez vous ennuyer !

Je vous prie de séparer les défauts du poète des sentiments de votre respectueux ami.

OLMEDO.

Si dans les lettres précédentes apparaissent clairement le sincère enthousiasme, la grande modestie du poète, ses nobles efforts pour chanter dignement le demi-dieu et ces découragements, si fréquents chez tout vrai génie ; dans la suivante il va nous exposer longuement le plan qu'il avait médité et qui lui semble magnifique. Plus loin, il nous révélera son cœur tendre préoccupé de l'avenir de sa famille au moment où, pour plaire à Bolivar et servir les intérêts américains, il va traverser les mers de nouveau.

Guayaquil, le 15 mai 1825.

Cher Monsieur et ami très respecté,

Vous avez dû voir déjà l'accouchement de la montagne. Moi-même je ne suis pas satisfait de mon œuvre. Aussi, je n'ai le droit d'attendre de personne approbation ou pitié. Ce fut un vrai malheur de n'avoir pas eu pendant plus de deux mois deux jours d'isolement, de tranquillité, d'insouciance de toute chose terrestre pour habiter le séjour des esprits. L'enthousiasme qui est à chaque pas interrompu par des occupations impertinentes ne peut inspirer rien de grand, rien d'extraordinaire. Heureux celui qui dans de telles conditions ne se traîne pas terre à terre. Mais quand l'enthousiasme est soutenu et qu'il est délivré pour quelque temps de toute impression extérieure, on voit toujours arriver le moment des miracles. Dans le premier cas la Muse se met à courir à travers les vallées, à grimper sur les monts ; elle fouille les arbres, les lacs et les fleuves ; son voyage est long et peut-être ennuyeux. Dans le second, tout au contraire, elle déploie les ailes, prend son essor, dédaigne la terre, franchit les sommets, approche du soleil, ouvre les cieux et, s'il lui plaît, s'engouffre dans les enfers pour interrompre les pleurs et les tourments des damnés. Je me suis vu dans le premier cas ; aussi, mon chant s'en est trouvé long et froid, ou, ce qui est pire, médiocre. Peut-être, si j'avais pu m'isoler quinze jours à la campagne, eussé-je fait davantage que pendant trois mois. J'aurais épié le moment propice et dans trois cents vers seulement j'aurais parcouru plus d'espace que je n'en ai parcouru dans mes huit cents vers. Je rends, je cède et je transmets à d'autres la part d'immortalité que je m'étais promise au début. Soyez seul triomphant.

Quand je vous ai menacé de vous ravir une part de votre gloire, vous avez dû me prendre pour un vaniteux; mais, comme ma vanité ne faisait tort à personne, je n'ai pas à m'expliquer plus longuement là-dessus. Pourtant, quand je vous ai annoncé que le plan conçu par moi était grand et sublime, peut-être l'avez-vous cru ; or comme, en lisant mon poème, vous pouvez penser que j'ai menti, me voici obligé de me justifier.

Mon plan fut le suivant : ouvrir la scène avec une idée originale et pindarique. La Muse transportée par la victoire de Junin s'élève d'une aile rapide ; dans son vol elle aperçoit le champ de bataille ; elle suit les combattants, se faufile parmi eux et triomphe à leurs côtés. Elle trouve ainsi l'occasion de décrire l'action et la déroute des ennemis. Tous célèbrent cette victoire qui, croyaient-ils, devait sceller les destins du Pérou et de l'Amérique ; mais, au milieu de la fête, une voix terrible annonce l'apparition d'un Inca dans les cieux. Cet Inca est à la fois empereur, grand prêtre et prophète. Celui-ci, en revoyant pour la première fois les champs qui furent le théâtre des horreurs et des calamités de la conquête, ne peut s'empêcher de déplorer le sort de ses fils et de son peuple. Il applaudit, ensuite, à la victoire de Junin et annonce que ce ne sera point la dernière. C'est le moment favorable de prédire la victoire d'Ayacoucho.

Comme le poète n'avait pour but que de chanter le triomphe de Junin et que le chant resterait défectueux, boiteux, incomplet, s'il n'annonçait pas la seconde victoire qui fut la décisive, l'oracle de l'Inca y a été introduit aussi minutieux que possible pour ne pas amoindrir la gloire d'Ayacoucho. Le nom du général qui commande et triomphe et ceux des chefs qui s'y firent remarquer y ont été rappelés pour rendre hommage à leur mérite et pour leur donner dès Junin l'espoir d'Ayacoucho avec le courage et l'intrépidité nécessaires

à la nouvelle bataille. L'Inca termine en souhaitant que le
sceptre de l'empire ne soit pas rétabli, car il peut conduire
le peuple à la tyrannie. Il conseille l'union indispensable
pour le progrès de l'Amérique ; annonce le bonheur qui nous
attend ; prédit que la Liberté dressera son trône parmi nous
et que cet exemple aura une influence sur la liberté de tous
les peuples de la terre ; enfin, il certifie le triomphe de Bolivar. Mais la plus grande gloire de ce héros sera d'unir et
lier tous les peuples d'Amérique dans une confédération et
assez étroitement pour qu'ils ne forment qu'un seul peuple,
libre par ses institutions, heureux par ses lois et sa richesse,
respecté pour sa puissance.

Aussitôt que l'Inca se tait, les cieux applaudissent de tous
côtés. Soudain, on entend une harmonie céleste : c'est le
chœur des Vestales du Soleil qui entourent l'Inca, leur Pontife Suprême. Elles chantent les louanges du Soleil, demandent la prospérité de l'empire, le salut et la gloire du Libérateur. Enfin, elles décrivent le triomphe prédit par l'Inca.
La ville de Lima fait crouler ses murailles pour accueillir la
pompe triomphale ; le char du triomphateur est entouré des
Muses et des Arts ; les peuples captifs ouvrent la marche ;
toutes les provinces de l'Espagne y sont représentées par des
chefs vaincus, etc.

Ce plan, cher Monsieur, est grand et beau, (bien que ce soit
le mien). J'ai pris la liberté de faire cette analyse craignant
que, malgré votre perspicacité, vous ne puissiez découvrir
toute la beauté de l'idée ensevelie sous la quantité des vers,
qui est le principal défaut de mon chant. Excusez-moi donc,
car, mécontent de l'exécution, je me réjouis de la beauté du
plan et c'est ce que je voudrais seulement faire entrer dans
l'esprit de tous pour prévenir de mon mieux le blâme.

Voulez-vous savoir jusqu'où peuvent atteindre les prétentions de l'amour-propre ? Sachez donc que, dans mon malheur d'avoir si peu réussi, je me console avec cette pensée
que j'étais capable de faire mieux.

Je désire que vous m'écriviez assez longuement sur tout
cela, en m'indiquant avec une entière franchise toutes les
idées que vous auriez voulu me voir supprimer. Je le désire
et je l'exige de vous, car, pendant mon voyage, je compte limer beaucoup ce chant et en faire à Londres une édition
convenable; or, pour ce moment-là, je voudrais connaître
votre opinion et vos critiques.

Comme cette composition vous appartient tout entière, je
n'avais pas voulu prendre la liberté de l'imprimer. Mais j'ai
été assailli par plusieurs de mes amis et, bien que j'aie eu
réponse à tous leurs raisonnements, en voici un qui m'a réduit au silence. Je leur disais, parmi d'autres choses, que
cette composition était votre bien et que je ne pouvais pas
en disposer à mon gré; tous m'ont répondu que vous n'avez
aucun bien personnel, car tout ce qui est à vous doit être
mis en commun avec vos amis et vos bons compatriotes.
Alors, je me suis dit à moi-même : si les choses les plus es-
timables et les plus précieuses de Bolivar ne sont pas à lui,
mais à ses amis, comment n'en serait-il pas de même d'un
pauvre chant ? J'étais convaincu et l'œuvre reste sous presse.
Il y aura un avantage à cette impression, faite avec de mauvais caractères, puisque nous n'avons pas mieux : elle pourrait servir de modèle à celle qu'on en ferait à Lima, car j'ai
apporté un grand soin à la correction des épreuves afin
qu'elle soit claire et sans fautes.

. . . .

N'allez pas dire que je suis aussi ennuyeux en prose qu'en
vers. Je termine donc en me répétant, comme toujours votre
très dévoué et très respectueux serviteur.

OLMEDO.

Guayaquil, le 5 août 1825.

Très cher monsieur et ami très respecté,

Je pars aujourd'hui pour Panama. Comme, depuis ma nomination, je suis prêt, mon voyage s'effectue aussitôt que mon collègue Paredes est arrivé avec les documents officiels et les instructions.

Je pars aujourd'hui. Je vais laisser mon foyer tranquille pour le tumulte des cours ou, ce qui revient au même, j'abandonne les ondes riantes du Guayas pour les flots impétueux de l'océan.

Je pars aujourd'hui. C'est l'heure où je comprends que le service que je vais vous rendre a quelque valeur. Comme, depuis que je suis époux et père, je ne me suis jamais éloigné à une aussi grande distance ni pour aussi longtemps, ni au milieu de tant de périls, ni avec autant d'incertitude sur mon retour, je n'ai jamais éprouvé un chagrin pareil à celui-ci qui, en vérité, est... inexprimable.

Ce chagrin s'augmente avec les tristes réflexions que jamais auparavant je n'avais faites sur les moyens futurs de pourvoir à ma subsistance et à celle de ma famille. Mais les devoirs et l'amour paternel transforment et corrigent avec l'âge les sentiments purement philosophiques. Je vais passer deux ou trois années dans l'inquiétude ; déjà l'âge des illusions n'est plus. Il me semble que je reviendrai comme je m'en vais... Dieu conserve longtemps le chef de ma maison ! Vous savez quel fut l'héritage d'Alexandre. De toutes façons je pars résigné et, en quelque sorte, content, puisque c'est pour

vous obéir et pour vous être agréable, et c'est aussi pour
servir ma patrie.

Je me recommande donc à votre souvenir et je vous recommande très instamment ma famille, que je mets sous
votre protection. Adieu, cher Monsieur. Je regrette vivement
de partir sans avoir reçu de lettre de vous après la lecture de
mon pauvre chant de Junin. J'exige de vous de nombreuses
observations qui me seront utiles pour mon édition de
Londres.

Adieu, encore une fois. C'est le dernier mot de congé de
votre très affectionné et très respectueux ami.

OLMEDO.

Les lettres qui précèdent sont des documents précieux, autant pour nous éclairer sur l'état d'âme du
poète à la veille de son nouveau départ pour l'Europe,
en qualité d'agent diplomatique, cette fois, que pour
nous initier au plan et à l'élaboration du poème *La
Victoire de Junin*. Dans son humilité, Olmedo nous
ferait croire qu'elle fut difficile et laborieuse. Avec plus
de sincérité, croyons-nous, il nous déclare que les deux
principaux défauts de l'œuvre sont le manque d'unité et
sa longueur. Il s'expliquera plus longuement sur ses
différentes parties dans sa réponse aux lettres très intéressantes de critique que Bolivar lui adressa. Nous les
publions plus loin, car il faut auparavant que le lecteur
connaisse le poème. Nous l'avons traduit de notre
mieux fidèlement, sinon littéralement, chose impossible. Nous avons préféré pour cette traduction le vers
alexandrin. N'est-ce pas le mètre le plus noble et le plus
souvent employé par les poètes français dans les genres

épique et lyrique. Olmedo, lui, obéissant moins aux
règles de l'ode dans la prosodie castillane qu'à son
goût personnel, a écrit son chant comme presque toutes
ses grandes poésies, en vers dont les mètres ne sont pas
toujours égaux. Le vers de onze pieds, qui correspond
à l'alexandrin français, y domine, c'est vrai et, pendant
de longues périodes, il se fait seul entendre. De temps
en temps, pourtant, un vers de sept pieds apparaît, selon la fantaisie du poète, soit qu'il veuille frapper l'imagination par une idée mise en relief et contenue dans un
seul vers court, comme un joyau dans son écrin spécial,
soit qu'il lui convienne de précipiter le récit. Le lecteur,
par la variété du mètre savamment combinée, est ainsi
tenu constamment en éveil dans la lecture d'un poème
de longue haleine et trouve comme des haltes où la voix
se repose, non sans charme pour l'esprit. Dans d'autres
endroits encore, comme dans le cantique des Vestales,
pour alléger la strophe et lui donner plus de douceur,
les vers de sept pieds se présentent plus fréquemment ;
deux ou trois se suivent, recherchant un effet musical,
ou ils alternent avec les grands hémistiches sonores,
quand l'image requiert de l'ampleur. Olmedo possédait
ainsi l'art de graduer les nuances des idées et de les
adapter à la cadence de la phrase poétique. Il pressait
ou retardait le mouvement en artiste délicat qui, possédant à fond le métier, atteint sûrement la perfection
ou s'en approche le plus possible.

On a dit avec raison qu'Olmedo avait parfois recours
à l'allitération. Dès le début du chant il donne un
exemple heureux d'harmonie imitative en entassant
les *r* dans les deux premiers vers :

El trueno horrendo que en fragor revienta
Y sordo retumbando se dilata
Por la inflamada esfera
Al Dios anuncia que en el cielo impera.

A la simple vue, comme à la simple prononciation
des vers précédents, ceux-là mêmes qui ne parlent pas
l'espagnol peuvent se rendre compte de l'effet obtenu
par la facture du poète qui a la science du mot juste
placé dans le vers à la juste place, comme rappelant le
proverbe américain : « The right man in the right
place ». Voyez comme il imite avec bonheur le vacarme
horrible du tonnerre qui, après avoir éclaté avec fracas,
résonne pendant quelques instants encore dans les airs
embrasés, mais dont les grondements successifs dimi-
nuent d'intensité, se ralentissent et s'éloignent progres-
sivement. Olmedo, après avoir choisi quatre mots sonores, éclatants, qui, par la répétition de la même con-
sonne, rappellent le roulement céleste, emploie un mot
plus court qui marque le ralentissement qui a lieu dans
la nue entre deux grondements et se sert aussitôt après
de mots lourds, amples et polysyllabiques qui retardent
le mouvement, tout en prolongeant la cadence.

Les quatre premiers vers cités attirent aussi l'attention, dès le début du poème, sur les réminiscences et
les adaptations fréquentes d'idées puisées chez les
poètes de l'antiquité. Ils nous rappellent, en effet,
le

Cœlum tonantem credidimus Jovem Regnare

de l'ode V du livre III d'Horace. Chemin faisant, nous
en indiquerons d'autres, quelques-unes depuis long-

temps signalées, et cela à titre de curiosité, car l'imitation d'Olmedo, qui a tant d'envergure et de puissance, est aussi heureusement créatrice que celle de Corneille, Racine ou La Fontaine, quand ils imitèrent Guilhem de Castro, Sophocle, Esope, pour créer des chefs-d'œuvre. Virgile lui-même, ne l'a-t-on pas dit souvent, prit son bien partout où il le trouva chez ses devanciers, chez Homère surtout.

Malgré ces réminiscences arrivant toujours de propos délibéré, sans heurter le goût et qui semblent :

... des pierres arrachées aux monuments de la Grèce et de Rome pour élever un monument à un héros moderne,

ce chant est loin d'être un décalque plus ou moins habilement travesti d'œuvres fameuses des maîtres du passé. Sans cela, aurait-il forcé l'admiration des lettrés, même en Espagne ?

Qu'on nous permette un mot encore sur le style du poète. Olmedo a été appelé le Pindare américain. Dans tous les pays qui ont une littérature, il y a au moins un poète à qui ce qualificatif glorieux est appliqué. Mais il est certain que Pindare « dont le nom est aujourd'hui plus célèbre que celui des héros qu'il a chantés », comme Olmedo l'a dit lui-même, devait se présenter souvent à son esprit et faire miroiter devant ses yeux un exemple fameux. Cette obsession, confessée par lui dans ses lettres à Bolivar et au général Florès, est encore très évidente dans ce même chant où il évoque Pindare, en consacrant à sa muse une belle strophe, comme dans les vers où il rappelle l'ardeur des chars se disputant le prix dans les arènes olympiques. Olmedo, pourtant, est aussi distant de la manière du maître grec que de la forme bizarre qu'il donnait à ses hymnes. Sa seule ressemblance réside en ce que :

... avec une âme tout aussi lyrique, il eut l'élévation solennelle et religieuse de la pensée qui transforme la victoire d'un jour en un sujet idéal, de très haute contemplation sur les destinées humaines, et en ce que, tout comme lui, il connut l'art de souder en une chaîne d'or les choses humaines et les choses divines avec la ferveur patriotique et familière qui, dans ses vers, ennoblit et transforme tout (1).

Pour forger de ces chaînes d'or, au feu de son inspiration, maintenu vivant par l'enthousiasme patriotique, Olmedo possédait un outil précieux qu'il maniait à merveille : son style plein de nerf, brillant, très personnel dans sa recherche d'innovations originales et dans le choix d'épithètes lumineuses où il apportait une correction impeccable et une sobriété de bon goût. Tout en conservant une majestueuse allure à la phrase, qui rappelle toujours la noblesse de son origine classique, son style se montre plein de sève vigoureuse et jeune, revêtu de resplendissante couleur locale. La souplesse de sa plume, la richesse de sa palette montrent que son âme vivait en harmonie constante avec les lieux environnants. C'est ainsi qu'au milieu des scènes de carnage et de mort puissamment tracées, soudain souffle la brise agréable de son fleuve qui rafraîchit l'air alourdi par l'orage et les suaves senteurs exhalées par les délicieuses campagnes qui le bordent ont bientôt fait de chasser l'âcre odeur de la poudre et du sang.

(1) M. MENÉNDEZ Y PELAYO, *loc. cit.,*

Dans un langage clair et dans une forme concise, mais
élégante, il sait présenter les saines maximes, les sages
conseils, les nobles leçons qui font image et qu'on re-
tient.

Hélas ! Combien toutes les qualités incontestables des
poésies d'Olmedo, en passant, par nos soins, d'une
langue dans une autre, perdront-elles de leur valeur in-
trinsèque !

Croire connaître les poètes par les traductions, ce serait
vouloir apercevoir le coloris d'un tableau dans une estampe.
Les traductions augmentent les fautes d'un ouvrage et en
gâtent les beautés.

A ces réflexions justes de Voltaire on peut, pourtant,
toujours répondre qu'il vaut mieux chercher à connaître le génie d'un poète étranger célèbre, même à
travers une traduction faible, que de l'ignorer tout à
fait. Mais, forcément, le coin qui servit à un esprit supérieur pour frapper son or doit, dans la main d'un
simple ouvrier, s'émousser ou se fausser !

LA VICTOIRE DE JUNIN (1).

HYMNE A BOLIVAR

Quand le tonnerre éclate et gronde dans la nue,
Avec un bruit terrible et sourd qui continue
Par les airs embrasés, il annonce en tous lieux
Qu'il est un Dieu puissant, maître absolu des cieux.

Et la foudre qui dans *Junin* frappe et disperse
Les Espagnols dont la multitude perverse
Menaçait, plus féroce encore que jamais,
Par le fer et le feu d'asservir désormais
Tous les peuples vaincus ; et le chant de victoire
Dont porte au loin l'écho l'impérissable gloire,
Sa voix assourdissant de ses cris répétés
Les hauts sommets abrupts, la plaine et les cités,
Proclament à leur tour Bolivar sur la terre
Arbitre de la paix, arbitre de la guerre.

Ces monuments fameux que l'art humain dressait
Hardiment jusqu'au ciel, vrais temples qu'il pensait

(1) Junin, bourg du Pérou, sur le chemin de Pasco à Cuzco,
célèbre par la victoire que Bolivar remporta le 6 août 1824
sur les Espagnols commandés par le général Canterac.

Destinés à parler aux peuples d'âge en âge,
Car des serfs y gravaient dans un pompeux langage
L'éloge des tyrans, ces pyramides-là
Ne sont que les hochets du temps qui les frôla
Légèrement de l'aile et les coucha par terre,
Quand le vent, dont le jeu facile les altère,
Eût effacé déjà les mots menteurs inscrits.
Confondus, oubliés, gisent sous les débris
Le prêtre avec l'autel, les dieux avec le temple,
De folle ambition et de misère exemple !

Mais ces sublimes monts qui, le front dans les airs,
Contemplent à leur pied la foudre et les éclairs
Lorsque l'orage crève et tonne, brille et passe,
Les Andes, imposante et merveilleuse masse
Qui, sur des bases d'or assise, sert les lois
Du monde équilibré par son énorme poids,
Les Andes, non, jamais ne bougeront de place ! (1)
Ces géants braveront la fureur et l'audace
Des ennemis jaloux et du temps redouté.
Hérauts de la Victoire et de la Liberté,
Ils seront éternels et, d'une voix profonde,
Ils diront jusqu'au bout des siècles de ce monde :
« Oui, nous vîmes le champ de gloire de Junin.
Nous vîmes l'Espagnol arrogant, inhumain,
Se troubler tout d'abord, puis s'enfuir hors d'haleine
Ou demander quartier, sitôt que dans la plaine
Au gré du vent flotta l'étendard péruvien
Marchant de front avec l'étendard colombien.

(1) Les physiciens se sont efforcés à expliquer l'équilibre
que garde la terre malgré la différence des masses des deux
hémisphères. L'énorme poids des Andes ne fournirait-il pas
une des données qui conduiraient à la résolution de ce curieux
problème de géographie physique ? (Note d'Olmedo).

Bolivar fut vainqueur et le Pérou fut libre,
Et triomphalement, tandis que dans l'air vibre
Le cri d'Indépendance, en pompeux appareil
La Liberté prit place au temple du Soleil ». (1)

Qui me délivrera du feu qui me dévore ?
Maladroit et tremblant sur la lyre sonore
Je porte en vain les doigts. L'accord est toujours faux.
Comment chasser le dieu qui trouble mon repos ?
Je sens parfois ma Muse, inconstante et rebelle,
Qui, bacchante en fureur, sans but certain se mêle
A la foule bruyante, ou je la sens errer
Dans les bois endormis, ou seule demeurer
Près des bords si riants que doucement arrose
Le superbe Guayas (2). Parfois encore elle ose
D'un vol impétueux planer sur les sommets
Pour redescendre ensuite au camp de Junin ; mais,
Soudain, elle s'arrête et sa fureur éclate,
A peine elle aperçoit le lion écarlate
De l'étendard d'Espagne, étendard abhorré,
Au centre de milliers d'escadrons arboré.
Elle s'arme, revêt le casque et la cuirasse,
Telle qu'une amazone implacable, et se place
Au premier rang des plus téméraires guerriers,
Se bat aussi bien qu'eux, se couvre de lauriers
Et, triomphant enfin, chante alors la victoire.

(1) Le Soleil était le dieu des indiens du Pérou. Les Incas
s'en proclamaient les fils. A Cuzco, la ville sainte, se trouvait
le grand temple du Soleil.

(2) Le Guayas est le fleuve qui baigne la ville de Guayaquil
sur les rives de laquelle cette ode fut écrite. On croit, (nous
l'avons dit), qu'il prit son nom de Guayas, ancien chef indien
du pays avant la conquête. (Note d'Olmedo). C'est devant la
ville de Guayaquil que le Guayas mesure deux kilomètres de
largeur.

Ainsi, jadis, aux temps de courage et de gloire,
Quand poète et guerrier étaient les seuls sensés
Dignes d'un grand renom et seuls récompensés,
La muse au vol hardi du sublime Pindare
En athlète intrépide au stade grec s'égare
Pour disputer le prix. Pleine d'ambition,
De noble enthousiasme et d'émulation,
Dans son ardeur de faire entendre la cadence
Du mètre dans ses vers et sa mâle arrogance,
Elle prend son luth d'or qui frémit sous sès doigts
Et promet au vainqueur de ces brillants tournois
Un rang parmi les dieux ; mais bientôt envieuse
De l'immortalité qu'elle octroie, anxieuse,
Aveugle elle s'élance au cirque tout poudreux
Et d'une aile rapide atteint le char heureux
Qui triomphait déjà. Dans son divin délire,
L'harmonie à torrents débordant de sa lyre,
Elle exige, dispute, emporte sans efforts
La palme ou la ravit à des rivaux moins forts. (1)

Quel est donc ce guerrier qui d'un pas lent chemine
Pensif sur ce coteau d'où son regard domine
La plaine de Junin ? Il mesure le champ ;
Ses yeux vont tour à tour de l'un à l'autre camp.
Il désigne l'endroit qui verra la bataille
Et verra la victoire ! Il observe, il détaille
Les rangs des ennemis et leur nombre imposant.
Déjà dans son esprit, il va là les brisant,
Il sème le désordre et les réduit en pièces,
Malgré l'acharnement et malgré les prouesses
De tant de vaillants preux qu'il condamne au trépas.
L'aigle royal ainsi ne s'amuse-t-il pas

(1) Le nom de Pindare est aujourd'hui plus célèbre que
celui des héros qu'il chanta. (Note d'Olmedo).

A planer dans les airs pour contempler sa proie,
Qui près du troupeau broute avant qu'il ne la broie?
Quel est-il? Le voici qui promptement descend
Tout prêt pour le combat. Obscur et menaçant,
Un nuage l'entoure où couve la tempête ;
La gloire en son acier qui brille se reflète.
Le fracas du tonnerre éclate dans sa voix ;
La foudre est dans ses yeux. Il va dans mille endroits
Sur son coursier fougueux quand le combat s'engage
Porter, non pas l'espoir du succès, mais le gage.
Qui donc est-il celui qui semble un messager
Joyeux de la Victoire à l'heure du danger ?

Qui, si ce n'est le fils de Mars et Colombie ? (1)
Il parle : « Péruviens, la phalange haïe
Des oppresseurs du sol natal est devant vous ;
Mes braves Colombiens, qui sans trêve avez tous
Plus de cent fois vaincu dans des luttes sanglantes,
Vous avez devant vous des hordes insolentes.
Ce sont les ennemis que vous êtes venus
Chercher de l'Orénoque en ces lieux inconnus.
Si le nombre est pour eux, le courage vous reste
Et la gloire est à vous, soldats, car je l'atteste,
Combattre au nom de la Patrie et d'un grand cœur
Voilà, pour triompher, l'augure le meilleur. (2)
En avant ! En avant ! Toujours, nous dit l'Histoire,
Toujours aux plus hardis appartient la victoire ; (3)

(1) Tout le monde sait que Bolivar réunit en une grande
Confédération, sous le nom de République de Colombie, les
Etats qui s'appellent aujourd'hui le Venezuela, la Colombie
et l'Equateur.

(2) Olmedo a transformé dans ces deux derniers vers la
sublime réponse d'Hector dans l'Iliade : « le meilleur augure,
c'est combattre pour son pays ».

(3) C'est l'*audaces fortuna juvat* souvent rappelé chez les
poètes.

Et, sans l'espoir de vaincre, on est déjà vaincu ! ». (1)

Il se tait et ses mots à peine ont-ils vécu,
Comme au signal les chars volent dans la carrière
Plus légers que le vent, soulèvent la poussière
En tourbillons épais, embrasent les essieux
Et font trembler le sol, tandis que jusqu'aux cieux
S'élèvent les clameurs confuses de la foule,
Qu'avec anxiété chaque adversaire roule,
Par d'autres redoutant de se voir dépassé,
Ainsi, chaque escadron, à lutter empressé,
Sur l'ennemi se rue et pour drapeau déploie
Une écharpe d'Iris, un soleil qui flamboie (2).
Pourrait-on ne pas craindre hélas ! un triste sort
Pour prix de leur audace et du suprême effort ? (3)

Un triste sort ? Jamais ! Qui parle de désastre ?
N'ont-ils pas Bolivar, son génie et son astre
Pour entraîner, forcer et ranimer leur cœur ?
« Chargez, Necochea, luttez, soyez vainqueur »,
Dit-il, à l'improviste, en désignant l'arène
A ce noble, vaillant et parfait capitaine ;
Ailleurs victorieux, ailleurs aussi chanté, (4)

(1) Dans le même ordre d'idées, Rotrou a dit : « Qui veut vaincre est déjà tout près de la victoire » (Venceslas, act. II, sc.2).

(2) Allusion aux trois couleurs de l'arc-en-ciel, jaune, bleue et rouge, qui forment le drapeau de la Colombie, et au soleil gravé dans celui du Pérou.

(3) Le premier choc de la cavalerie péruvienne avec celle des Espagnols à Junin fut très défavorable aux soldats de Bolivar (Note d'Olmedo).

(4) Le général NECOCHEA, dont nous parlons plus loin, a été chanté dans un poème intitulé *América*, après la victoire de Chacabuco remportée au Chili.

Qui jure d'accomplir l'ordre fatal dicté,
De vaincre, ou de mourir, s'il faut, pour la patrie.

Le fracas du tambour qui bat avec furie
Dans l'un et l'autre camp ; la clameur des clairons,
Les longs hennissements au sein des escadrons
Des coursiers affolés qui dressent la crinière
Et, les naseaux en feu, dans leur ardeur guerrière,
Au plus fort du combat bondissent emportés ;
Les balles qui dans l'air sifflent de tous côtés
Et vont semer la mort ; le choc épouvantable
Des piques dont le nombre a l'aspect redoutable
D'une sombre forêt ; le cliquetis des fers
Qui, sanglants, au soleil allument des éclairs ;
Et, sur le sol couvert de lances et d'épées
Des impuissantes mains des mourants échappées,
Les membres abattus et les corps mutilés,
Les uns gisant épars et les autres roulés
Par des fleuves de sang ; la course furibonde
Des combattants qui, plus la blessure est profonde,
Plus ils sont acharnés à frapper autour d'eux,
Car qui reçoit un coup en porte aussitôt deux
Et périt vaillamment, mais sans jamais se rendre ;
Tout annonce qu'enfin le Destin fait entendre
L'heure de la vengeance au peuple américain
Et l'heure de l'opprobre au castillan hautain.

Si le noir fanatisme et toutes ses furies,
Ces filles que l'Averne en son antre a nourries,
Pour t'embraser, ma muse, allumaient dans mon cœur
Les flammes de l'enfer, je peindrais la fureur
Du lion espagnol qui flaire sa défaite,
Sûr que l'image alors en serait plus parfaite.
Il rugit plein de haine. En son affreux dépit
Puisant une vigueur nouvelle, sans répit

Il s'élance et partout il se fait large place.
A travers les soldats, le feu, les fers il passe
En répandant l'effroi, le carnage et la mort,
Sans jamais achever la proie où sa dent mord,
Et poursuivant son œuvre implacable et vorace
A des torrents de sang fait connaître sa trace.

Mais l'Argentin (1), ce preux, se souvient derechef
Qu'il faut vaincre à tout prix et, non plus comme un chef,
En soldat il repousse en mainte et mainte attaque
L'effort de cent contre un. Ainsi, quand on le traque,
Quand des chiens furieux qui gardent le troupeau
Les formidables crocs s'enfoncent dans sa peau,
Le tigre aux abois tue, éventre ou met en fuite
Les ennemis cruels lancés à sa poursuite.
S'il est blessé, qu'importe. Il est vainqueur, il vit.
Oh! courageux guerrier, ton exploit nous ravit!
Illustre bouclier d'une illustre patrie,
Tu seras immortel! Dans notre âme attendrie,
Dans nos fastes ton nom brillant est éternel.
Nymphes de la Plata, joyeux et solennel,
Que votre chant toujours résonne pour sa gloire,

(1) Necochea (Mariano), général argentin des guerres de l'Indépendance, né, comme son frère le général Eugenio Necochea, à Buenos-Ayres en 1790, mort au Pérou en 1849. Il se fit remarquer par son courage et son intrépidité aux batailles de Chacabuco (1817), où il commandait les fameux grenadiers à cheval, de Cancha-Rayada, etc., et contribua à la glorieuse victoire de Maipu qui affranchit le Chili (5 avril 1818). Général de brigade au siège du Callao, il fut promu général en chef de la cavalerie en 1823 et se trouvait à sa tête à la charge de Junin qui décida de la victoire, après laquelle il fut nommé général de division par Bolivar.

Mais de son sort ingrat pleurez aussi l'histoire ! (1)

L'intrépide Miller (2) arrive et son secours
Du combat inégal vient rétablir le cours.
Sous ses ordres s'avance, ardente et vengeresse,
L'élite du Pérou, sa fleur et sa jeunesse.

Décidée à mourir si son cruel destin
S'oppose à la victoire, elle offre un cœur d'airain
Dans le terrible choc aux coups de l'adversaire
Et c'est un nom nouveau que l'exploit va lui faire ! (3)

Sont-ils vraiment ceux-là les garçons raffinés
Parmi satins et fleurs tendrement câlinés !
Les amis des plaisirs sont-ils ceux-là, ces braves ?
Oui, certes, ce sont eux, ceux que gardaient esclaves
La mollesse et l'amour et qui ne daignaient pas
Dénouer les liens qui retenaient leurs pas.
Ils ont d'un bras puissant brisé leur forte chaîne
Et, libres, les voilà qui volent vers la plaine
Où la gloire et la mort sont le prix du combat.
La lumière les frappe avec le pur éclat

(1) Quand ce chant fut écrit — 1825 — tous croyaient que les nombreuses blessures reçues à Junin par le général NECO- CHEA étaient mortelles. (Note d'Olmedo).

(2) MILLER (Guillermo) militaire anglais qui servit avec éclat la cause de l'indépendance américaine au Chili et au Pérou et combattit dans les immortelles journées de Junin et d'Aya- coucho. Il était né à Wingham, en 1795 et avait combattu dans les rangs de l'armée anglaise en Espagne d'abord, aux sièges de Ciudad-Rodrigo, Badajoz, San Sebastián et au blocus de Bayonne, puis aux Etats-Unis en 1814. Il mourut à Lima en 1861, général de division.

(3) La cavalerie péruvienne, par ses prouesses, mérita dans cette journée mémorable que le Libérateur lui donnât désor- mais le nom de Hussards de Junin. (Note d'Olmedo).

Du renom glorieux de ces guerriers illustres
Dont le constant effort ensanglanta trois lustres,
Mais affranchit d'un joug affreux le sol natal.
Ils se sont éveillés de leur sommeil fatal
Au cri de liberté, car la divine flamme,
L'amour de la Patrie, embrase enfin leur âme ! (1)

Ainsi, le jeune Achille, — alors qu'il vit oisif
Sous un déguisement infâme et que, captif
Au palais de Scyros, en languissant retarde
Les destins de la Grèce, — insensible il regarde
Les parures de femme et les riches atours
Etalés à ses yeux que vantent les discours
Des marchands arrivés de Memphis l'opulente,
Et de l'Inde et de Tyr ; mais soudain violente,
Sans hésiter, sa main s'empare de l'acier
Brillant auprès d'un casque et d'un lourd bouclier

(1) Les Péruviens, plus spécialement les fils de Lima, passaient pour être peu portés aux arts et aux fatigues de la guerre ; peut-être, comme on l'a dit en Italie, non sans raison, parce que

> La terra molle, lieta e dilettosa
> Simile a se gl'abitator produce.

Mais la jeunesse péruvienne, donnant un démenti à cette opinion vulgaire, s'est brillamment distinguée dans tous les combats des cinq dernières années. Ce qui prouve que nul ne peut dire ce dont un homme est capable avant que le moment n'arrive de donner libre cours à ses dons naturels, cachés ou étouffés par les coutumes et les vices de chaque climat, par l'éducation et la politique des gouvernements. (Note d'Olmedo). L'admirable héroïsme déployé par les Péruviens lors de la dernière guerre avec le Chili confirme très justement l'opinion du poëte.

Que parmi les satins le fourbe roi lui cache.
Il pâlit et se trouble. Il se remet, arrache
Et jette loin de lui tout indigne ornement,
Il fuit, passe les mers et porte bruyamment
L'épouvante et le deuil chez les Troyens, l'outrage.
Il brise tout, semant la mort sur son passage.
Hector aussi recule... Hector meurt de sa main !
Et trois fois le vainqueur implacable, inhumain,
Autour du mur sacré traîne, profane et souille,
Attachée à son char, la sanglante dépouille. (1)

Sur ma lyre à présent que de noms à chanter !
Que d'exploits merveilleux il me faudrait conter !
Combien se disputaient la palme du courage
Qu'ils méritèrent tous en ce jour de carnage !
Carbajal et Silva, Suarez... (2) On devrait

(1) Il semble que les prouesses d'Achille ont forcé la nature
à créer le génie d'Homère pour les chanter (Note d'Olmedo).
Ne pourrait-on pas en dire autant du génie d'Olmedo, chantre
de Bolivar ?

(2) Il n'est pas possible de citer dans un poème tous ceux
qui se sont distingués à Junin. Bruix, Pringgles, Lizarraga,
Savry, Blanco, Olavarria, Brown, le colonel Francisco Me-
dina, Allende, Camacaro, Escobar, Sandoval, Jiménez, Pe-
raza, Segovia, Tapia, Lanza, etc., etc. Il est très sensible de ne
pouvoir insérer les noms de tous les chefs, officiers et même
soldats qui combattirent à Junin. Ce silence serait plus sensible si leurs noms avaient besoin de mon chant pour être
mémorables (Note d'Olmedo). CARBAJAL (Lucas) général né au
Venezuela. Il fit toutes les campagnes de 1813 à 1825 au Venezuela, à la Nouvelle-Grenade, à l'Equateur, au Pérou et en
Bolivie et combattit par conséquent, à Boyaca, Junin et Ayacoucho. Il mourut assassiné en Colombie (1830) ; SILVA (Lau-
rencio) né au Venezuela (1792-1873) général après la bataille
d'Ayacoucho. Il prit part, comme Carbajal, aux plus glorieuses
batailles livrées pour l'indépendance du Venezuela et du
Pérou. Il fut l'exécuteur testamentaire de Bolivar dont il

Nommer mille autres si, quand Bolivar paraît,
L'éclat de son épée et de son nom illustre
De tout autre guerrier ne ternissait le lustre,
Comme par le soleil tout astre est obscurci. (1)

Je voudrais te ravir, pour élever ici
Un chant en son honneur d'une voix moins timide,
Cette éclatante trompe, ô Muse méonide, (2)
Qui chantait Mars parmi les Thraces et souvent
Excitait les guerriers ou poussait en avant
Les farouches coursiers, rebelles à la bride,
Que Pallas effrayait quand brillait son égide.

Le superbe héros, toujours aux premiers rangs,
Brille et se multiplie ! En des lieux différents,
Où la lutte est plus chaude, où le danger menace,
Là retentit sa voix, là son bras lui fait place.
Qui pourrait résister quand sur le front, dit-on,
O prodige ! il portait resplendissant ce nom :
COLOMBIE ! Et les jets puissants de sa lumière
Aveuglent l'Espagnol, qui ferme la paupière.
Saisi, terrifié, sans voix ni mouvement,
En recouvrant le souffle il fuit éperdument...

Ainsi, lorsqu'un bandit la nuit lève son arme
Prêt à frapper, soudain, s'il entend le vacarme

avait épousé une parente. SUAREZ (Isidoro) né au Pérou
en 1790. Il lutta pour l'indépendance du sol natal à Torata,
Noquegua et brilla à Junin à la tête de trois escadrons de
cuirassiers qui méritèrent le nom de *Hussards de Junin*,
avec lequel ils combattirent, sous les ordres de Suarez, à
Ayacoucho.

(2) Reminiscence de *micat inter omnes*...

(1) Homère fut le fils de Méon. On croit aussi qu'il naquit
en Méonie dans l'Asie Mineure (Note d'Olmedo).

Que le tonnerre fait en descendant du ciel,
Sa main laisse échapper le poignard criminel.
Le trouble et la frayeur succèdent à sa rage ;
Il recule et tremblant fuit à bout de courage...
C'est la fin du combat. L'Espagnol a frémi
D'épouvante et, cédant au terrible ennemi
Le champ et la victoire, il va dans sa déroute
Comme le cerf blessé ; la mort est sur sa route.
Les chevaux, qui semblaient dans le combat l'espoir,
Blessés, terrifiés, effroyables à voir,
Bousculent les guerriers et parcourant la plaine,
L'éclaboussent du sang dont leur crinière est pleine.
Combien de cavaliers renversés, piétinés !
Des régiments nombreux fuyant désordonnés
Se jettent l'un sur l'autre et mordent la poussière.
Le désordre et l'effroi gagnent l'armée entière ;
Les plaintes et les cris partent de tous côtés
Remplissent l'air qui vibre et par l'air emportés,
Ebranlent les sommets qu'épargne le tonnerre,
Pendant que le vainqueur, féroce ou débonnaire,
Sur des monceaux de morts, de blessés expirant,
Abat celui qui fuit, pardonne à qui se rend.

Dieu du Pérou, Soleil radieux, puissant père
Du monde, que l'ardeur de ton char se tempère !
Ah ! ne fuis pas encor le terrestre séjour.
Une heure de lumière, une heure de ton jour.
Ne la refuse pas ; il nous la faut, demeure ! (1)
Le cadran du Destin n'a pas sonné cette heure.
Le cher vœu de son peuple arrivait jusqu'au dieu
Qui, pourtant, détachait sa couronne de feu.

(1) La bataille de Junin commença à cinq heures du soir ;
l'arrivée de la nuit empêcha la destruction complète de
l'armée royale (Note d'Olmedo).

Il dore l'horizon d'une flamme dernière ;
Plus son disque grandit, moins vive est sa lumière ;
Puis, derrière les monts, il se cache et s'enfuit...

D'un lugubre manteau s'enveloppe la nuit !
Les vaincus et leurs chefs accablés de tristesse
Qui fuyaient sans savoir où porter leur détresse,
S'effrayant de leur ombre et la rougeur au front
Dans l'obscurité tous vont cacher leur affront.

Pour la Patrie, ô ciel, brille enfin la victoire !
Gloire à la Colombie ! A toi, Bolivar, gloire !

Le tambour enroué, le clairon martial,
De bataille et de mort ne sont plus le signal.
Ce n'est pas pour pousser aux fureurs de la guerre
Qu'ils résonnent, ainsi qu'ils résonnaient naguère.
Leurs voix en se mêlant aux chansons du vainqueur
Raniment bruyamment l'enthousiaste chœur.
On fait flamber des pins. A leur clarté les ombres
S'évanouissent comme auparavant les sombres
Et barbares soldats ont disparu fuyant
Ton glaive, Colombie, immense et flamboyant.

Le nom de Bolivar et les exploits farouches
De ce jour glorieux sont dans toutes les bouches.
Autour des feux les chefs et de nombreux guerriers
Par des libations célèbrent leurs lauriers
Et partagent entre eux, dans leur commune joie,
Les dons que Bacchus verse et que Cérès envoie.

Tous chantaient la victoire et demandaient la paix :
« Que dans les profondeurs de l'enfer à jamais
S'engouffrent », disaient-ils, « les horreurs de la guerre !
Plus de cris, plus de pleurs, plus de maux sur la terre.

Oui, pour toujours la paix ! Le fer sanglant, souillé,
Dans l'éternel oubli honteusement rouillé
Ou transformé plutôt en soc aux champs utile,
Dictera d'autres lois au continent fertile
Qu'ouvrit la convoitise ou l'audace à Colomb,
Malgré le ciel qui fut à l'exaucer si long
Et malgré le courroux d'une mer inconnue.
Ah ! pour ces nations n'est-elle pas venue
L'ère tant désirée et conquise à Junin
De liberté, de gloire et de repos enfin ! »

« De gloire, oui, mais non pas de repos ! » soudain tonne
Dans les cieux une voix qui longuement résonne,
Car les échos trois fois répondant aux échos
Répètent : « De gloire, oui, mais non pas de repos ! »
Sous les pieds des guerriers pendant que le sol tremble
Les hauts sommets des monts s'embrasent tous ensemble
Et paraissent au loin d'éblouissants flambeaux.
Le voile de la nuit se déchire en lambeaux
Et la plaine des airs pure et resplendissante
Se pare des couleurs de l'aurore naissante.
A l'improviste une ombre imposant le respect,
Par son visage calme et son auguste aspect,
Surgit dans la blancheur d'un nuage où s'ébauche
Le manteau nébuleux flottant sur son bras gauche.
Sa main droite présente un sceptre et son regard
Est fier, mais sans courroux. A ses pieds le brouillard
Forme un carquois, un arc, des flèches, un panache
Et du front couronné d'étoiles se détache
L'emblème impérial (1).
                    Il regarda Junin.

(1) Comme emblème impérial, les Incas portaient un gland
rouge au front, tandis que les Scyris du royaume de Quito
s'y attachaient une émeraude.

Un sourire éclaira son visage. Soudain :
« Heureux fils du Soleil, » dit-il, « vaillante race,
Où de mon sang je vois avec bonheur la trace,
Je suis Huaina Capac (1), dernier représentant
Du lignage sacré, roi fortuné, pourtant,
Père très malheureux. J'ai vu de ma demeure
De lumière et de paix passer heure par heure
Les trois siècles d'un joug exécrable et sanglant
Et la fureur régner dans l'empire croulant.
Point de place en ces monts, point de place en la plaine
Qui de nos souvenirs très tristes ne soit pleine.
Mille fleuves de sang se mêlent ici, là.
Nos peuplades ont fui quand le canon parla
Et les restes mortels de mon paisible monde
Ont servi, même aux rocs, de germe qui féconde.
Un de mes fils plus loin expire dans les fers
Indignes de son rang (2). Deux espagnols pervers,
Un insolent et vil aventurier, un prêtre (3)
Aveuglé par la haine, ont eu l'audace d'être
Les cruels assassins d'un monarque puissant !
Tant de crimes, d'horreurs, dans ce but incessant :
L'or que foulaient nos pieds ! »
        « Huascar (4)... suprême injure !

(1) HUAINA CAPAC, le plus illustre des Incas et le plus grand conquérant, père de HUASCAR et d'ATAHUALPA, mort en 1525. Après lui, nous dit Olmedo dans une note, quelques Incas régnèrent encore ; mais il fut le dernier qui posséda intégralement l'Empire. Les autres régnèrent dans un royaume divisé, toujours agités par les guerres civiles ou enchaînés par les Espagnols.

(2) L'inca ATAHUALPA, héritier du royaume de Quito, qui dans certains poèmes en Europe a été appelé à tort ATALIBA.

(3) François PIZARRE et le père VALVERDE, plus tard évêque, qui ordonnèrent le supplice d'ATAHUALPA.

(4) On a rapproché de ce vers le « *Ilion, Ilion, fatalis inces-*

Hélas ! Je n'étais plus. Moi vivant, je le jure,
Du dragon espagnol acceptant le défi,
Seul pour le terrasser, mon bras aurait suffi.
Mais notre beau pays que le Soleil, mon père,
Dans le vaste univers à tout autre préfère,
Ne fut pas le premier ni l'unique, ô douleur !
A succomber aux coups de notre affreux malheur.
Du grand Guatimozin (1), mon frère du Mexique,
Et de Montezuma (2) le sort fut identique.
Ils m'ont fait le récit de leurs cruels tourments :
L'esclavage, la mort dans les fers infamants
Et la destruction de cet empire immense,
Que le mien égalait en richesse et puissance.
Aujourd'hui l'un et l'autre avec calme et dédain
Se rappellent parfois le supplice inhumain ;
Les javelots cachés dans les fêtes traîtresses,
Et les lits de brasiers aux brûlantes caresses (3) ».

tusque judex. » HUASCAR, le fils préféré de HUAINA CAPAC, ne
fut pas tué par les Espagnols ; mais ceux-ci causèrent sa
mort en s'immisçant dans les affaires des frères-rois dont les
dissentiments auraient pu se terminer autrement (Note d'Olmedo). HUASCAR, héritier de l'empire de Cuzco convoité par
ATAHUALPA, fut noyé par un des généraux de celui-ci, sinon
par son ordre.

(1) GUATIMOZIN (1497-1522), dernier empereur aztèque de
l'ANAHUAC, pendu par l'ordre de Cortez qui, auparavant, le
fit en vain étendre sur des charbons ardents pour le con-
traindre à avouer où ses trésors étaient cachés.

(2) MONTEZUMA (1466-1520), dernier roi de Mexico, se laissa
mourir de faim dans sa prison pour ne pas supporter la
honte de servir d'instrument aux desseins ambitieux de
Cortez.

(3) Allusion à la torture infligée à Guatimozin et à son ministre et au massacre ordonné par Cortez au milieu des ré-
jouissances publiques auxquelles il avait invité les aztèques
en signe de paix et d'amitié.

« Guerre à l'usurpateur ! Lui devons-nous un bien ?
Lumières, mœurs ou lois, religion ? non, rien !
Il était ignorant, plein de vices, féroce
Et superstitieux ! Sa foi, blasphème atroce !
N'est pas la foi du Christ. Du sang, du plomb, des fers,
Voilà ses sacrements les plus saints, les plus chers ! (1)
O religion douce ! O source pure, intense
De consolation, d'amour et d'espérance,
Que de maux on nous fit en invoquant ton nom ! (2)
Le conquérant vit-il en nous des frères ? Non !
Notre hospitalité, nos généreux services,
N'obtinrent en échange hélas ! que des sévices,
Des chaînes, des cachots, la torture et la mort !
Tous nous firent subir un si funeste sort.
Oui, tous, hormis un seul. Celui qui fut victime
De son amour pour nous. Cet apôtre sublime
De la paix fraternelle et de la charité,
Le divin Las Casas (3), si digne, en vérité,
Que sous un autre ciel son destin l'eût fait naître.
Jusqu'à son dernier souffle il nous aima ce prêtre.

(1) La muse d'Olmedo a certainement dépassé ici la mesure, bien que ces paroles soient admissibles dans la bouche
d'un Inca dont le peuple, autant que lui-même, eut si cruelle-
ment à souffrir de la part des conquérants.

(2) Olmedo s'est souvenu ici des mots prononcés par
Mme Roland sur l'échafaud : O Liberté, que de crimes on
commet en ton nom ! »

(3) Le nom de Las Casas ne peut être rappelé sans émotion
par un Américain, malgré le dernier égarement de son zèle.
Quand les grandes passions ne se sont-elles pas égarées ! Le
nom de Las Casas est très vénéré en Amérique, tandis qu'en
Espagne on le traite de fanatique et d'imposteur ! (Note d'Olmedo). Ce célèbre prêtre espagnol, né à Séville (1474-1566)
défendit chaleureusement, avec beaucoup de pitié, la race
indienne contre l'oppression des conquérants.

C'est pourquoi maintenant il demeure à son tour
Parmi nous, les Incas, dans cet heureux séjour.

Avec un diamant par le Destin tracée
La date inévitable est enfin annoncée
De revanche et de gloire, ô mon peuple chéri !
Et voilà le Vengeur qui se dresse aguerri.
Il vient d'une autre mer (1), pareil à la tempête
Qui gronde et se déchaîne et que plus rien n'arrête.
Près de la Péana (2), ce pavillon royal
Que profanaient le temps et le pouvoir fatal,
Comme au pied de l'autel d'un dieu plein de colère,
Ses victimes sans nombre auront jonché la terre.
O plaines de Junin ! O fils si cher au cœur
Du malheureux Inca, son ami, son vengeur !
Peuples qui ne formez qu'un seul peuple et de même
N'êtes qu'une famille et tous des fils que j'aime,
Vivez et triomphez !..... »
                              L'Inca suspend le cours
Subitement ici de son touchant discours
Et demeure plongé dans la profonde extase
De l'inspiration divine qui l'embrase,
Qui sur ses traits se peint et se lit dans ses yeux
Immobiles, fixés sur la voûte des cieux,
Les guerriers croyaient voir l'ombre d'une statue.
Mais il reprit enfin : « Peuples, ma voix s'est tue
Pendant que le Destin entr'ouvrait devant moi
Le livre où je lisais une terrible loi.

(1) La mer Atlantique, qui baigne le Venezuela, patrie de
Bolivar.
(2) La Péana de l'Inca était un édifice où il avait l'habitude
de se reposer quand il traversait la grande route de la Cordillère. Ses ruines, ou plutôt, leurs vestiges, se trouvent près
du champ de bataille de Junin (Note d'Olmedo).

Or, si d'un sang vermeil la page est imprégnée,
Très vive est la splendeur dont je la vois baignée.
Chef de ma nation et vous, nobles guerriers,
Pour frapper d'autres coups préparez vos aciers,
Cessez vos chants. Poussez un nouveau cri d'alarme,
Prêtez l'oreille à mon oracle et qu'il vous charme.
Le vœu de la Patrie et l'ordre du Destin
Exigeront de vous un autre effort demain
Qui fera sur des champs d'immortelle mémoire,
Dans un combat nouveau, plus grande la victoire ! »

Stupéfaits les guerriers l'écoutaient. Mais sa voix
A peine annonce-t-elle un combat qu'à la fois
Tous se dressent. Leur cœur d'un tel bonheur tressaille
Qu'ils s'arment et sont prêts au signal de bataille.
On se tait quand l'Inca leur dit du haut des cieux :
« De votre mâle ardeur, guerriers audacieux,
Sera digne l'exploit qui pour vous se prépare.
Il sera le dernier, mais terrible et barbare ;
Car l'ennemi vaincu dans sa fuite a gagné
Cuzco, ma ville sainte, et n'a rien épargné :
Forces, armes, trésors, pour livrer sa fortune
A des hasards nouveaux. La haine et la rancune
Allument dans son sein l'inextingible ardeur
Des flammes d'un volcan qui gronde avec fureur (1) ».

(1) Le chef de l'armée royale, défait à Junin, se rendit précipitamment à Cuzco, pour y préparer une deuxième bataille après avoir coupé les ponts de l'Apurimac. Cela arrêta l'armée libératrice sur la rive gauche du fleuve. Le général Bolivar, après avoir pris les dispositions nécessaires, retourna alors à Lima pour organiser de nouvelles troupes et continuer la campagne après la saison rigoureuse de l'hiver. Dans cet intervalle les Espagnols réunirent avec une activité admirable toutes les forces dont ils disposaient à Cuzco et dans d'autres provinces et ravissant tous les éléments de guerre, utiles ou inutiles, qui se trouvaient dans le pays, passèrent à l'impro-

« En marche ! Dans les champs dont firent rougir l'aire
L'entêtement aveugle et la sourde colère
De nos premiers tyrans qui se querellaient tous
Pour savoir lequel d'eux seul régnerait sur nous,
Tant leur soif de pouvoir et d'or par le partage
Bien loin de s'apaiser s'excitait davantage ;
Dans ces champs baptisés d'un nom si malheureux
Par les dissensions des étrangers entre eux
Et rivés par leurs soins à cette lourde chaîne
Que depuis lors, hélas ! tout mon empire traîne ;
C'est là qu'avec raison le ciel offre à nos vœux
La vengeance et la gloire. O sites bienheureux,
Plaines d'*Ayacoucho* (1) qui verrez la victoire,
Oui, vous serez témoins de vengeance et de gloire,
Mais de carnage aussi ! Je frémirais d'horreur
Si j'avais forme humaine encore d'empereur ! »

« C'est là que Bolivar remuant dans sa tête
D'héroïques pensers à triompher s'apprête

viste de l'autre côté de l'Apurimac et se présentèrent dans
Ayacoucho avec près de dix mille hommes, alors que notre
armée en avait à peine cinq mille (Note d'Olmedo).

(1) Dans les champs d'Ayacoucho eut lieu la célèbre victoire
prédite par l'Inca. Elle fixa la destinée de l'Amérique. Dans
ces mêmes lieux, au début de la conquête, les Almagro et les
Pizarre se disputèrent la domination du Pérou avec un tel
acharnement, que les monceaux de morts de l'un et l'autre
camp valurent à ce site le nom d'Aya-Cucho, ce qu'on peut
traduire par le *Coin des Morts*. Aussitôt que les rênes de l'empire se trouvèrent dans une seule main, la conquête du pays
entier fut plus rapide (Note d'Olmedo). Le général La Serna,
vice-roi du Pérou, qui commandait l'armée espagnole à Ayacoucho, y fut battu par le général Sucre et fait prisonnier
par le général Cordova après avoir reçu six blessures. L'indépendance du Pérou et de toute l'Amérique du Sud fut assurée par cette éclatante victoire, le 9 décembre 1824.

De nouveau. Là, prouvant son génie et son cœur,
Il prêtera sa foudre à ce jeune vainqueur,
Qui, deux fois acclamé sur les monts et les fleuves,
Donna d'un grand courage à l'Ecuador des preuves,
Au jeune et vaillant Sucre (1). Et bientôt on verra
Que le front de ce chef hardi reflétera
L'âme de Bolivar, car ce héros, son maître,
L'aura d'un seul regard fait passer dans son être ».

« De la cime des monts descendent les torrents
Semant sur leur chemin des milliers de courants ;
Comme eux viendront les fils de la funeste Espagne
Orgueilleux de leur nombre envahir la campagne,
Tandis qu'à leur rencontre, impatients, heureux,
Sans tarder marcheront tes magnifiques preux,

(1) Sucre (Antonio José de), (qu'il faut prononcer Soucre),
gloire sans tache de l'Indépendance, son plus pur héros, né
au Venezuela en 1793. Il servit dès l'âge de dix-sept ans sous
les ordres de Miranda Nariño (1812) et sous Bolivar dès 1813.
Il se trouva au premier rang partout, secondant le Libérateur avec autant de génie militaire que de dévouement. Il
avait remporté deux victoires importantes sur les Espagnols,
près de la rivière de Yahuachi en 1821 et sur les flancs du
volcan Pichincha en 1822, quand Bolivar le nomma général
en chef des armées réunies, et en cette qualité il commanda
la bataille d'Ayacoucho, après laquelle il fut fait maréchal.
Quand l'Etat de Bolivie fut constitué, il se vit nommé à
l'unanimité Président à vie de cette République. Ses vertus
n'y purent triompher des dissensions politiques et, après
avoir reçu une balle dans une émeute, il résigna ses pouvoirs
en 1828. Il fut lâchement assassiné à Berruecos en 1830, près
de Pasto, dans son voyage de retour à Quito, par des bandits
à la solde de rivaux jaloux de sa gloire et ambitieux. L'Equateur lui a élevé une statue à Quito, œuvre de M. Falguière,
et a donné son nom à l'unité monétaire de la République.

O noble Colombie ! et ta jeunesse aimée,
O Pérou ! de renom et de gloire affamée.
Lui, l'intrépide chef, ira là devant eux. »

« L'épouvantable choc, insensé, hasardeux !
Pareil en son horreur au fracas du tonnerre.
Dernier coup d'un orage assourdissant la terre !
Les airs sont embrasés et sillonnés de feux ;
La poussière et la poudre obscurcissent les cieux ;
Le sang couvre le sol. Il l'inonde, l'abreuve
Et va rapidement rougir les eaux du fleuve.
L'Apurimac bouillonne et sur son long parcours
De ses flots courroucés précipite le cours » (1).

« Pendant que Cordova (2) par monts, gouffres, vallées,

(1) L'APURIMAC, rivière qui naît à la jonction des Andes du
Chili avec les Andes du Pérou.

(2) CORDOVA (José María), l'un des plus vaillants et hardis
guerriers qui combattirent sous Bolivar. Il naquit en Colombie en 1800 et, presque enfant, embrassa la cause de l'Indépendance. A dix-neuf ans il mérita par son courage d'être
promu lieutenant-colonel sur le champ de bataille de Boyaca.
Sous les ordres de Sucre, à l'Equateur, il fut le premier qui
planta le drapeau tricolore sur la ville de Quito en 1822. Il y
conquit le grade de général de brigade. La plus belle page
de sa vie militaire est celle que son épée traça à Ayacoucho,
où il fut élevé au grade de général de division par Bolivar,
après la victoire. Il y commanda l'aile droite avec les bataillons Caracas, Pichincha, Voltigeurs et Bogota. Au moment
décisif, le général Sucre ayant dit à Cordova en lui indiquant une colline : « Général, si vous prenez d'assaut cette
hauteur-là, nous gagnons la bataille ; si vous êtes repoussé,
nous la perdons », Cordova s'élança à la tête de ses bataillons
secondés par huit escadrons de cavalerie, en s'écriant :
« Soldats, l'arme au choix et marchez en vainqueurs ». Il

Poursuit des Espagnols les troupes harcelées ;
— L'amour de la Patrie et l'ardeur des vingt ans
Font rêver Cordova de hauts faits éclatants,
Cordova que Vénus d'un beau myrte couronne
Où le laurier de Mars grandit et l'environne, —
Miller (1) et ses hussards se rappellent Junin,
Vargas (2) son grand renom et Lara (3) son destin,
Dans cent combats fameux son bras fut redoutable (4) ».

« Impassible plus loin, pourtant infatigable,
Avec un nom terrible et tout en combattant

enleva la position et fit remporter la victoire. Bolivar mit sur
la tête de ce héros, qui comptait alors à peine 24 ans, la
couronne d'or et pierres précieuses que la ville de Cuzco lui
offrit. Cordova en fit don à sa ville natale. L'Ajax américain
qui avait tout pour plaire et pour briller : jeunesse, fortune,
noblesse et gloire, périt misérablement dans une révolution,
massacré par un anglais, avant l'âge de trente ans.

(1) Le général Miller commandait les forces du centre de
l'armée avec les bataillons Grenadiers et Hussards de Colombie.

(2) Vargas (José María) colonel, né au Vénézuéla, il s'y
était illustré, ainsi que son frère, le lieutenant-colonel Fer-
min Vargas, tué à la bataille du Santuario (1830) où il fut lui-
même blessé. L'un des régiments qui se battirent à Ayacoucho, portait aussi le nom de Vargas, en souvenir de la bataille du Pantano (marécage) de Vargas, qui précéda celle de
Boyaca.

(3) Lara (Jacinto), général né au Venezuela (1780-1859). Il
commandait la réserve composée des régiments Rifles, Vargas et Vainqueur. Il avait brillé précédemment dans les
campagnes du Venezuela et de la Nouvelle-Grenade par des
exploits nombreux.

(4) Il n'est pas possible de rappeler tous les régiments qui
se battirent et triomphèrent à Ayacoucho... Chacun d'eux s'y
distingua tout particulièrement (Note d'Olmedo).

C'est La Mar (1) qui s'avance et décide à l'instant
De l'insolent parti la déroute tardive.
Martyr du point d'honneur, enfin, ton jour arrive !
Lutter pour la patrie et pour elle mourir,
Ce fut ton vœu constant. Dieu se laisse attendrir.
Tu lutteras, La Mar, mais pour vaincre ! L'infâme
Et lâche calomnie exhalera son âme
Sous tes pieds écrasée. Heureux de tes hauts faits
Ton pays t'applaudit, reconnaît tes bienfaits.
Et ton nom glorieux le Guayas pour l'entendre,
Dès qu'il résonnera dans un chant mâle et tendre
Près de ses bords fleuris, ralentira son cours.
La voix de ton ami prêtera son concours
Pour chanter tes exploits, ta gloire et son ivresse
Pendant qu'ému son cœur tressaille d'allégresse (2) ».

(1) La Mar signifie : la mer, et c'est ce qui fait dire à Olmedo : avec un nom terrible.

(2) LA MAR (José) 1778-1830. Olmedo a laissé sur ce champion de l'Indépendance la note suivante au pied du chant :
« Le général La-Mar, naturel de Guayaquil, commanda vaillamment l'aile gauche de l'armée qui souffrit le plus terrible choc
des forces ennemies et décida de la victoire. Tout jeune, il fut
envoyé par sa famille à la Péninsule pour y suivre la carrière
militaire et il se fit remarquer dans la guerre que l'Espagne
soutint si glorieusement contre les Français de Napoléon. »
(Il se trouva au siège de Saragosse, comme colonel, sous les
ordres de l'héroïque Palafox et y fut blessé, puis, après la
reddition du général Black, il fut l'un des officiers prisonniers envoyés en France par Suchet et fut seul incarcéré à
Dijon par suite de son refus de donner sa parole d'honneur
de ne pas chercher à fuir. Un royaliste lui procura les
moyens de s'évader et de partir en Italie, d'où il retourna en
Espagne. Ferdinand VII l'éleva au grade de général). « Il
retourna en Amérique », continue Olmedo, « avec le titre
d'Inspecteur général du Pérou. Les chefs espagnols lui lais-

« L'effort que l'on conçoit immense et dangereux
Glace d'effroi le lâche, aiguillonne le preux.
Mais quel courroux subit, quelle audace intrépide
Embrasent la poitrine et font le bras rapide
De qui lutte pour vous, patrie et liberté !

sèrent le commandement de la place du Callao, quand ils abandonnèrent Lima pour la première fois, à l'approche du vaillant et rusé général San Martin. Ce fut là une situation très difficile pour un homme comme La-Mar qui, de longue date, donnait abri à des sentiments américains qu'il lui fallait refouler pour obéir sévèrement aux lois de l'honneur. Mais, à cette époque là aussi, les patriotes enfermés dans la citadelle connurent le cœur de cet américain vertueux. Quand il lui fut donné de délier honorablement les nœuds qui l'attachaient à l'Espagne, l'opinion publique lui fut si favorable, que peu après la capitulation du Callao, il fut élu à l'unanimité, par le premier Congrès du Pérou, Président du Gouvernement. C'est alors que les ennemis de La-Mar, c'est-à-les ennemis de l'ordre et du bien public, conspirèrent contre lui et répandirent le bruit qu'il avait des connivences avec les chefs de l'armée royale ; mais le champ d'Ayacoucho fit voir quelles étaient ces connivences avec les ennemis de la patrie. Et le temps, dévoilant tous les faits, a montré quels étaient les faux patriotes, quels étaient ceux qui usurpèrent un pouvoir que les modérés refusèrent, quels étaient, enfin, ceux qui, en gouvernant leur patrie, s'y firent des tyrans, pour la vendre ensuite. Réjouis-toi de ce triomphe supérieur à la gloire militaire dont tu t'es couvert, ô mon tendre ami ! *O magnæ spes altera Romæ !* » La-Mar mourut pendant son exil à Costa-Rica. Quinze ans après sa mort, en 1845, le Pérou réclama ses restes. On pourra, dans le trait suivant, apprécier le grand cœur de ce guerrier vertueux : après la victoire d'Ayacoucho, il reçut en récompense une des plus vastes et riches propriétés rurales du Pérou, confisquée à un espagnol hostile à la cause de l'Indépendance. La-Mar, honnête et généreux, la rendit peu après à son ancien propriétaire.

L'outrage de nouveau quiconque a résisté.
Le cavalier jetant son arme foudroyante
S'élance à terre et va, dans la lutte effrayante,
Combattre corps à corps, son cheval lui semblant
Rétif et paresseux, comme le plomb trop lent. »

« Ainsi, dans les deux camps, l'acharnement augmente.
Mais on sent au milieu de la sombre tourmente
Que le nombre est vaincu par l'intrépidité,
Que la force partout cède à l'habileté. »

« L'arrogant espagnol retrace en sa mémoire
Les plus grands souvenirs de son antique histoire
Et fermement résiste et lutte obstinément.
Déjà, dans sa pensée, il se voit au moment
Où dans Lima soumise il va couvert de gloire
Sous les arcs qu'on devra dresser à sa victoire.
Illusions, adresse, efforts,..... soins superflus !
Ses régiments nombreux, ardents et résolus,
Ne lui servent de rien. Il cède au choc horrible
Et rend en succombant ce glaive qui, terrible,
Du vainqueur de l'Europe à Baylen fut vainqueur (1) !
S'il a perdu sa force, il a la haine au cœur
Et sa rage est extrême en mordant la poussière.
Il roule un œil sanglant sous sa lourde paupière
Et fait craquer ses dents. Il regarde le jour,
S'irrite de le voir (2). Au ciel, que tour à tour
Il accuse et maudit, écumante et livide
Sa bouche fait monter le blasphème stupide,

(1) Il y avait à Ayacoucho, dans l'armée royale, un grand
nombre des vétérans qui combattirent en Espagne les armées
de Napoléon.
(2) Le *Quæsivit cœlo lucem, ingemuitque reperta*, de Virgile,
semble avoir inspiré notre poète.

Et, vomissant des flots de fiel et de sang noir,
Il réclame un vengeur, mais il meurt sans le voir. »

« Ah ! maintenant voici des débris effroyables !
Soldats comme officiers, abattus, pitoyables,
Tous implorent la paix. Le chef victorieux
L'accorde (1). Sur son front l'olivier glorieux,
Au nom de Bolivar, au nom de la Patrie,
A ses lauriers sanglants dignement se marie.
La patrie ou l'honneur ont-ils armé sa main,
De vengeance altéré le cœur américain
Bondit. Qu'il soit vainqueur, aussitôt il pardonne. »

« Les bruyantes clameurs du camp qui s'abandonne
Aux transports du triomphe et les monts de Quino (2)
Et les antres profonds et le multiple écho
De l'abrupte sierra du vaste territoire
Jettent à tous les vents ce cri joyeux : Victoire ! »

« L'Apurimac s'agite. Aux turbulentes eaux
Du rapide Ucayale il va mêler ses flots.

(1) Il y avait quinze généraux espagnols au Pérou. Tous,
par un heureux hasard, se trouvèrent réunis sur le champ de
bataille d'Ayacoucho pour rendre plus glorieuse cette journée ; tous furent obligés de se rendre et de capituler ; tous
sont retournés dans leur patrie avec toute leur fortune. La
capitulation fut demandée et accordée après que le gros de
l'armée royale eut été mis en déroute et quand il ne restait
plus à battre qu'un corps de réserve sans grande importance.
Il nous semble que rien ne manque à cette conduite pour
être le trait caractéristique d'un peuple (Note d'Olmedo).
(2) Le peuple de Quino ou Quinoa se trouve près d'Ayacoucho.

Tous deux unis, blanchis d'écume, en gais murmures,
De palmes, de lauriers couvrant leurs ondes pures,
S'empressent d'annoncer le triomphe éclatant
Au splendide Amazone et ce roi sur l'instant
Ordonne à ses dauphins, ses nymphes, ses sirènes,
D'aller par des chansons vibrantes, mais sereines,
Apprendre la victoire immortelle à la mer (1). »

« Salut à toi, vainqueur ! Salut, espoir si cher
De ton digne pays ravi de ta bravoure !
Que d'un laurier nouveau ton noble front s'entoure !
Comme auprès du torrent s'élève le palmier,
Ton nom grandit toujours ! (2) Tu serais le premier
A briller aujourd'hui sans partager ta gloire
Si Bolivar n'était !.... Aux cieux dans la nuit noire,
Sans la lune, Vesper aurait la royauté ».

« Sur ce jeune héros la Victoire a compté
Pour ceindre dans ce jour l'immortelle couronne
Au front de Bolivar ! La palme qu'il lui donne,
Que dans Ayacoucho cueille pour lui sa main,
Sans repos laissera la trompette d'airain
Qui, par deux fois déjà, Libérateur l'acclame ! »

« C'est là le jour heureux que votre cœur réclame,
Jour promis à l'Inca, d'où naît dans sa splendeur
L'ère de liberté, de paix et de grandeur.
O toi par qui la chaîne infernale est brisée
Et l'orgueilleuse tête ibérique écrasée,

(1) L'Apurimac, après une assez longue course, se jette
dans l'Ucayale qui, à son tour, débouche dans le fameux
fleuve des Amazones (Notes d'Olmedo).
(2) Réminiscence de *Crescit velut arbor*, mais combien plus
heureuse et plus parée de couleur locale !

Tu peux à tant de gloire ajouter plus d'éclat
Si mon peuple aguerri par tes soins au combat
Qui de sa liberté vient de le rendre maître,
De cet art périlleux, difficile à connaître,
De vivre toujours libre en méritant la paix,
Sous ton pouvoir reçoit les leçons désormais.
J'ai gouverné mon peuple en l'aimant comme un père,
Oui, ma main lui fut douce. Et, pourtant, sur la terre
Je ne voudrais plus voir le sceptre des Incas.
Du pouvoir absolu plus d'un armant son bras,
Père au début, finit comme un tyran son règne.
Je fus un conquérant ; aujourd'hui je dédaigne
Ce rôle glorieux, mais trop sanglant, hélas !
Un conquérant, fût-il humain, ne devrait pas
Présider aux destins de l'empire qu'il fonde ! »

« Illustre Bolivar, par ton œuvre féconde,
A travers un sentier inexploré tu cours
Au temple de la Gloire. Oui ! le pouvoir toujours
Terrible et redouté que t'accordent les pères
De l'intègre sénat, bien qu'en des temps prospères
Il causa les malheurs de l'empire romain,
Comme un bouclier doit dans ta puissante main
Garder la Liberté du Peuple qui t'est chère (1). »

« O Liberté ! Celui qui d'un dieu sanguinaire,
De Mars, pouvait servir les redoutables lois,
Ce héros est celui que constamment tu vois,
— Prêtre le plus fervent qui le premier t'encense —
Au pied de tes autels s'incliner en silence.

(1) Le Congrès du Pérou nomma Bolivar dictateur, au moment où la République courait les plus grands dangers.
(Note d'Olmedo).

Si le ciel confiait au peuple américain
L'auguste mission, alors qu'il met un frein
Aux horribles fureurs du monstre de la guerre,
D'étendre à tous les points de l'onde et de la terre
Ton pouvoir souverain, divine Liberté,
Bannis la crainte, avec ce héros redouté,
De voir l'erreur un jour ou l'aveugle ignorance
Eclipser ta splendeur, de voir l'intolérance,
La superstition profaner tes autels,
Ou tes sublimes lois, tes décrets immortels
Devenir le jouet d'un tyran qui t'insulte.
Impérissables sont ton empire et ton culte.
Comme tu viens de rendre au temple merveilleux
Du saint Pacha-Camac son éclat radieux, (1)
Par toi retrouveront les peuples sans couronne
Leur majesté première et la grandeur du trône.
Mon oracle est certain; oui, tu ranimeras
Les restes de Carthage et tu relèveras
L'Aréopage grec, le Capitole à Rome. »

« Le glorieux destin pour lequel Dieu te nomme !
Car c'est toi, Bolivar, brisant le joug des rois
Qui, malgré leurs efforts, raffermiras les lois.

(1) PACHA-CAMAC, divinité invisible dont l'image était le
soleil. Ce nom se compose de PACHA, univers, et de CAMAC,
participe du verbe CAMA, animer, et signifie dans la langue
des Indiens, *Celui qui anime l'Univers*. On le tenait en grande
vénération et le peuple n'osait pas prononcer son nom. On
lui vouait un culte intérieur. Le cœur de l'homme était son
unique temple. En parlant du temple de Pacha-Camac nous
avons voulu entendre par là le temple du Soleil, sous la magnifique image duquel il était adoré. Combien de peuples qui
se vantent de leur antique civilisation n'ont pas atteint ces
beaux principes de théologie naturelle ! (Note d'Olmedo).

Et la Discorde, au front hérissé de vipères, (1)
Que dans cent nœuds d'airain d'un bras puissant tu serres,
Verra trembler devant les insignes sacrés
Les parricides fers des complots conjurés ».

« La terre ouvrant à tous ses entrailles profondes
Offrira les trésors qu'en ses veines fécondes
Notre dieu jusqu'ici dérobait à vos yeux.
Nos monts feront jaillir le métal précieux
Comme une lave d'or qui couvrira la plaine.
Fier d'avoir le premier osé briser sa chaîne,
Le peuple dont la gloire autant que le pouvoir
Sur tout autre le fait parmi nous prévaloir,
Comme on voit resplendir sans taches et sans voiles
L'astre de Virginie au sein de ses étoiles,
Ce peuple, répondant joyeux à notre appel,
Accourt pour nous donner le baiser fraternel ; (2)
Et les pays lointains de l'illustre hémisphère,
En contemplant l'essor superbe et salutaire
Que sans retard prendront nos muses et nos arts,
Nous traitent en amis, nous marquent des égards ;
Mais la reine des mers, s'empressant la première,
Ouvre de son trident aux autres la carrière (3) ».

(1)   *Discordia demens*

Vipereum crinem vittis innexa cruentis (*Enéide*, VII, 702).

(2) Nos frères de l'Amérique du Nord ont été les premiers à reconnaître l'indépendance des peuples du sud, à laquelle ceux-ci furent entraînés par leur exemple et par leur amitié. Le drapeau des Etats-Unis porte autant d'étoiles qu'il y a d'Etats dans la Confédération. L'Etat de la Virginie a par-dessus les autres la gloire d'être la patrie de Washington. (Note d'Olmedo).

(3) L'Angleterre fut la première des nations européennes qui reconnut l'indépendance des nouveaux Etats américains.. (Note d'Olmedo).

« O peuples ! Tel sera votre sort radieux.
Dorénavant, jamais, les complots odieux
Des despotes ligués ne porteront atteinte
A votre indépendance inébranlable et sainte,
Pourvu que dans la guerre et la paix vous soyez
Frères, d'un pôle à l'autre étroitement liés.
Peuples, dans l'union votre force réside.
Peuples, unissez-vous ! Qu'elle soit votre guide
Et, libres, vous serez toujours victorieux !
Que de cette union aux grands et puissants nœuds
Les Andes soient l'image et vous donnent l'exemple,
Car ces monts, d'une mer à l'autre, on les contemple
Ne formant qu'une chaîne aux solides liens (1).
Des orages aux bruits sourds et terrifiants
Bouleversent le ciel, mettent en feu l'espace ;
Du gouffre des volcans la lave sort et passe
En détruisant les champs, les peuples, les cités ;
Des tremblements affreux semblent de tous côtés
Déraciner de ses pivots profonds la terre ;
Les Andes sont debout. La haute Cordillère,
Résistant impassible aux éléments pervers,
Voit le monde sombrer dans les gouffres ouverts. »

« Oui, c'est là, Bolivar, un exploit plus notoire
Que d'avoir remporté l'éclatante victoire
Sur le sceptre de fer en renversant sa loi.
Ce rôle t'appartient. Il est digne de toi.

(1) Dans cette comparaison on a voulu exprimer le désir de
voir tous les peuples d'Amérique n'en former qu'un seul par
leurs relations et leurs liens fraternels. C'est dans ce sens-là
que l'Inca, lorsque dans sa prophétie il parle de son peuple,
de son Empire, comprend tous les peuples qui sont unis et
reliés par la chaîne des Andes... (Note d'Olmedo).

Triomphe en attendant... Les arcs et les colonnes
Vont se dresser partout pour porter tes couronnes ;
Et ton nom acclamé par les peuples divers
Qui, proches ou lointains, habitent l'univers,
Ton nom perpétué dans toute langue humaine
Par la prose et les vers, d'une aile souveraine
Parviendra d'âge en âge à la postérité,
Sur le marbre et l'airain superbement chanté ;
Mais dans ce beau concert de tant de voix puissantes,
Rivalisant avec les plus retentissantes,
C'est la voix du Guayas qu'on entendra toujours !
C'est toi, de ton vivant, qui seras le secours,
Le salut et l'honneur de ce pays que j'aime
Et tu seras son ange et son gardien suprême
Quand, le plus tard possible, arrivera le jour
Où tu t'envoleras au céleste séjour (1)
Et, parmi les Incas, ton âme pure et droite
A côté de Manco prendra place, à sa droite (2). »

« Le destin vous transmet sa favorable loi.
Regardez le condor, ce magnifique roi
Des habitants ailés des forêts péruviennes,
A qui l'aigle céda l'empire sur ces plaines ;
Voyez-le déployant le plumage soyeux
De son aile, au soleil monter d'un vol joyeux
Et confirmer ainsi ce que je vous révèle.
Courez, courez guerriers où l'honneur vous appelle
Et du jour glorieux allez hâter l'instant.

(1) Réminiscence heureuse de *Serus in cælum redeas.*
(2) Manco Capac fut le premier Inca (nous l'avons déja dit),
le premier législateur du Pérou. On le croyait descendu du
ciel, et on le vénéra toujours comme une divinité (note d'Olmedo).

Près de l'Apurimac, c'est là que vous attend
La Victoire. C'est là, sur l'aride rivage,
Qu'elle ceindra vos fronts des palmes du courage (1). »

(1) Là se termine la prophétie de l'Inca, que l'on critiquera,
peut-être, comme étant trop longue, ce qui est juste. Mais ne
pardonnera-t-on pas à un Inca qu'avant le grand oracle, objet de son apparition, il exhale quelques plaintes en revoyant
les lieux qui furent le théâtre des horreurs de la Conquête ? Ne
pardonnera-t-on pas à un bon père et à un bon roi de déplorer
avant tout le sort de ses fils et de son peuple ? Ne pardonnera-
t-on pas à un guerrier qu'il excite le courage des guerriers avec
le souvenir des offenses passées, bien qu'il s'agisse de faits très
connus de l'histoire de son pays ? Ne pardonnera-t-on pas
à un vieillard un discours prolixe et à un sage âgé de ne pas
perdre l'occasion de donner des conseils ? Ne pardonnera-t-on
pas, enfin, à un prêtre de prolonger un peu l'attente du
peuple en lui annonçant les oracles du ciel ?

Les oracles étaient, en général, brefs et sentencieux, c'est
vrai ; mais la victoire d'Ayacoucho est de la plus grande importance, puisqu'elle a fixé les destinées du peuple américain ; elle ne serait pas bien chantée si l'on ne célébrait pas
tous les incidents qui la rendent mémorable. En outre, la
prolixité même de ces incidents donne de plus grandes apparences de vérité à la prédiction. C'est pour cela qu'on a
choisi un prophète inspiré qui prévoit tout ; un vieillard qui
n'omet rien de ce qu'il prévoit et un Inca qui regarde avec
intérêt tout ce qui contribue à la gloire de l'Empire. D'un
autre côté, la mention qu'il fait de tous les chefs qui devaient
se distinguer à Ayacoucho sert à stimuler de nouveau leur
courage, autant par la louange anticipée de leurs prouesses
que par l'espoir certain de la victoire. — On dira, enfin,
que l'Inca de ce chant sait plus de choses qu'il ne devait
en savoir de son temps. Mais celui-là était un Inca doué
d'un esprit prophétique qui, d'après les traditions antiques,
avait prédit l'invasion des Espagnols, l'établissement d'une
nouvelle religion et les destinées de l'Empire. Il ne faut

L'Inca se tut. Les cieux s'ouvrirent largement
Et firent ruisseler du fond du firmament
Les rayons purs et vifs d'un monde de lumière ;
Puis un céleste chant emplit la voûte entière.
Les Vestales chantaient. Les innocentes voix
Des vierges du soleil laissaient comme autrefois
Exhaler les transports d'une allégresse extrême
Tout autour de l'Inca, leur pontife suprême,
Et faisaient retentir les hymnes solennels
Qui louaient le soleil et ses dons éternels.

« O dieu saint du Pérou, âme, essence du monde
Et père des Incas, dans ta course féconde
Réjouis-toi de voir délivré de ses fers
Ce peuple qui t'adore en roi de l'univers.
Les ténèbres de sang et d'infâme esclavage
Qui ternissaient ton calme et radieux visage
Se dissipent déjà. Les chants ont remplacé
Le cri de guerre à mort, hélas ! souvent lancé
Et le bruit infernal de la chaîne servile ».

« Ici la Liberté vient chercher un asile.
L'errante voyageuse a trouvé sous nos cieux
La retraite tranquille et qui convient aux dieux.
C'est ici, parmi nous, qu'il faut que l'on contemple
L'autel miraculeux de son auguste temple.
De sa chère Helvétie oubliée, elle aura
Le culte dans ces lieux qui la consolera
D'avoir vu s'écrouler les autels que la Grèce

pas, surtout, s'étonner qu'il ait des idées justes touchant la
religion, la législation et la science du siècle, puisqu'il habite les régions de lumière et de vérité. (Note d'Olmedo, qui
répond ainsi aux grandes critiques formulées sur ce poème,
comme nous le verrons au chapitre suivant).

Lui dressait autrefois. Ecoutez sa promesse :
Le Tibre et l'Eurotas cèderont dans son cœur
La place au Madalén comme au Rimac vainqueur (1). »

« O père ! Clair soleil ! Comme un dieu tutélaire
Protège ces autels, veille sur cette terre !
A tout être c'est toi qui donnes la santé,
Le mouvement, la joie ainsi que la beauté.
Par tes soins tout respire et tout se fortifie,
Car ta chaleur est source éternelle de vie.
Le laboureur, l'oiseau sont réveillés aux champs
Par l'aube de ton jour et t'adressent leurs chants.
Par toi les fils de Mars dans une âme aguerrie
Sentent brûler ce feu : l'amour de la patrie,
Et t'offrant humblement leurs palmes, leurs lauriers,
Elèvent jusqu'à toi de beaux hymnes guerriers ».

« O bienfaisant soleil ! rends notre sol prospère
Et répare les maux que lui causa la guerre.
Donne à nos champs des fruits, à nos ports des vaisseaux,
Prive-nous, si tu veux, de l'éclat des métaux,
Mais, peuplant nos déserts, donne à nos arts la gloire,
Des ailes au génie, aux armes la victoire. »

« Sauve, dieu du Pérou, soutiens et raffermis
Le bras qui t'a vengé, non pour qu'il soit soumis
A de nouveaux combats qu'épouses, sœurs et mères
Exécreront toujours (2), mais aux flots populaires

(1) Le Magdalena (poétiquement le Madalén) est un fleuve
qui coule vers la mer aux environs de Bogota, comme l'Eurotas dans le voisinage de Sparte. Le Rimac traverse Lima
comme le Tibre traverse Rome (Note d'Olmedo).
(2) C'est le : *Bella matribus detestata* d'Horace qu'Auguste

Pour qu'il puisse imposer des digues ; qu'en tous lieux
Il soit craint des tyrans et des séditieux ;
Et que la sainte Paix, désirable déesse,
Répande enfin sur nous ses dons avec largesse. »

« Qu'une flamme nouvelle éclaire, roi des cieux,
Le grand jour du triomphe imposant, merveilleux,
Qu'à son Libérateur prépare ma patrie.
De l'Empire où renaît la grandeur amoindrie
Il sera digne et tel l'Inca, vainqueur, l'aima ».

« Ouvre à double battant les portes, ô Lima,
Opulente cité, fais raser tes murailles
Et reçois le héros d'immortelles batailles
Qui, radieux, vers toi s'avance en ce moment,
Environné de tant de peuples acclamant
L'ange de l'espérance et le puissant génie,
Artisan de la gloire et de la paix bénie. »

« Les Muses et les Arts voltigent au-devant
De son char triomphal, tandis qu'au gré du vent
S'agitent noblement les enseignes guerrières,
Témoins de la victoire. Elles montrent altières
L'image du soleil et les triples couleurs.
Des vierges, les cheveux flottants, tressés de fleurs,
En troupe gracieuse, aux légères cadences
Tournent autour du char improvisant leurs danses.
Les heures du soleil plus rapides ne sont.
Quel charme et quels attraits ! En dansant elles font

Barbier aussi a fort heureusement rappelé dans ses *Iambes*
en parlant de la colonne Vendôme, par ce vers de l'*Idole* :

Ce bronze que jamais ne regardent les mères.

Entendre la douceur de leur voix attendrie
Qui chante les hauts faits brillants de la patrie ;
Elles portent gaiement dans leurs mignonnes mains
Des vases dont l'albâtre est moins blanc que leurs seins,
Et les parfums exquis que chaque urne dégage
Se mêlent à l'encens qui monte en un nuage
Transparent du milieu des vierges jusqu'aux cieux ».

« Les signes du triomphe éblouissant les yeux
Terminent le cortège et devant les trophées
Peuples et chefs vaincus, leurs plaintes étouffées,
Cheminent humblement, confus, silencieux.
L'Asturien, guerrier toujours audacieux ;
Le Catalan, connu pour être infatigable,
L'inculte Celtibère, autrefois indomptable,
Et le Cantabre, aussi farouche qu'inhumain,
Il courba le dernier son front au joug romain (1),
Tous vont là, tous, suivis de l'Andalou frivole,
Comme du Castillan qui froidement s'immole.
Le Tage a tout perdu : renom, sceptre et grandeur.
Celles qui rehaussaient la gloire et la splendeur
Du pays fabuleux par leur grâce et leurs charmes,
Les nymphes du Tormès et du Génil en larmes
Se cachent loin des yeux. Et l'immense Bétis
Qui de son olivier voit les rameaux flétris,
Moins orgueilleusement à la mer Atlantique
Dorénavant paiera sa redevance antique (2). »

(1) *Cantaber sera domitus catena*, a dit encore Horace.
(2) Le Tormès et le Génil, ou Xénil, sont des rivières de
l'Espagne ; le premier est un affluent du Douro, dans la province de Salamanque, le second passe à Grenade et se jette
dans le Bétis, nom ancien du Guadalquivir qui passe à Cordoue et à Séville, comme le Tage baigne Aranjuez et Tolède.

«Le Soleil arrêté dans sa course verra
Le triomphe. Joyeux le dieu l'applaudira.
O père, que ton jour dissipe le nuage
Et la lugubre nuit de l'ancien esclavage !
Que ta lumière soit le flambeau du pouvoir
Et qu'affranchis du joug elle puisse nous voir !
La terre t'appartient ainsi que la victoire ! »

Le chant cessa. Les cieux resplendissant de gloire
Applaudirent les voix. Saisis d'étonnement,
Tous demeuraient muets, tandis qu'au firmament
Les vierges et l'Inca se cachaient à leur vue
Sous les flocons d'argent d'un voile de la nue.

Mais qui donc t'a permis d'un vol audacieux
De t'élever, ma Muse, aujourd'hui jusqu'aux cieux ?
Ah ! Ne révèle plus de céleste mystère
Avec ton faible chant aux êtres de la terre (1).
Ceints du laurier divin, à la table des dieux
D'autres pourront s'asseoir pour écouter joyeux
Parler la Renommée, ô déesse chérie,
Véritable tourment et gloire de la vie.
Et moi l'on me verra, de nouveau revenu
A l'humble chalumeau dont le son est connu,
Libre errer dans les bois où projettent leurs ombres
Les orangers en fleurs, les tamariniers sombres ;
Ou bien le long du fleuve où fleurit mon jardin
A travers les rosiers je suivrai le chemin,

Olmedo indique, ainsi poétiquement les principales provinces de l'Espagne.

(1)   Non hæc jocosa conveniunt lyræ ;

        Quo, musa, tendis. — Ode VIII du Liv. 3 d'Horace.

Contemplant, dans le fruit qui dresse sa couronne
Sur un trône doré, le sceptre de Pomone (1).
Et tout en suspendant la lyre où j'ai chanté
Modestement, hélas ! le jour de liberté
Du peuple américain, son immortelle gloire
Et les destins brillants promis à son histoire,
Je me dirais heureux si j'avais mérité
Pour douce récompense à ma témérité :
Que tendrement parfois les Grâces me regardent ;
Que mes frères chéris profondément me gardent
Leur bienveillante estime et leur attachement,
Que ma Patrie, enfin, me sourie un moment,
Tandis que des tyrans j'affronterai sans peine
L'implacable fureur et l'éternelle haine.

(1) Cette description fait allusion à la forme de la plante
qui produit le fruit connu en Europe sous le nom d'ananas.
L'ananas l'emporte sur tous les fruits de la terre par son parfum, son goût et ses vertus médicinales, comme l'ananas
d'Amérique l'emporte sur les ananas de l'Europe et comme
l'ananas du Guayas l'emporte sur tous les autres des différents climats de l'Amérique (Note d'Olmedo).

VIII

Jugement émis par Bolivar sur le chant d'Olmedo. — Correspondance échangée à ce propos entre le héros et le poète.
— Les critiques des écrivains espagnols et américains.

La grande célébrité de l'*Hymne à Bolivar* a laissé un
peu dans l'ombre les autres compositions d'Olmedo,
exception faite pourtant du sonnet écrit à l'occasion de
la mort de sa sœur. Des discussions nombreuses et très
vives au sujet des mérites et des défauts de ce long
poème ont été engagées de tout temps entre les écrivains les plus remarquables du monde hispano-américain. Mais ces œuvres-là surtout sont dignes de la postérité que la critique discute avec plus de passion et sur
lesquelles les jugements contraires sont le plus souvent
renouvelés. Le bruit répandu autour du chant d'Olmedo,
encore de nos jours où l'exaltation des esprits produite
par les faits qu'il perpétue s'est apaisée, prouve incontestablement que les imperfections signalées ne nuisent
pas à sa réputation. Ne faut-il pas, *ubi plura nitent*, savoir fermer les yeux sur les quelques taches dont le soleil
lui-même n'est pas exempt ?

Avant de prendre part au débat à notre tour, tout en rappelant les opinions diversement émises, nous devons laisser parler le plus intéressant et le plus intéressé de ces critiques, le héros lui-même. Son jugement spiri-tuel, éclairé, bien que parfois sévère, fut aussi impar-tial que vive sa reconnaissance pour le poète qui le por-tait aux nues et qui, par ce monument durable autant que sa gloire, rendait son triomphe plus complet.

Bolivar dont le génie militaire et l'imagination ar-dente ne manquaient ni de culture littéraire ni de goût très raffiné, devait être, en effet, et fut le premier ap-pelé à se prononcer sur la valeur de l'œuvre, instam-ment prié de le faire par l'auteur lui-même. Voici deux lettres qui nous diront dans quels termes il s'acquitta de ce devoir difficile, montrant ainsi la noble indépen-dance de son caractère, sa modestie réelle et la finesse de son esprit. L'homme qui, après avoir affranchi un continent et commandé en dictateur à plusieurs nations, a tracé les lignes suivantes, prouve, a-t-on dit avec rai-son, combien il était digne de son rôle de libérateur et, jusqu'à quel point il a mérité de vivre dans la mémoire reconnaissante du peuple américain.

LETTRES DE BOLIVAR

Cuzco, le 27 juin 1825.

Mon cher ami,

Il y a très peu de jours j'ai reçu en voyage vos deux lettres et un poème. Les lettres sont celles d'un homme politique et d'un poète ; mais le poème est celui d'un Apollon. Toutes les ardeurs de la zone torride, tous les feux de Junin et d'Aya- coucho, toutes les foudres du Père de Manco-Capac, n'ont jamais embrasé avec autant d'intensité l'esprit d'un mor- tel (1). Vous éclatez... là où il n'y a pas eu le moindre éclat de fusil, vous incendiez la terre avec les étincelles de l'essieu et des roues d'un char d'Achille qui ne roula pas à Junin ; vous vous emparez de tous les personnages et vous faites de moi un Jupiter, de Sucre un dieu Mars ; de La-Mar un Aga- memnon et un Ménélas ; de Cordova un Achille ; de Neco- chea un Patrocle et un Ajax ; de Miller un Diomède et de Lara un Ulysse. Tous, nous avons une ombre divine ou hé- roïque qui nous couvre de ses ailes protectrices comme un ange gardien. Vous nous façonnez à votre manière poétique et fantastique et, pour continuer au pays de la poésie la fic- tion de la fable, vous nous élevez avec votre divinité men- songère comme l'aigle de Jupiter emporta jusqu'aux cieux la tortue qu'il devait laisser tomber sur un rocher où elle alla

(1) Le Père, de Manco-Capac, le 1er Inca, était Pacha-Ca- mac, l'Etre Tout-Puissant, c'est-à-dire Dieu.

se briser les pattes. Ainsi, vous avez fait de nous des êtres si sublimes que vous nous avez précipités dans l'abîme du néant, noyant dans un océan de lumières le pâle éclat de nos vertus peu transparentes. Vous nous avez donc réduits en cendres, mon cher ami, avec les foudres de votre Jupiter, le glaive de votre Mars, le sceptre de votre Agamemnon, la lance de votre Achille et la sagesse de votre Ulysse. Si je n'étais pas si bon et vous si poète, je m'avancerais à croire que vous avez voulu faire une parodie de l'Iliade avec les héros de notre pauvre farce. Mais non ; je ne le crois pas. Vous êtes poète et vous savez bien, autant que Bonaparte, que, de ce qui est héroïque à ce qui est ridicule, il n'y a qu'un pas et que Manolo et le Cid sont frères, bien qu'issus de pères différents. Un américain lira votre poème comme un chant d'Homère et un espagnol le lira comme un chant du Lutrin de Boileau.

Je vous remercie de tout, pénétré d'une gratitude sans bornes.

Je ne doute pas que vous remplirez dignement votre mission en Angleterre ; j'en suis tellement convaincu qu'ayant jeté les yeux sur tout l'empire du Soleil je n'ai pas trouvé un seul diplomate qui fût capable de représenter le Pérou et de traiter pour lui plus avantageusement que vous. Je vous ai adjoint un mathématicien pour qu'il ne vous arrivât pas, entraîné par la vérité poétique, de croire que deux et deux font quatre mille. Notre Euclide s'est chargé d'ouvrir les yeux de notre Homère, pour qu'il ne voie pas avec son imagination, mais avec ses organes, et de ne pas permettre qu'on le séduise avec des harmonies et des mètres ; il ne doit le laisser ouvrir l'oreille que pour écouter la prose rude, dure, écorchante des hommes politiques et des publicains.

Je suis arrivé hier au pays classique du Soleil, des Incas, de la fable et de l'histoire. Ici, le vrai soleil c'est l'or ; les Incas sont les vice-rois et les préfets ; la fable c'est l'histoire de Garcilaso ; l'histoire c'est le récit de la destruction des

Indiens, écrit par Las Casas. Abstraction faite de toute poésie, tout fait naître en moi des idées élevées, des pensées profondes ; mon âme est ravie à la vue de cette nature primitive, qui doit à elle-même son développement, qui crée avec ses propres éléments d'après le modèle de ses inspirations secrètes, sans mélange aucun d'œuvres étrangères, de conseils d'autrui, de fantaisies de l'esprit humain et dans la contagion des crimes et des absurdités de notre espèce humaine. Manco-Capac, l'Adam des Indiens, est sorti de son paradis du lac Titicaca et a formé une société historique, sans mélange de fable sacrée ou profane.

. . . .

Dieu le fit homme ; lui, fit son royaume et l'histoire a dit la vérité ; car les monuments de pierre, les voies grandes et droites, les coutumes innocentes et la tradition pure, nous rendent témoins d'une création sociale dont nous n'avions aucune idée, aucun modèle, aucune copie. Le Pérou est un original dans les annales humaines. Cela me semble ainsi parce que je l'ai sous les yeux et c'est l'évidence même tout ce que je viens de vous dire avec plus ou moins de poésie.

... Recevez les assurances sincères de mon amitié.

BOLIVAR.

Cuzco, le 12 juillet 1825.

Mon cher ami,

J'ai reçu avant-hier votre lettre datée du 15 mai, que je ne puis qualifier autrement que d'extraordinaire, car vous prenez la liberté de me transformer en poète à mon insu et sans m'avoir demandé mon consentement. Comme tout poète est entêté, vous vous êtes efforcé de supposer que j'ai vos goûts et vos talents. Puisque vous vous êtes mis en frais et que

vous avez pris cette peine, j'imiterai ce paysan que l'on fit
roi dans une comédie et qui s'écriait : « puisque je suis roi,
je vais rendre justice ». Ne vous plaignez donc pas de mes
arrêts, car, ne connaissant pas le métier, je donnerai des
coups de bâton d'aveugle, afin d'imiter ce même roi de comédie qui ne laissait pas âme qui vive sans l'envoyer en prison. Abordons notre sujet.

J'ai entendu dire qu'un nommé Horace écrivit aux Pisons
une lettre fort sévère où il malmenait rudement les compositions métriques ; et son imitateur, M. Boileau, m'a appris un
certain nombre de préceptes pour qu'un homme sans mesure puisse tailler et découper quiconque parle très mesurément sur un ton mélodieux et rythmé.

Je commencerai par une faute oratoire, car je n'aime pas
débuter par la louange pour mordre à la fin. Je laisserai mes
panégyriques pour la dernière partie de l'œuvre qui, à mon
avis, les mérite bien. Préparez-vous maintenant à entendre
des vérités immenses, ou, pour mieux dire, des vérités prosaïques, car vous savez fort bien qu'un poète présente la vérité d'une façon différente à nous autres, les gens de prose.
J'imiterai mes maîtres.

Vous auriez dû effacer beaucoup de vers que je trouve prosaïques ou vulgaires (1) ; ou je n'ai pas l'oreille musicale,
ou... ce sont là des phrases de rhétorique. Excusez mon audace ; mais vous m'avez livré ce poème et je puis le rendre en miettes, si bon me semble.

Ensuite, vous auriez dû laisser reposer ce chant comme le
vin qui est dans la cuve pour le retrouver froid, le déguster
et l'apprécier. La précipitation est une grande faute chez un
poète. Racine passait deux ans à faire moins de vers que
vous et c'est pour cela qu'il est le plus pur versificateur des
temps modernes.

(1) Olmedo, dans l'édition définitive de son chant, mit à
profit tous ces conseils et perfectionna son œuvre.

13

Le plan du poème, qui est bon en réalité, présente un défaut capital dans son dessin.

Vous avez tracé un cadre trop petit pour y placer un colosse qui remplit tout l'espace et dont l'ombre voile tous les autres personnages. L'Inca Huaina Capac semble le sujet principal du poème ; c'est lui le Génie, lui la sagesse et c'est lui enfin le héros. D'un autre côté, ce n'est pas naturel, je crois, qu'il loue d'une façon indirecte la religion qui l'a anéanti, et moins naturel encore qu'il ne désire pas le rétablissement de son trône, donnant ainsi la préférence à des étrangers intrus qui, tout en vengeant son sang, ne sont pas moins les descendants de ceux qui détruisirent son empire : personne ne vous trouvera d'excuse à un tel détachement. La nature doit présider à toutes les règles et cela n'est pas dans la nature. Vous me permettrez aussi de vous faire observer que cet Inca-génie qui devait être plus léger que l'air, puisqu'il vient des cieux, se montre un peu bavard et prolixe, ce que les poètes n'ont jamais pardonné au bon roi Henri dans sa harangue à la reine Elisabeth ; or, vous le savez, Voltaire possédait des titres à l'indulgence et cependant il n'échappa point à la critique.

Le début du chant est retentissant : c'est la foudre de Jupiter tombant sur la terre pour assourdir les Andes qui doivent souffrir la sans pareille prouesse de Junin. Ici vient à propos un précepte de Boileau qui loue la modestie avec laquelle Homère commence sa divine *Iliade* ; il promet peu et donne beaucoup...

. . . .

... Je m'arrête pour ne pas paraître rigoureux et injuste envers qui me chante.

La tour de Saint-Paul sera votre Pinde et l'abondante Tamise se transformera pour vous en Hélicon. Là, vous trouverez votre chant plein de spleen et, tout en évoquant l'ombre de Milton, vous ferez une belle application de ses diables à nous-mêmes. Avec les ombres de beaucoup d'autres illus-

tres poètes vous vous trouverez mieux inspiré que par l'Inca,
qui, en vérité, ne devait savoir chanter que des *yaravis* (1).
Pope, le poète de votre culte, vous donnera quelques petites
leçons pour que vous vous remettiez de certaines chutes
auxquelles Homère lui-même n'a pas échappé. Vous me
pardonnerez si je m'abrite derrière Horace pour dicter mes
oracles. Cette mauvaise langue s'indignait de ce que l'auteur
de l'*Iliade* se fût endormi parfois et vous savez que Virgile
avait un vif regret d'avoir fait une fille aussi divine que
l'Enéide après l'avoir engendrée pendant neuf ou dix années.
Ainsi, mon ami, limer et limer encore pour polir les ouvrages
des hommes. J'aperçois la terre : je cesse ma critique, ou
plutôt mes coups de bâton d'aveugle.

Je vous confesse humblement que la versification de votre
poème m'a paru sublime. Vous conservez dans la plus grande
partie du chant une chaleur vivifiante et continue : quelques-
unes des inspirations sont originales ; les pensées sont nobles
et belles ; la foudre que votre héros confie à Sucre produit un
effet plus grand que la cession des armes d'Achille à Patrocle.
La strophe 130 est remarquablement belle ; j'entends rouler
les tourbillons des chars et je vois les essieux s'embraser :
tout cela est grec, homérique. L'entrée en scène de Bolivar
à Junin rappelle, bien que de profil, la silhouette de Turnus
et d'Enée sur le point d'en venir aux mains. La part que
vous faites à Sucre est guerrière et grande. Et quand vous
parlez de La Mar, je me remémore Homère chantant son ami
Mentor ; bien que les caractères soient différents, le cas est
semblable ; et, d'ailleurs, La Mar ne pourrait-il pas être considéré comme un Mentor guerrier ?

Laissez-moi vous demander, mon cher ami, où vous avez
puisé tant d'enthousiasme poétique pour maintenir d'un

(1) Les *yaravis* sont des mélopées touchantes et plaintives,
chantées par les Indiens, dont on a pu conserver quelques
modèles.

souffle égal ce chant du premier au dernier vers ? La fin de la bataille donne la victoire et vous l'avez gagnée, parce que vous avez terminé votre poème d'une façon délicieuse avec de hautes pensées et des idées philosophiques. Votre retour aux champs est pindarique et j'y ai goûté un si grand charme, que je l'appellerai divin.

Poursuivez, mon cher poète, la belle route qui vous a été ouverte par les Muses avec votre traduction de Pope et l'hymne à Bolivar.

Pardonnez-moi, mon cher ami, pardonnez-moi ; le coupable c'est vous, qui m'avez improvisé poète.

Votre ami de cœur,

BOLIVAR.

Comme bien on pense, Olmedo répondit à Bolivar. Il accepte respectueusement ses observations, mais c'est brièvement qu'il plaide sa cause, en invoquant la liberté du génie, qui ne supporte pas d'entraves. Voici sa lettre :

Londres, le 19 avril 1826.

. . . .
. . . .

Toutes les observations que vous m'adressées sur mon chant de Junin ont, plus ou moins, quelque degré de justice. Vous devez avoir vu que dans la vilaine édition que je vous adressai j'avais effacé quelques taches qui ne l'avaient pas été dans le manuscrit par suite de mon désir de vous envoyer au plus tôt une cantilène, œuvre de mon cœur bien plus que de mon imagination. Plus tard j'y ai fait d'amples corrections et de considérables additions ; mais, comme le plan n'a pas été changé, au cas où il serait imparfait, il demeure imparfait.

Le temps et l'humeur ont manqué pour y faire une modifi-
cation qui devait tout bouleverser. Loin de ma patrie et de
ma famille, entouré d'ennemis et d'occupations graves et très
pénibles, non, ce n'était pas le moment, Monsieur, d'accorder
ma lyre.

Le chant s'imprime en ce moment avec beaucoup de luxe
et sera publié la semaine prochaine. Il porte en première
page le portrait du héros, passablement ressemblant, avec la
médaille que lui décerna le Congrès de la Colombie et une
gravure qui représente l'apparition dans les nuages et l'oracle
de l'Inca. Il faut au chant tous ces ornements accessoires
pour paraître convenablement parmi des étrangers.

Une de mes raisons, outre celles déjà indiquées, pour ne
pas avoir bouleversé de fond en comble le poème, c'est que
tel qu'il fut conçu il a eu le bonheur d'être goûté par des
palais délicats et difficiles (ceci probablement à cause du but
visé). Rocafuerte (1), pour un double motif, y applaudit en des
termes qui me flatteraient beaucoup, s'il n'avait une si grande
affection pour le héros et pour l'auteur. D'autres, qui passent
et toujours passèrent pour des connaisseurs, ont écrit et publié des analyses sur cette composition ; or je me réjouis, non
pas d'être loué, mais d'avoir réalisé (pas trop indignement)
un désir de mon cœur, ancien et très vif, et de m'être acquitté
de la vieille dette contractée par ma Muse envers ma patrie.

Tous les points de votre lettre mériteraient une réponse
sérieuse ; mais cela ne peut se faire aujourd'hui. Cependant,
puisque vous me servez si souvent Horace et votre Boileau
qui veulent et ordonnent que les débuts des poèmes soient
modestes, je vous répondrai que toutes ces règles et tous ces
tracés sont bons pour ceux qui écrivent didactiquement ou
pour l'exposition du sujet d'un poème épique. Mais, quel est
l'homme assez hardi pour prétendre enchaîner le génie et di-

(1) Rocafuerte, deuxième Président de la République de
l'Equateur. Nous en parlerons plus loin.

riger les emportements d'un poète lyrique? Toute la nature lui appartient, que dis-je, la nature? Toute la sphère du bel idéal est à lui! Un beau désordre, voilà l'âme de l'ode, comme l'a dit votre même Boileau. Si le poète s'élève, laissez-le faire, tout ce qu'on doit exiger de lui, c'est qu'il évite la chute. S'il se maintient haut, son rôle est rempli; les critiques les plus sévères en restent ébahis, la bouche grande ouverte, et la plume leur tombe de la main. D'un autre côté, j'avoue que plus il tombe de haut, plus sa chute est honteuse, autant que la fuite d'un fanfaron est ignominieuse. Le début *ex-abrupto* des odes de Pindare est ce qu'il y a de plus admirable dans ses chants. L'imitation de ces débuts *ex-abrupto* donnait lieu à ce qu'Horace fût rapproché de Pindare.

Vouliez-vous aussi me faire chercher un modèle dans le chantre du roi Henri? Qu'y a-t-il de commun entre ce roi et vous? Il triompha d'une faction et vous, vous avez affranchi des nations. Je reconnais fort bien que les derniers exploits méritaient une épopée; mais je ne suis pas taillé pour cet emploi; et, le serais-je, je me garderais fort bien de traiter un sujet où le moindre ornement passerait pour une inexactitude ou une flatterie, la moindre fiction pour un mensonge *mal trovato*; au moindre égarement, on me ferait rougir en me renvoyant aux gazettes. Voilà pourquoi, si de telles œuvres doivent avoir quelque chose de merveilleux, il faut que leur action, leur héros et leur cadre soient à un demi-siècle au moins de distance. Qui sait si mon humble chant de Junin n'excitera pas un jour l'imagination d'un de mes petits-fils!!...

Les principales critiques formulées par Bolivar peuvent se résumer ainsi : début emphatique; quelques vers prosaïques; grossissement des personnages du poème, qui semblent des héros de la fable, plutôt que des guerriers modernes; usurpation de la première place dans

le plan de la composition par un Inca qui apparaît dans
les cieux et tient un langage aussi peu sincère et peu naturel qu'il est long et diffus. En·revanche, la part
d'éloges est considérable : la versification lui semble
sublime ; les inspirations originales ; les pensées nobles
et belles ; la chaleur, l'enthousiasme poétique, le souffle
animent et soutiennent le chant d'un bout à l'autre et il
y a des périodes qu'il qualifie de grecques, dignes d'Homère ou de Pindare, de divines. Au prix de telles
louanges, combien de poètes, dont les œuvres ne sont
même pas admises à l'honneur de la discussion, accep-
teraient volontiers une plus grande dose de critiques !

Olmedo, dans ses lettres, reconnaissait comme des
défauts capitaux du poème sa longeur et le manque
d'unité ; mais il s'extasiait sur la beauté du plan ; aussi,
dut-il être très surpris du reproche que Bolivar lui fit
de l'avoir manqué ou mal tracé en donnant la première
place à l'Inca. Ce plan qu'il avait vanté comme magnifique et hardi, grand et sublime, il persistera à le trouver
excellent, et il tiendra toujours pour heureuse l'apparition de Huaina Capac. Il l'a dit dans la réponse à Bolivar
précédemment transcrite ; il va le répéter dans la lettre
suivante qu'il lui adressa dix mois plus tard, le 14 janvier 1827, pour le remercier d'avoir consenti à lui envoyer ses lettres de rappel !...

. . . .

J'ai reçu une lettre de ma famille, datée de septembre.
Elle est remplie de joie, d'espoir et de gratitude envers vous
pour la promesse formelle que vous lui avez faite de me rappeler. C'est vous qui deviez me procurer le premier moment
de plaisir que j'ai goûté sur le sol étranger... Je suis sorti
hors de moi-même à cette nouvelle et dans mon premier

transport je commençai à méditer un second chant qui, devant être très important quant à son but, fit contraste par son genre avec le précédent. Des scènes champêtres de Cachiri, au lieu des champs sanglants de Junin ; des parties de chasse, des prairies où paissent les troupeaux, des repas sur l'herbe ; des siestes à l'ombre fraîche des arbres, au lieu de bataille et de carnage. *Il y aurait eu aussi un oracle comme celui de l'Inca,* sur les projets pacifiques que vous méditez pour apaiser le Venezuela, en opposition aux scènes horribles d'Ayacoucho. Des chants et des danses de bergers, au lieu de plaintes, d'alarmes et de rencontres où coule le sang ; de l'amour, au lieu de haine et de fureur ; de la modération au lieu d'emportement ; des groupes de jeunes gens de l'un et l'autre sexe, au lieu des prisonniers qui fermaient la marche triomphale du vainqueur. Enfin, pour imiter les anciens, je voulais terminer avec une apothéose et c'est ici que commença mon embarras dans le choix de l'endroit du ciel où je devais placer la constellation de mon héros. Ce ne pouvait être auprès du Lion, car celui-ci étant le symbole de l'Espagne, vous ne l'auriez pas laissé vivre en paix. Auprès de la Vierge, non pas, car outre qu'entre un saint et une sainte il faut un mur de pierre et de chaux, on médirait de ce voisinage d'une vierge et d'un militaire et, pour cette raison, je le garderais plutôt pour les poètes qui, assure-t-on, sont moins dangereux. Vous imaginez-vous quel bouleversement astronomique, si un héros, par un hasard imprévu, allait faire perdre à sa voisine sa réputation et son nom ! Pas davantage je ne vous mettrais auprès du Bélier, du Taureau ou du Capricorne, parce que je ne veux pour votre front d'autres branches que celles du laurier. Où donc ? Où ? Ne craignez point de rester sans place. J'ordonnerai au Scorpion, (c'est-à-dire à l'*Alacrán* (1), qui est mon compatriote), je lui ordonnerai de replier sa noueuse et

(1) Mot espagnol équivalent de l'autre ; mais plus commun en Amérique.

longue queue pour vous faire une place plus grande que celle
qu'il fit jadis à Auguste par ordre de Virgile...

Nous avons souligné la phrase où il est question d'un
oracle pareil à celui de l'Inca pour montrer jusqu'à quel
point Olmedo se réjouissait de l'apparition et de la prophétie de Huaina Capac et, par conséquent, du plan de
son premier poème. Il était tout disposé à le retracer
de même dans un deuxième chant. Quel chagrin profond n'aurait-il pas ressenti de l'opinion de son héros,
lui, qui avait à cœur de chanter Bolivar de préférence à
tout autre, s'il n'avait eu, en même temps, celle, sincère
ou indulgente, mais très favorable et consolante, d'esprits supérieurs, « connaisseurs et difficiles », parmi les
quels Andrés Bello et José Joaquin de Mora. Les extraits
suivants rendront évidente son affirmation sur ce point.

Andrés Bello a dit : (1)

La matière du chant sur la Victoire de Junin présentait un grave obstacle ; car, du moment qu'il s'agissait de
deux grands événements, il était difficile de la réduire à
l'unité du sujet qu'exigent, avec plus ou moins de rigueur,
toutes les productions poétiques. Olmedo se servit d'un moyen
ingénieux pour vaincre cette difficulté. Tout se passe à Junin,
tout se rattache à cette première affaire, tout forme, en réalité, partie d'elle-même. Grâce à l'apparition et à la prophétie
de l'Inca Huaina Capac, Ayacoucho est transporté à Junin et
les deux journées s'enchaînent pour n'en former qu'une. Ce
plan fut tracé, à notre avis, avec beaucoup de jugement et
de bonheur. La bataille de Junin seule ne donnait pas la liberté au Pérou. La bataille d'Ayacoucho la rendit décisive ;

(1) « Repertorio Americano », tome I, p. 54.

mais le général Bolivar n'y commandait pas en personne.
Aucune des deux ne suffisait seule à présenter dignement la
figure du héros ; à Juniu nous ne l'aurions pas vu tout entier ; dans Ayacoucho nous l'aurions vu trop loin. Il fallait à
tout prix rapprocher ces deux points et les identifier et le
poète a su tirer de cette nécessité même de grandes beautés,
car la partie la plus splendide et la plus animée de son chant
est, sans aucun doute, l'apparition de l'Inca. Quelques-uns
ont accusé cet incident d'être inopportun, parce que, préoc-
cupés par le titre, ils ne se sont pas rendu compte du véritable plan de l'ouvrage. Ce qu'on y introduit comme un incident est en réalité une des parties les plus essentielles de la
composition et peut-être la plus essentielle. C'est le propre
de la poésie lyrique de ne pas marcher directement au but.
Tout en elle doit paraître l'effet d'une inspiration subite ; le
poète obéit aux impulsions de la divinité qui l'agite sans la
moindre apparence de préméditation et fréquemment nous
le voyons délaisser une route et en prendre une autre, attiré
par des objets qui forcent irrésistiblement son attention. Nous
ne trouvons donc rien de blâmable dans le plan du « Chant
pour Bolivar » ; mais nous ne savons pas s'il n'eût pas été
préférable de réduire les dimensions de ce bel édifice à une
échelle moindre, car il n'est pas naturel que les emportements de l'âme, qui autorisent seuls les libertés de l'ode,
durent un temps trop long.

Bello, jugeant le poème dans son ensemble, ajoute :

Le style est élégant, animé et témoigne d'une grande fami-
liarité avec la langue poétique castillane. Le coloris est aussi
brillant qu'harmonieuse la versification et dans tout le chant
règne une variété que la matière du sujet permettait à peine
d'espérer.

Le poète espagnol José Joaquin de Mora (1) a dit à son tour :

Un artifice ingénieux pouvait seul former le *simplex et unum* recommandé par Horace et indispensable dans toute composition artistique... La prophétie de l'Inca a vaincu l'obstacle d'une façon vraiment épique, d'accord avec l'exemple des grands poètes de l'antiquité.

Torres Caicedo se range à l'avis des auteurs précédents...

L'apparition de Huaina Capac produit un effet admirable qui résout heureusement la difficulté où se trouvait le poète de célébrer deux grands faits d'armes et cela sans faire tort à l'unité de style, rien qu'en mettant à profit la grande liberté et l'adresse qui doivent régner dans la poésie lyrique (2).

Les frères Amunategui, déjà cités, dans leur acrimonieux *Jugement critique sur Olmedo,* couronné par l'université du Chili, en 1859, se déclarent beaucoup moins enthousiasmés par l'apparition de l'Inca, qu'ils traitent de « fantasmagorie ridicule qui n'émeut pas le lecteur et n'a pas dû émouvoir le poète ». Ils reconnaissent pourtant que l'artifice employé par Olmedo a réussi pleinement à réunir en une seule deux actions différentes, « bien que d'une façon apparente, factice ».

De beaucoup plus de poids dans la discussion est l'appréciation sortie de la plume de l'écrivain colombien Caro, aussi judicieux qu'érudit. Ses critiques ne peuvent être suspectées de partialité, comme pourraient l'être,

(1) Mora (José Joaquín de). « Correo literario y político de Londres ». Tome I, num. 2º.

(2) *Ensayos biográficos,* t. I. p. 124.

même à tort, celles des auteurs espagnols, qui abondent
dans le sens des frères chiliens ; M. Caro a été toujours
un des plus fervents admirateurs du poète. Or, il nous
dit en parlant de l'apparition de l'Inca :

Ce fut à un moyen violent qu'Olmedo eut recours en faisant surgir ce *Deus ex machinâ.* Et voilà quelle est la partie
de son chant dont il se félicite le plus pour le plaisir qu'il
éprouve d'être sorti vainqueur d'une difficulté et parce qu'il
s'imagine que tout succès est de bon aloi. Le travail *impon-*
dérable du plan ne pouvait être que celui qui résultait du besoin de développer une idée capitale absurde, ayant à régler
et à ordonner par la bouche de l'Inca une foule de choses
que le poète, et non son apparition, devait dire sur Ayacoucho, sur la liberté du Pérou et les destinées de l'Amérique.

M. Caro ajoute plus loin :

Ce que l'Inca prédit dans une harangue très longue, pouvait être présenté sous forme de songe ou de vision de Bolivar
lui-même, accablé de fatigue après le combat, avec cet avantage qu'un songe, tout en étant moins invraisemblable, plus
mystérieux et plus poétique qu'une apparition aussi déplacée
que celle de l'Inca, seyait bien à l'âme prophétique du Libérateur (1).

L'éloquent écrivain et poète colombien M. Rafael
Pombo a répondu aux observations antérieures de son
compatriote :

Il faut en convenir, le problème était compliqué et n'ad-
mettait pas de solution irréprochable, mais je m'incline à accepter celle que donna le poète, parce que je vois dans

(1) *Repertorio Colombiano.* Tome II (janvier à juin 1879),
p. 444 et suivantes.

Huaina Capac, d'un côté, le Génie du Nouveau-Monde, plus intéressé encore que Bolivar et Sucre à son passé et à son avenir,... et, d'un autre, un prétexte indispensable pour décrire la seconde bataille, ce qu'il fit avec l'ampleur, la vivacité et la fraîcheur de la réalité, qui sont là des conditions préférables, selon mon goût, au style prophétique et mystérieux dont aurait dû se servir la vision surhumaine d'après M. Caro. On ajoute que la prédiction est ennuyeuse, parce qu'elle se prolonge trop ; mais je doute qu'on puisse signaler où commence, (pour un américain du moins), l'ennui du lecteur puisque en ouvrant la description d'Ayacoucho, la voix de l'Inca est exactement celle du poète et, s'il décrit en grand poète, il ne saurait guère ennuyer. Notre ami nous a suggéré qu'un songe de Bolivar aurait mieux tiré d'embarras l'auteur ; mais, sans parler d'autres désavantages, Bolivar n'aurait pu se louer lui-même ni être son propre conseiller et les réminiscences pénibles, ainsi que les contrastes historiques, sortent de l'esprit de celui qui était le mieux autorisé pour en parler et pour avoir ces sentiments. Au reproche de Bolivar, basé sur la nature humaine, le barde répond en lui montrant Huaina Capac qui se trouve déjà dans le séjour de paix et de lumière, incompatible certainement avec la rancune et la vengeance, mais non pas avec la justice, ni avec la contemplation de la vérité entière et de l'unité de notre race (1).

A la dernière partie de cette défense l'académicien espagnol Cañete riposte que :

l'enthousiasme fougueux de Pombo l'a empéché de voir que le séjour de paix et de lumière, demeure céleste de l'Inca, n'est pas si incompatible que cela avec la rancune et la vengeance, ou bien alors le Huaina Capac d'Olmedo n'était qu'un

____

(1) Notice lue le 6 août 1882 à l'Académie Colombienne.

coquin indigne d'y habiter, car il ment en attisant les rancunes quand il se fait entendre (1)... »

Le langage de l'Inca a donné lieu aussi à des divergences d'opinions entre les critiques, et, parmi ses plus grands admirateurs américains eux-mêmes, la plupart l'ont avec raison trouvé excessif et par cela injuste et ont adressé leurs vifs reproches au poète de n'avoir fait d'exception en faveur d'aucun autre espagnol que Las Casas. A ceci, il est vrai, on peut répondre avec M. Ballén que tous les vers mis dans la bouche de l'Inca dans le passage qui commence par ces mots : « Guerre à l'usurpateur », sont l'image très fidèle des sentiments de l'époque, tels que les éprouvaient et exprimaient les personnes les plus éclairées et les plus distinguées ; tels qu'on les retrouve dans les journaux, dans les harangues militaires, les documents officiels et dans les proclamations de Bolivar ; « ces sentiments et ce langage demeurèrent identiques même après la fin de la guerre (2)... »

Le poète Félipe Pardo y Aliaga dans son épître en vers à Olmedo, en 1829, s'exprime ainsi :

Ne faut-il pas déplorer les horreurs de la féroce conquête quand, pour cimenter le pouvoir royal des monarques lointains, les ministres du cruel despotisme commirent le sacrilège stupide de faire couler le sang des Incas mêlé à l'eau du baptême ?

Et l'illustre père du critique Caro lui-même, dans un

(1) *Escritores Españoles y Americanos.* — Madrid 1884, p. 336, note.

(2) José Joaquin de Olmedo. — Paris 1896, p. VI.

sonnet sur Bolivar, dédié à Olmedo, en 1834, n'a-t-il pas
appelé la domination espagnole « le règne du délit » et
montré le héros écrasant sous ses pieds « le monstre
maudit par le Tout-Puissant » ? (1)

Olmedo, d'ailleurs, rappelle à dessein le nom de Las
Casas après les imprécations de l'Inca, car ce saint
prêtre, tout espagnol qu'il était, a fait des rapports ter-
riblement éloquents sur la conduite des conquérants en
Amérique. L'histoire impartiale nous a édifiés depuis
longtemps à ce sujet. Aussi, l'Espagne aujourd'hui doit
s'indigner moins du langage d'un poète dont l'excessive
violence prend sa source dans le souvenir des faits exé-
crables, malheureusement vrais et fréquents, comme
dans l'exaltation des esprits à l'aurore de la liberté,
qu'elle ne doit déplorer d'avoir été si mal servie par des
fonctionnaires qui, pour la plupart, ne songeaient qu'à
satisfaire leur ambition et leur cupidité et non à la faire
aimer.

Un seul écrivain français, croyons-nous, M. Thalès
Bernard (2), a publié une étude sommaire du poème
La Victoire de Junin, qu'il considère comme « une
composition sans valeur quant au fond (?), mais qui
intéresse les Américains à cause de l'énergie extraordinaire qui respire dans chaque vers ». Sa critique, sans
grande valeur elle, étant assez superficielle, se borne à
dire, après avoir rappelé qu'Olmedo débute « par une

(1) Ce sonnet n'a pas été inséré dans le volume des *Poésies
de Caro*, publié à Madrid dans la *Colección de Escritores Cas-
tellanos*.

(2) *L'Athenœum français*, 1855, vol. 4 : Les Poètes hispano-
américains. — J.-J. OLMEDO. — Thalès BERNARD. — No. 8,
p. 155, 24 février 1855.

apostrophe dans laquelle il célèbre les Andes qui vont assister au triomphe de Bolivar » :

le poète était plus fort en enthousiasme qu'en géographie historique, car les pyramides d'Egypte, qui ont aussi leur grandeur, n'ont pas été jetées au sol ; elles se dressent encore dans le désert pour attester l'intelligence sublime d'un peuple qui a vaincu le néant de la mort. Mais on peut pardonner une licence littéraire à un homme né dans un pays où nul monument n'a jamais attesté la puissance du génie humain et où la nature garde conséquemment toute sa grandeur et toute sa majesté......

M. Bernard qui, en adressant ce reproche à Olmedo, semble ignorer à son tour que de nombreux vestiges attestent l'importance des monuments élevés par les Incas dont la civilisation était très avancée, constate ensuite que le poète a décrit avec une énergie sauvage la lutte terrible des Américains et des Espagnols. Il ne semble pas choqué par l'apparition et la longue prophétie de Huaina Capac, mais il déclare qu'on est un peu surpris de voir dans les derniers vers, « écrits avec facilité, mais qui indiquent une mauvaise éducation littéraire », les Grâces sourire au pied des Andes et que l'on ne peut excuser cette allusion mythologique qu'en se rappelant l'année dans laquelle le poème a été écrit (1826) et le genre de livres qui pouvaient composer la bibliothèque d'un américain avant la libération.

Olmedo, est-il besoin de le dire ? en souhaitant que tendrement parfois les Grâces le regardent, a tout simplement désigné d'une façon galamment poétique, sous la forme de ces divinités païennes, ses belles compatriotes que Humboldt appelait les Géorgiennes de l'Amérique.

Aprés avoir exposé quelques-uns des jugements divers portés sur le chant d'Olmedo, faut-il dire ce que nous pensons, à notre tour, de ces critiques?

Olmedo, trop imbu des règles poétiques d'Horace vou·lut se plier aux lois des trois unités, tout en chantant ensemble deux événements qui s'étaient passés en des lieux différents, bien qu'à peu de temps de distance. Il agissait ainsi dans le but très compréhensible et très naturel de célébrer en première place, dans un chant destiné à glorifier les hauts faits du peuple américain, celui qui avait été le promoteur et l'âme de son indépendance. Olmedo crut réussir dans ce projet en faisant apparaître dans la nue l'Inca Huaina Capac qui, le soir de la bataille de Junin, prédit celle d'Ayacoucho et les destinées heureuses de l'Amérique. Ce moyen est-il aussi adroit, aussi heureux que les uns l'affirment ou n'est-il que ridicule et puéril comme les autres le prétendent? Sans le trouver sublime, ni même fort ingénieux, il nous faut convenir pourtant que l'artifice ne nous choque pas outre mesure, accoutumé que nous sommes à en trouver de semblables dans beaucoup de grandes compositions lyriques antérieures à celles d'Olmedo.

Si Huaina Capac parle trop longtemps, Bolivar est celui qui devrait le moins s'en plaindre, car de la bouche de l'Inca sortent les louanges les plus flatteuses à son adresse, et les plus éclatants témoignages de sa sagesse de son désintéressement, propres à inspirer pleine confiance dans ses actes. La description de l'apothéose triomphale en son honneur suffirait à elle seule pour faire pardonner la longueur de la prophétie et de l'hymne des Vestales. Tout ce que l'Inca raconte ou prédit, mis dans la bouche d'un simple mortel qui raconte-

rait un rêve, n'aurait pas autant de grandeur et produi-
rait un effet moindre. Bolivar n'aurait pu, d'ailleurs,
être ce mortel-là, car il lui était difficile, comme l'a dit
M. Pombo, de se couvrir de fleurs lui-même.

Les apparitions du genre de celle de l'Inca ne sont-
elles pas fréquentes, non seulement chez Homère, Virgile, Lucain et beaucoup d'autres auteurs grecs et latins,
mais aussi chez un grand nombre de poètes plus rap-
prochés de nous ? Parmi les écrivains espagnols, où
peut-être Olmedo trouva des modèles, l'évocation
d'ombres célestes ou infernales, qui se mettent en communication directe avec les humains a été de tout temps
un procédé poétique très courant. Quintana, Martinez
de la Rosa et Gallego l'ont tour à tour employé. Le mélange du merveilleux païen au merveilleux chrétien est
très fréquent dans les *Lusiades*. Adamastor, le géant du
Cap, dans le chef-d'œuvre de Camoëns, se dresse devant
Vasco de Gama et ses marins pour prédire la tempête,
comme Huaina Capac apparaît à Bolivar et ses guerriers
pour prédire la bataille.

Si l'on n'a en vue, dans la critique, que l'invraisem-
blance de l'apparition, ne devra-t-on pas adresser pareil reproche à Dante, qui se promène à travers des
Cercles fantastiques, guidé par Virgile, et y trouve et fait
parler même des gens qui vivaient encore et se portaient fort bien ? L'ombre de Banquo poursuivant Macbeth sur la scène, celle du Commandeur dans le Don
Juan de Molière ou de Zorilla, rentrent dans la même
catégorie d'artifices créés par l'imagination des poètes,
qui peut se permettre tout, quand ce tout est assaisonné
par le génie et embelli par la poésie. Certes le songe
d'Athalie répond mieux aujourd'hui à notre goût de la réa-

lité ; mais la Divine Comédie, les Lusiades, Macbeth, et Don Juan, pour ne citer que ceux-là, ne sont pas moins des chefs-d'œuvre.

Que le discours de Huaina Capac soit long, nous en convenons volontiers ; mais pourquoi nous en plaindre, si à l'écouter parler, une fois que nous avons admis sa présence, nous n'éprouvons ni fatigue ni ennui ? Or, peut-il ennuyer, un américain surtout, celui qui dans un langage élevé, harmonieux et varié, prédit des choses éclatantes ayant pour but le triomphe de la liberté, préconise la concorde et l'union aux peuples émancipés du joug et laisse entrevoir de grandes destinées ?

L'Inca se mêle-t-il de ce qui ne le regarde pas ? Parle-t-il un langage qui n'est pas sincère ou naturel ? Pour répondre à ceci, il faut rappeler que Huaina Capac, aussi puissant conquérant qu'administrateur habile, avait fait la grandeur de sa patrie et que son empire était le plus florissant et le plus étendu de tous ceux que les conquérants saccagèrent dans l'Amérique Méridionale. Nul n'était mieux désigné que lui pour personnifier l'Amérique elle-même et Olmedo l'a choisi de préférence, non pour flatter les Péruviens, mais parce que dans sa bouche rien n'est déplacé de ce qui a trait à la grandeur et à la prospérité des peuples de cette moitié du continent. En ne voyant en lui que l'Amérique elle-même, ou le Génie du Nouveau-Monde, comme a dit le poète Pombo, il n'y a plus rien d'étonnant à ce que l'Inca retrouve la trace de son sang chez Bolivar et ses guerriers et les appelle ses fils, comme Bolivar lui-même, dans sa réponse au messager du Congrès péruvien, appelle tous les Péruviens, les fils des Incas. Et

cela ne veut pas dire qu'ils soient des indiens ou des
métis ; mais, simplement, des fils du sol américain. De
même, il n'y a plus à se demander s'il est sincère en déclarant qu'il ne veut plus voir revivre la puissance ab-
solue des Incas. Inspirée par Dieu, qui lui révèle ses
propres destinées, l'Amérique, personnifiée par l'Inca
comprend ce qui convient le mieux désormais à son
bonheur. Elle sait que le terme de la domination espagnole est irrévocablement fixé et très proche ; mais il
faut que ce soient ses fils qui la régénèrent et pour les y
encourager elle leur rappelle les malheurs des races
aborigènes, de ses premiers enfants, le despotisme, le
joug écrasant des conquérants et leurs fatales luttes fratricides. L'Inca ne ment pas en faisant ce récit et il
nous prévient que c'est avec calme et noble dédain pour
les oppresseurs qu'il s'entretient dans l'empyrée avec les
empereurs du Mexique, ses frères, des tourments soufferts jadis. La rancune n'agite plus son cœur et son être
immortel ne peut plus tressaillir d'horreur ni de colère.
Las Casas non plus n'avait pas menti et il a été traité
par ses compatriotes de fanatique et d'imposteur,
comme Olmedo nous le rappelle dans une note. Le poète
eut tort, cependant, de ne faire que l'unique exception
de ce saint prêtre dans ses invectives contre tous les
conquérants, car il y en eut d'autres humains et chari-
tables et de ce nombre fut, certes, le glorieux Hernando
de Soto, qui découvrit la Floride après avoir été le compagnon de Pizarre ; mais les autres, plus ou moins connus, n'ont pas laissé, malheureusement, des preuves
historiques aussi éclatantes de leurs bienfaisants efforts
pour protéger la race indigène. Le poète a dépassé la
mesure en voulant donner plus de relief à un exemple

qui, s'il ne fut pas le seul, fut le plus grand et le plus
touchant (1).

Tout lecteur impartial, américain ou non, pensera
comme nous qu'Olmedo n'a pas donné des dimensions trop
surhumaines aux guerriers qui prennent part aux actions
qu'il a décrites. C'est la modestie de Bolivar qui l'a poussé
à un tel reproche, de la même façon qu'il appelait « une
pauvre farce » sa merveilleuse campagne et ses glorieux
travaux. Le récit du poète est toujours conforme à la
réalité et à la vérité historique ; mais, qu'avait-il besoin
de les travestir, ces étonnantes prouesses ! Il en est
parmi celles qu'il n'a pas racontées, parce qu'elles se
sont passées ailleurs que sur ces champs de bataille péruviens, pendant cette gigantesque lutte de l'Indépendance, il en est qui, certainement, pourraient un jour,
si, dans des siècles futurs un poète les chantait, passer
pour des créations fabuleuses d'une imagination exubérante !...

Nous avons donné notre appréciation sur les principaux reproches adressés à Olmedo ; mais si, voulant
faire la part belle aux critiques, nous admettons, à ne
considérer le chant d'Olmedo que sous le rapport de la
poésie, que l'apparition de l'Inca et des Vestales est aussi

____

(1) Le poète Mera n'a-t-il pas été aussi dur lorsque, longtemps après Olmedo, il s'écriait en parlant des conquérants...
« alors les prêtres, les soldats et ceux qui n'entraient dans aucune de ces deux catégories étaient des tyrans. L'influence du
monde, de ce monde espagnol transplanté en Amérique nivela
tout et prêtres et soldats et juges et simples aventuriers, tous,
tous se transformèrent en conquérants cruels, en colonisa-
teurs avares, en trafiquants sans conscience ! »... (Mera, *loc.
cit.*).

étrange qu'invraisemblable ; que Huaina Capac parle
trop longtemps et s'exprime d'une façon injuste et peu
naturelle ; que les guerriers semblent des personnages
mythologiques ; que c'est une faible récompense pour
Bolivar et Las Casas d'être logé au ciel dans la compagnie des Incas, et que, dans toute la composition,
sautent aux yeux les défauts nombreux et importants
qu'un lecteur plein de bon sens et de bon goût ne saurait
accepter ni excuser ; nous refuserait-on d'admettre ce que
les écrivains espagnols eux-mêmes ont déclaré : que le
chant d'Olmedo survivra et sera toujours admiré, non
pas parce qu'il est parfait, mais malgré ses taches, car
on y trouve des beautés nombreuses, indéniables. Est-il
besoin d'en rappeler quelques-unes ?

Tout le début de l'ode, où les images sont pleines
d'arrogance lyrique et de grandeur, renferme une leçon
de haute philosophie sur le néant des plus grandes vani-
tés humaines. En quelques mots tracés par le génie du
poète, nous avons la vision éblouissante des Andes, qui
se dressent dans toute leur beauté impassible et magnifique, mieux que ne pourrait le faire l'habile pinceau
d'un artiste sur la toile ; les vers consacrés à la muse de
Pindare, le passage où il compare l'ardeur des guerriers
à celle des coureurs des jeux olympiques, sont dignes
des maîtres antiques, ses modèles, et, tout à fait remarquable, plus particulièrement homérique, le récit de la
transformation d'Achille, si heureusement mise en pa-
rallèle avec celle de la jeunesse péruvienne ; la présen-
tation de Bolivar avant le combat est d'un effet inoubliable. Le poète décrit en guerrier, comme s'il y avait
pris part, les deux batailles, d'une main ferme et vigoureuse, dans un style pathétique et parfois sublime, sans

que l'une d'elles puisse nuire à l'impression que produit
l'autre dans l'esprit du lecteur. Comment ne pas nous
intéresser et nous émouvoir aux malheurs de la race
aborigène retracés fidèlement par l'Inca? Non moins
touchante et saisissante est la strophe destinée à montrer l'arrogant Espagnol qui lutte avec courage et désespoir et qui succombe vaincu, en maudissant le sort, alors
qu'au souvenir de ses gloires passées, lui, le vainqueur
de Baylen, voyait dressés déjà les arcs de triomphe dans
Lima pour célébrer sa victoire ! L'invocation à la Liberté
a autant de grandeur que de noblesse et l'hymne des
Vestales, où il y a d'heureuses réminiscences de Lucrèce,
illumine le paysage, comme l'arc-en-ciel se dessinant
dans les nuages après un terrible orage. Le splendide
triomphe de Bolivar pourrait servir de canevas à un artiste habile pour une superbe composition allégorique.
La fin de l'ode, qui charme par sa note mélancolique et
douce, révèle en même temps la modestie et la noble
fierté de la grande âme du poète.

Avec son imagination ardente et vive, Olmedo eut
l'art de donner au chant la plus grande variété. Les
belles descriptions, les attrayants épisodes d'histoire
antique ou américaine y alternent avec les éloquentes
harangues, les sages maximes, les invectives passion-
nées et les portraits rapidement tracés, mais vigoureux
et vrais, des principaux chefs qui secondaient Bolivar,
ceux de Sucre et de Cordova surtout. Il y a des comparaisons brillantes, parées de toute la richesse de la
poésie, comme des contrastes habilement préparés gra-
duant l'horreur des scènes de carnage avec le pittoresque des scènes riantes. Si, dans ce chant consacré à
des héros modernes, les allusions à des sujets antiques,

à des événements d'âges différents, sont nombreuses,
elles arrivent toujours à propos. La muse de Pindare y
élève la voix et la lyre d'Homère fait entendre ses accents
guerriers. La rencontre d'Achille et d'Hector, l'audace
de Colomb, la puissance des Incas, la destruction de
l'empire du Soleil, les supplices des empereurs aztèques, l'ombre de Napoléon, « vainqueur de l'Europe »,
l'âme compatissante de Las Casas, animent et varient
les tableaux sans heurter le goût, à la vive satisfaction
du lecteur, tandis que passent rapidement devant ses
yeux, comme projetés par une lanterne magique : les
pyramides d'Egypte et la Cordillère des Andes, les ruines
de Carthage, l'Aréopage et le Capitole, le temple du
Soleil ou de Pacha-Camac. La patrie de Washington y
est aussi désignée de façon très originale par la plus
resplendissante des étoiles que porte le drapeau de
l'Amérique du Nord.

Partout, dans *La Victoire de Junin* règne une émotion née du plus pur enthousiasme patriotique. Un
souffle épique passe sur l'ode entière et, sans défaillance,
l'anime et la soutient. Il y a des vers qui, — comme des
vers du Cid ou d'Athalie ont enrichi la langue littéraire
française, — sont eux aussi passés en expressions pro-
verbiales dans la langue hispano-américaine :

« Quien no espera vencer ya está vencido...

De quien se atreve más el triunfo ha sido...

.... Lidiar con valor y por la patria
Es el mejor presagio de victoria...

. . . . Y, aunque herido,
Sale con la victoria y con la vida...

.... Y otro nombre conquista con sus hechos...

   Lo grande y peligroso,
Hiela al cobarde, irrita al animoso...

     . . . . . . ¡ Unión oh pueblos,
Para ser libres y jamás vencidos !...

La Piña ostenta el cetro de Pomona...

    La parlera fama
Que es la gloria y tormento de la vida etc., etc. »

On a fait remarquer que certains vers respirent la langueur et la mollesse, d'accord avec les sentiments qu'ils
expriment ou les caractères qu'ils dépeignent,

   « ¿ Son esos los garzones delicados
   Entre seda y aromas arrullados ? »

comme il en est d'admirables par leur vérité physique
et leur vérité poétique.

   El sol que :
   « En mayor disco menos luz ofrece »

Pour qu'une œuvre de la nature du chant d'Olmedo
survive et reste populaire, il faut, outre les qualités
d'inspiration et de style, que le poète s'y soit fait l'interprète fidèle des sentiments exaltés, vibrants, mais
sincères et profonds, qui circulent autour de lui, ou le
puissant écho des exploits d'un héros, accomplis sous
l'impulsion d'une idée humaine, généreuse et bienfaisante, telle que la liberté des peuples. Il faut encore
qu'elle renferme de grands exemples, de saines leçons,
de sages préceptes de philosophie et de morale et qu'elle
vise à faire naître au sein des nations un courant d'aspiration vers un idéal noble et pur, vers une condition

sociale meilleure où la paix inébranlable et la liberté
garantie laissent grandes ouvertes les portes à la civilisation et au progrès. Le poème du poète équatorien
présente un assez grand nombre de ces belles qualités
qui le rendent digne de la postérité. Et, à juste titre,
s'il n'avait pas été si modeste, aurait-il pu affirmer,
comme son maître Horace :

Eregi monumentum ære perennius.

Au point de vue de l'idée morale, on trouverait à
faire un rapprochement, toutes proportions gardées,
entre l'*Hymne à Bolivar* et les épopées d'Homère,
comme on a trouvé un rapport intime entre celles-ci
et la Divine Comédie. Le chantre d'Achille et d'Ulysse,
dit-on, voyant la Grèce morcelée en petits Etats, ennemis réciproques, comprit qu'une force extérieure pouvait
changer la liberté en servitude et voulut démontrer aux
Grecs, vainqueurs des Troyens, la nécessité de la concorde. Quel est le but qu'Olmedo a poursuivi dans son
poème ? Chanter Bolivar et ses exploits, oui certes ;
mais il a eu aussi en vue de prévenir que l'Amérique,
divisée en nombreux Etats qui, tôt ou tard et tour à
tour, pouvaient se déchirer entre eux, fût exposée de
nouveau à l'invasion et à la domination de l'étranger et
vît sa liberté, si chèrement acquise, se changer un jour
en nouvelle servitude ou disparaître sous le joug d'un
chef trop ambitieux. Aussi, après avoir rappelé les
maux soufferts par le continent américain depuis la
conquête et avoir étalé l'horreur de la récente lutte, il
démontre, dans ses conseils à Bolivar et aux peuples
affranchis, la nécessité de la concorde et de l'union

pour les Américains, vainqueurs des Espagnols, en leur donnant comme exemple l'imposante Cordillère des Andes, dont les liens sont indissolubles (1).

Il est un autre rapprochement ayant trait à la nationalité d'Olmedo et d'ordre inférieur celui-là, qui a été fait entre le poète de l'Iliade, et le chantre de Bolivar. La ville de Guayaquil, où naquit Olmedo, fut tour à

(1) Que n'ont-ils écouté cette voix prophétique que le poète fait descendre de la nue ? Que ne se sont-ils pas inclinés devant le salutaire avis en formant une grande confédération, rêve le plus cher de Bolivar lui-même ? Combien différent ne serait-il pas le sort des peuples du sud et du centre de l'Amérique, s'ils avaient réglé leurs destinées d'après l'exemple de ceux du Nord. Cette grandiose et bienfaisante idée semble de plus en plus irréalisable en présence des intrigues des partis et des ambitions des médiocres. Il semble, pourtant, que cette belle pensée n'a jamais cessé de flotter sous le ciel de l'Amérique latine, sans cesse agitée par des luttes fratricides qui paralysent le progrès et amoindrissent les ressources. De temps en temps elle fait pousser des germes qui, malheureusement, ne jettent pas de bien vivaces racines. Ni le fameux Congrès de Panama sous l'égide de Bolivar, ni celui de Lima, réuni en 1846 dans un but analogue, n'ont pu mener à un résultat pratique ce projet. Il y a peu de temps, nous avons vu encore dans l'Amérique Centrale, sous la menace continuelle de vexations de la part d'une vieille nation qui abuse de sa puissance, les petits États se rapprocher et chercher à cimenter une fraternité très louable qui revêtit la forme malheureusement illusoire et passagère d'une Union confédérée. Quoi qu'il en soit, Olmedo aura eu raison de s'adresser aux peuples américains, pour leur dire :

« Peuples dans l'union votre force réside
Peuples, unissez-vous ! Qu'elle soit votre guide
Et, libres, vous serez toujours victorieux ! »

tour, nous l'avons dit, une ville espagnole, dépendant de l'autorité militaire du Pérou ; puis, après avoir été une ville libre, elle fit partie de la Grande-Colombie et finit par rester équatorienne. Rien d'étrange à cela, dans une époque où la carte de l'Amérique se fractionnait en Etats nouveaux, en Républiques qui naissaient peu viables et dont les débris en formaient d'autres. Olmedo, bien qu'attaché profondément au sol qui le vit naître, n'en fut pas moins, en raison de transformations politiques successives : espagnol-américain, péruvien, colombien, équatorien. Aussi, la Colombie et le Pérou, qui lui accorda d'ailleurs spontanément des lettres de naturalisation, peuvent-ils aujourd'hui disputer à l'Équateur ce fils illustre, tandis que l'Espagne le réclame à son tour, fière de cet enfant né sous le régime colonial et s'enorgueillit de sa gloire. Sept villes de la Grèce se disputaient aussi le berceau d'Homère.

IX

Olmedo, chargé d'affaires à Londres. — Ses relations et sa
correspondance avec Andrés Bello, homme d'Etat vénézuélien et l'insigne chantre de la Végétation de la Zone
Torride.

Le gouvernement du Pérou décerna spontanément à
Olmedo le titre de péruvien de naissance le 15 janvier
1825 et Bolivar, au mois d'août de la même année, lui
confia une mission diplomatique en Europe. Il le chói-
sit à cet effet, non pour récompenser celui qui l'avait
admirablement chanté, — Bolivar, inaccessible à la
flatterie, n'était pas homme à agir sous l'influence de
pareils sentiments, — mais, comme il l'écrivit au poète :
« parce qu'il n'avait trouvé personne autour de lui
capable de remplir cette mission aussi dignement et
avec plus de zèle. »
Ce fut pendant son séjour dans le vieux continent
que le poète équatorien se lia avec le poète vénézuélien,
Andrés Bello, d'une amitié profonde dont la noblesse
et la sincérité nous sont révélées dans les lettres échan-
gées entre les deux amis et dans les vers émus inspirés

à Bello, resté à Londres, par l'éloignement d'Olmedo, qui se trouvait alors à Paris.

Ames généreuses nées pour se comprendre et s'estimer, le chantre de l'Agriculture de la Zone Torride et celui de la Victoire de Junin, aussitôt qu'ils se connurent, devaient se lier d'une affection intimement cordiale. Comme Gœthe et Schiller en Allemagne, ces deux génies, grandis pour la gloire sous l'influence féconde du soleil ardent des tropiques, à peine se mirent-ils en contact parmi les brouillards de la Tamise, qu'ils ouvrirent leur cœur aux charmes d'une amitié fraternelle, attirés l'un vers l'autre par la communauté d'origine, de langage, de penchants et de goûts. Prêtres d'un même culte, passionnés du même idéal, habiles à faire éclore des fleurs poétiques d'un arome égal ou semblable, pénétrés des mêmes sentiments, étrangers aux misères de l'envie, il leur suffit de quelques jours de fréquentation pour se considérer comme des amis intimes de toute une vie. Anxieux de resserrer de plus en plus le lien d'une tendresse mutuelle et désintéressée qui les avait unis tout de suite, ils profitèrent de l'occasion que leur offrait l'accroissement de la famille de Bello avec la naissance d'un fils... pour qu'Olmedo, en le portant sur les fonts baptismaux, ajoutât ainsi à la qualité d'ami la parenté spirituelle qui en résultait (1).

La correspondance d'Olmedo et de Bello mériterait d'être insérée ici tout entière, car rien ne pourrait mieux nous servir à dépeindre les caractères simples, mais élevés, foncièrement honnêtes et bons des deux poètes. Nous devons nous borner dans cette étude à citer les passages les plus intéressants de quelques lettres du poète qui nous occupe plus particulièrement aujourd'hui. Les sentiments les plus exquis y rivalisent

(1) Cañete, *loc. cit.*, p. 195.

avec les pensées les plus délicates, reflétant toujours dans
un style spirituel et imagé son âme tendre et sensible.

Quelques jours s'étaient à peine écoulés depuis
qu'Olmedo avait laissé son ami à Londres et qu'il lui
avait annoncé son arrivée à Paris dans les termes que
nous avons déjà transcrits (1), lorsque le 9 février 1827,
il lui adressait ces lignes :

C'est moi qui suis un sot, car sachant que les chars ne
vont qu'avec deux roues, que les hommes ne marchent
qu'avec deux pieds et que les oiseaux ne volent qu'avec
deux ailes, j'ai attendu une réponse de vous jusqu'à présent,
quand je ne vous ai pas écrit deux lettres. Aussitôt que j'ai
compris cela, je me suis empressé de remédier au tort que
je me suis fait par ma distraction. Comment agirez-vous
envers moi quand je serai plus loin !

Cet aimable reproche est suivi, quelques lignes plus
loin, de cette déclaration affectueuse :

Après nous être trouvés réunis à deux ou trois reprises,
je vous ai tenu pour un de mes meilleurs amis et je crois
aujourd'hui que notre amitié est vieille de plusieurs années.
Il m'est arrivé presque la même chose dans l'intimité douce
et sincère de M. Madrid (2). Je ne sais ce qu'ont de si collant

(1) Voir le premier chapitre.

(2) FERNÁNDEZ MADRID (José), docteur en droit et poète renommé, né à Cartajena (Colombie) en 1789, figure des plus
sympathiques dans la lutte pour l'indépendance du sol natal.
Après la révolution du 20 juillet 1810, il fut nommé successivement procureur général, député au congrès général et
président de la République. Fait prisonnier par les Espagnols,
il fut exilé pendant neuf ans à la Havane. Ministre plénipotentiaire en 1825, à Londres, jusqu'à sa mort, survenue le
28 juin 1830. Parmi ses drames il faut citer ATALA et GUATI-
MOZIN.

tous ces maudits poètes ! Je parle de ceux qui ne sont pas satiriques, parce qu'alors ils appartiennent au *genus irritabile* des femmes et des prêtres (1), et ne sont pas nés pour se créer beaucoup d'amis.

. . . .

Je sais que vous êtes nommé Ministre de Colombie à cette cour. Je me réjouis que vous ayez dans votre pays des per-

(1) Amplification du *genus irritabile vatum* d'Horace. Olmedo professait des idées très libérales en tout, même en religion. Dans une lettre adressée aussi à Bello et datée de Guayaquil le 31 janvier 1847, nous lisons les lignes suivantes, qui confirment cette opinion : « Si dans les librairies bien fournies » du Chili vous trouvez la *Divine Epopée* de Soumet, je vous » serai reconnaissant de me l'envoyer... Je vous assure que » l'argument de ce poème m'a rempli, ou plutôt m'a fait dé- » border de joie. Qu'est-ce que l'incendie de Troie et la ruine » d'un empire ; qu'est-ce que la fondation d'un autre, après » avoir vaincu de peu importantes hordes de sauvages ; qu'est- » ce que la conquête d'un sépulcre vide et la fondation d'un » royaume petit et éphémère ? Qu'est-ce que tout cela en » comparaison de la liberté des enfers et de la rédemption » des anges réprouvés ? Je ne sais si chez d'autres cette idée- » là produira une aussi grande impression que chez moi. Il » se peut que non, parce que chez moi elle a trouvé un ter- » rain tout préparé... Il y a longtemps que très souvent cette » pensée m'agite, (ceci entre nous), que la rédemption du » genre humain est incomplète, imparfaite et peu digne d'un » Dieu infiniment miséricordieux. Il nous délivra du péché, » mais non de la mort. Il racheta nos péchés, mais il nous » laissa tous les maux qu'engendre le péché. C'est ce que fait » le premier libérateur venu, Bolivar par exemple : il nous » délivra du joug espagnol et nous laissa tous les désastres » des révolutions »... Ces derniers mots surprennent et dé- tonnent sous la plume du chantre de la victoire de Junin, quelque affaibli qu'il fût par l'âge et par les maladies.

sonnes qui ne vous oublient pas ; mais, pour m'en réjouir
tout à fait du fond du cœur, je voudrais savoir auparavant
comment vont là-bas les finances, car votre situation, mon
cher ami, à vous parler avec toute la franchise de mon âme,
m'est doublement sensible, parce que vous en souffrez et
parce que je ne p...

Le poëte arrête par délicatesse, à la première lettre,
le mot de sa phrase, que l'on devine ; mais chagrin et
regret sont si sincères qu'à peine il lui sera possible de
réaliser le désir de son cœur, il s'empressera de lui
écrire, le 16 juillet de la même année :

Apprenez que je suis plus difficile que vous et moins résigné au silence de mes amis.

Le Gouvernement m'a remis par le Cambodge quinze mille
piastres pour appointements, frais de Légation, etc., etc. Il
en fallait d'urgence dix-sept mille. Il a fallu laisser à découvert les trous les moins exigeants, (vous tâcherez de comprendre comment un trou peut être plus ou moins exigeant ;
mais je l'ai écrit et je n'ai pas le temps de corriger cela) ; de
façon qu'il nous reste quelque chose de la forte somme et je
puis dire que j'en ai de trop parce que je n'en ai pas eu
assez.

Quoi qu'il en soit, je puis vous écrire avec franchise et
sincérité ce qui suit :

Mon ami, vous me donnerez une joie et une preuve d'amitié
en faisant usage de la lettre ci-jointe sans me parler jamais
de ce qu'elle contient. Procurez-moi ces deux plaisirs...

On ne peut s'empêcher de reconnaître le tact avec lequel le poëte diplomate rend service à son cher collègue
et ami tout en ménageant sa susceptibilité. Et, pourtant,
lui-même se trouvait alors dans une situation de fortune

très précaire, qui rendait difficile l'accomplissement de
sa mission. Il recevait peu d'argent de son gouvernement. Nous en avons la preuve dans ces deux lettres
qu'il avait adressées dans le courant de l'année 1826 au
Libérateur :

Notre situation ici ne peut être plus désagréable. Les causes
en sont nombreuses. J'en indiquerai les deux suivantes :
1° Nous nous trouvons sans ressources pour vivre, car nous
ne pouvons recouvrer une piastre des emprunts antérieurs.
L'agent Kinder, (avec qui négocièrent García del Río (1) et Pa-
roissien et ensuite Robertson, malgré la triste expérience acquise, car entre tous ceux-ci il y a une sainte alliance,
comme je vous l'ai déjà dit), est un homme sans crédit et,
ce qui est pire, sans ressources. (Ne vous étonnez pas si je
donne ici plus d'importance aux ressources qu'au crédit, car
sur le marché on voit les choses à l'envers qu'en morale).
Par conséquent, nous ne pouvons rien attendre de Kinder ;
rien non plus de l'emprunt que nous sommes venus négocier, parce qu'on ne doit pas le négocier dans les circonstances funestes de cette place, où les fonds ont
baissé considérablement ; ceux du Mexique sont au 51 ;
ceux de Colombie au 47 et ceux du Pérou au 25 ;
bientôt nous serons au niveau de ceux de Grèce ou d'Espagne.
Il faut ajouter à ce tableau que les fonds de la Légation ap-
portés par nous du Pérou et une partie de mes fonds personnels, sont venus de la Jamaïque en traites sur Londres et
tout a été englouti dans le gouffre de Goldshmidt, ce fameux
banquier du Gouvernement Colombien et de plusieurs puis-

(1) GARCÍA DEL RÍO (Juan) 1794-1856. Américain distingué,
né en Colombie, journaliste et homme politique, l'ami et le
ferme soutien de San Martin. Il fut le prédécesseur malheureux d'Olmedo à Londres, comme agent diplomatique de Bolivar.

sances européennes, de qui je vous ai parlé dans une autre
lettre à propos de sa faillite bruyante et de sa mort plus
bruyante encore. Avec ces renseignements vous pouvez vous
faire une idée de la situation des plénipotentiaires du Pérou
à Londres. Mais ce motif, quelque odieux qu'il soit, n'est
pas intolérable pour celui qui compte ici sur un ami et sait
vivre de peu. La raison principale de notre souci et de notre
malheur, c'est que nous avons passé le 15 avril, jour où les
premiers dividendes de cette année devaient être payés et
M. Kinder ne les a pas payés, bien qu'il eût entre les mains
des fonds destinés à cet effet et bien qu'il nous eût promis à
plusieurs reprises de s'acquitter de ce devoir, qui est de la
plus grande importance. A ce sujet une tempête s'est dé-
chaînée dans le commerce. Cette faute est toujours honteuse
dans toutes les circonstances, parce que le public en cette
matière ne raisonne que d'après les faits et les paiements.
Le gouvernement qui ne paye pas, soit par sa propre mauvaise foi ou par celle de ses agents, soit par sa pauvreté ou
parce que l'envoi des fonds a été retardé accidentellement,
perd toujours son crédit et la confiance qu'on a en lui,
toujours, même si l'on sait que ses ressources sont immenses, qu'il a Bolivar dans son sein, qu'il a détruit tous
ses ennemis et qu'il resplendit de tout l'éclat de l'or et de la
victoire.

Les créanciers ne nous laissent pas vivre un instant; ils
viennent nous voir en masse; ils se plaignent, ils se déso-
lent, ils nous demandent des explications à ce sujet; ils implorent un espoir; enfin, ils ne nous quittent pas, parce
que, comme je viens de le dire, s'il est honteux de ne pas
payer dans toutes les circonstances de la vie, dans l'actuelle
cela est horrible et fatal; beaucoup de familles comptent sur
ces intérêts pour vivre et aujourd'hui que tout est paralysé,
que les faillites dépassent le nombre de 600 et que l'argent ne
circule pas, personne n'a les moyens d'exister...

Cette lettre si digne, qui révèle la probité et la droiture du patriote américain, est suivie quelques mois après de cette autre, qui montre combien il était écœuré de sa situation difficile et embarrassée ; mais aussi, combien grand était son respect pour Bolivar et scrupuleuse son abnégation dans l'accomplissement de ses devoirs.

S'il est vrai que vous avez pour moi quelque affection ; si ce n'est pas une formule banale, cette expression d'ami de cœur qui termine vos lettres ; si le chantre de Junin mérite quelque chose et, enfin, si vous croyez que je n'ai pas été un homme tout à fait inutile à ma patrie et à la cause américaine, je vous prie, aussi instamment que cela m'est possible, de m'envoyer ou d'ordonner qu'on m'envoie l'autorisation de repartir. N'en soyez pas surpris ; ne m'accusez pas. Je ne veux pas partir demain ; je ne me hâterai pas de partir aussitôt que j'en aurai l'autorisation ; car, même en l'ayant et malgré tout, je serais un déserteur si je laissais pendantes les affaires qui m'ont été confiées. Je me flatte que vous me ferez la faveur de me croire peu capable d'une aussi vilaine action inspirée par un intérêt ou un avantage personnel. Avec l'autorisation anticipée que je sollicite ma seule intention est d'être en règle et prêt pour le moment où les affaires seront arrangées ; car, ce moment-là venu, je prévois qu'une année s'écoulera d'ici que le mémoire parte, que l'original se perde ou s'égare, qu'il arrive, qu'il soit approuvé, qu'il parte et soit de retour ; ce temps d'absence je puis l'épargner et en profiter pour l'éducation de mes deux filles chéries...

Chacune des lettres d'Olmedo nous révèle une ou plusieurs qualités de son âme et fait grandir notre admiration pour le poète avec notre estime pour l'homme dont

le cœur était si haut placé. La modestie fut une des
vertus qu'il pratiqua le plus :

Envoyez-moi vos commissions par écrit et faites-moi savoir
quels sont les livres que je dois acheter pour vous et pour
moi,

dit-il, dans une lettre de Paris, le 1ᵉʳ décembre 1826, à
Bello, en lui donnant une preuve d'estime et de défé-
rence, de confiance dans son bon goût et son jugement
éclairé qu'il estime supérieurs aux siens. Dans une
autre lettre, datée du mois de mars 1827, il s'exprime
ainsi, en parlant du poète Madrid :

Pour vous donner une idée du caractère de cet ami, il me
suffira de vous dire qu'il a la candeur et la bonté de me
donner ses vers à corriger et, ce qui est plus rare, la docilité
d'écouter mes observations. Nous autres, (ceci entre nous
deux), ceux qui avons peu de génie, nous sommes très amis
d'enseigner et, nous érigeant en professeurs, (chose toujours
facile), nous pensons acquérir une réputation que nous ne
pouvons soutenir avec nos œuvres. Les compositions les plus
parfaites ont leur point vulnérable et toute notre manie con-
siste à les attaquer par leur partie faible. Et cela nous réussit
parfaitement, car vous savez qu'avec semblable ruse l'effé-
miné Páris lui-même terrassait les Achille. Il est vrai qu'un
ami, que j'aime beaucoup et que vous connaissez bien,
me fit une ou deux fois à Londres la même faveur. Mais je
me garderai bien de le croire pour cela aussi bon que
Madrid. Celui-ci n'a rien fait que je puisse le soupçonner,
tandis que l'autre rusé, qui sait si, en me livrant ses vers,
il n'usait pas envers moi d'un raffinement de délicatesse,
(bien naturelle chez lui), comme pour cicatriser quelques
petites blessures que peut-être il supposait à tort avoir faites

à l'amour-propre du chantre de Junin avec le bienfaisant
cautère de sa critique.

Quelques jours plus tard il lui écrivait :

Mon très cher ami,

Si vous me disiez que vous désirez me voir pour m'embrasser, vous m'écririez une phrase douce et flatteuse pour moi ;
mais quand vous dites que vous désirez me voir pour me demander des conseils, vous m'adressez un compliment qui
doit être risible puisque je me suis mis à rire.

Je songe à repartir bientôt ; mais si vous réalisez votre
projet de venir au printemps, qui déjà de tous côtés prépare
les roses de sa couronne, je retarderai mon voyage afin de
passer avec vous un mois au moins. . . . .
...... Vous êtes le démon. Ainsi, vous pensez que je puis
faire des vers maintenant, et ici, et vite, et pour le Répertoire ! Vous avez vu le peu que j'en ai chez moi. Ils sont indignes, je ne dis pas de la presse publique, mais même
de la presse du pupitre où ils dorment en paix. Si vous aviez
suivi mon insinuation, vous auriez, dans un des premiers
numéros, donné des nouvelles de la traduction de la première épître de Pope, et, de cette façon, vous étiez à même
de pouvoir en publier la seconde dans les suivants, bien entendu après l'avoir limée, châtiée et corrigée ; chose qui ne
peut être à personne aussi facile qu'à vous. Ainsi, vous m'auriez accordé ce nouvel honneur et vous m'auriez stimulé à
continuer un travail que chaque jour je me vois plus éloigné
de terminer.

Mais, dans mon désir de vous être agréable de toute façon,
je vous propose de vous donner une poésie très supérieure à
tout ce que je puis donner, même de très affiné. C'est une

ode *Aux peuples de l'Europe* (1824) de cent trente vers en strophes régulières. C'est une bonne composition de Madrid, la meilleure de toutes les siennes, à mon humble avis. Il m'a autorisé à vous l'offrir ; mais elle ne doit pas porter son nom, parce que, dans sa qualité de diplomate en Europe, ce serait très mal vu qu'il parlât de la Sainte Alliance des Rois et des Peuples comme il le fait dans ses vers. Il faudra donc la signer ainsi : « Un Colombien, 1824 »...

Dans une lettre datée de Paris le 2 juillet 1827 et portant cette adresse, rue Taitbout 42, il s'écrie :

Quand mes bras commençaient à s'ouvrir d'eux-mêmes, pour vous embrasser croyant que pour le moins vous seriez à la barrière de Clichy, je reçois avec votre lettre du 28 juin la douche froide la plus complète que puisse recevoir un ami ou un amoureux impatient sur ses espérances.

Je suis très heureux de vous savoir content de Madrid. Il ne pourrait pas en être autrement.

Je n'ai pas vu le troisième Répertoire... Si vous ne m'étiez pas si connu, j'aurais un vrai chagrin de la *détestabilité* (comme vous dites) de votre article sur l'Horace de Burgos... Ou je me trompe fort sur votre caractère, ou vous avez un amour-propre tout à fait exquis. Je désire vivement voir votre critique, et, bien que je n'aie pas autour de moi mes bouquins, ce qu'il m'aurait fallu, je critiquerai comme je pourrai votre critique (par ici, aujourd'hui, la critique sert d'atout) ; attendez-vous à des vérités nues, mais pourtant honnêtes. — Pour faire croire que je sais quelque chose, je me montre très sévère avec les compositions d'autrui...

L'indulgence d'Olmedo envers les autres et sa sévérité excessive envers lui-même se manifestent clairement dans les lignes antérieures. Personne, en tant que poète, n'a vécu plus mécontent toujours de ses œuvres que lui, qui ne les trouvait jamais aussi finies, aussi impeccables qu'il aspirait à les faire, sans que pourtant la moindre pensée de basse envie ou de mesquine rivalité se mêlât à ses regrets. Son ami lui ouvre les colonnes de son Répertoire ; loin de saisir avec empressement cette occasion d'y étaler son nom au pied de quelque production insignifiante, comme l'aurait fait un versificateur vulgaire, il se récuse par modestie, craignant de ne pouvoir rien produire qui fût digne du public, au milieu des incessantes occupations et préoccupations, très prosaïques, de son poste et aussi parce qu'Olmedo n'a jamais écrit de grande poésie, sans que l'inspiration, née d'une sensation puissamment ressentie, ne l'ait dictée. Mais s'il ne peut rien donner de lui-même, il offre les vers d'un émule où il ne voit qu'un ami et il le fait spontanément, simplement, parce que son âme est bonne et grande, appréciant comme elle le méritait l'ode de Madrid qui passe, en effet, pour être la plus belle des compositions de ce poète que l'on juge, cependant, inférieur à Olmedo et à Bello. Ainsi, sans l'ombre d'une rivalité, aussitôt qu'un de ses amis soumettait à son jugement une poésie qui eût quelque mérite, la bonté innée d'Olmedo s'exaltait et il se prodiguait en éloges qui compensaient largement les critiques que la droiture de son esprit et son bon goût lui imposaient. Comment, avec un cœur aussi sensible, n'aurait-il pas éprouvé la joie la plus vive et manifesté l'enthousiasme le plus sincère lorsqu'il reçut les vers exquis sur son absence, où Bello éprouvait le besoin d'épancher sa tristesse, car, comme a dit Rotrou :

L'ami qui souffre seul fait une injure à l'autre.

Laissons parler Olmedo de nouveau :

Si je n'ai pas répondu à votre très belle lettre du mois dernier et si je ne vous ai pas écrit aussi fréquemment que je le
faisais, n'en accusez personne que vous-même. Depuis que
nous nous sommes séparés, je me suis mis à vous écrire
aussi souvent que je le pouvais et, avec la meilleure foi du
monde, je laissais courir ma plume et il en sortait ce qu'il
en sortait. Mais aussitôt que vous m'avez dit que vous sa-
vouriez mes lettres et que vous m'avez révélé ce secret, que
ma plume était délicate et gracieuse, je me suis trouvé tout
changé, désirant pour la première fois écrire pour plaire et
pour soutenir ma réputation d'homme gracieux et délicat.
Or, comme la négligence a été toujours tout mon art, à
peine ai-je eu des prétentions, je me suis trouvé hors de mon
élément, embarrassé et irrésolu, difficile, lent, mécontent,
cherchant enfin pour mes lettres autre chose que de simples
expressions d'amitié. Cette situation n'était pas agréable et,
sans y penser, je l'ai prolongée de jour en jour ; lenteur qui
m'a été profitable, car, si je ne me trompe pas, il me semble
que déjà commence à se dissiper la fumée de l'ivresse causée
par la magique euphonie de votre lettre. (Remarquez que je
n'en suis pas encore bien guéri)...

De tout cela il résulte, en dernière analyse, que je suis un
sot, puisque, n'ayant pas trouvé à dire des choses agréables
et délicieuses, je me suis privé de votre très douce correspondance, pour ne pas démériter de vous et vous êtes si docile, que vous vous êtes résigné facilement à mon silence...
A ces motifs très graves se sont ajoutés d'autres qui m'ont
empêché de prendre la plume : des discussions odieuses et
longues avec mon collègue ; la nouvelle de votre prochaine
arrivée (puisse-t-elle être immédiate !) et une correspondance
officielle de ces dernières semaines, etc., etc.

Je n'ai pas vu le troisième numéro du Répertoire... Je ne puis donc rien vous dire sur la critique de Burgos. Vous vous trompez quand vous me dîtes que vous ne voulez pas mettre mon amitié aux prises avec ma sincérité... Je ne suis jamais aussi sincère que lorsque j'aime. Personne mieux que vous n'a eu la preuve de ce qu'est mon caractère ; à ma première visite, avant de vous connaître, avant de vous aimer, rappelez-vous que je fus sincère envers vous.

Je ne puis vous promettre des vers pour le Répertoire. Il me semble que j'ai déjà perdu ce charme. . . . . . .

. . . .

Soit parce que les quarante vers improvisés comme début d'une épître (1) ont un mérite réel, soit parce que je vois avec un vif intérêt tout ce qui vient de vous ; soit parce que les mots de Patrie, Guayas, Virginie (2), ont une magie irrésistible pour mon oreille et pour mon cœur ; quoi qu'il en soit, ce qu'il y a de certain, c'est que peu de choses m'ont plu autant dans le même genre que ces quarante vers là. Je les préfère, et je parle avec franchise, je les préfère, aux meilleurs passages de la meilleure épître des Argensola (3). Il n'y a rien de comparable à votre éloge du chantre de Junin. Voilà quelle est la vraie manière de louer... Qui pourrait souffrir une louange directe à brûle-pourpoint ? Et qui peut résister à celle qui, par un sentier détourné, vient timide,

---

(1) Il s'agit de l'*Epître à Olmedo* d'Andrés Bello, aussi affectueuse que spirituelle, écrite à Londres en 1827 et publiée au Chili, après sa mort, dans les *Œuvres complètes* du poète par M. Miguel Luis Amunátegui.

(2) Olmedo avait donné le nom de la patrie de Washington à sa fille et à sa propriété rurale.

(3) *Les Argensola*, poètes espagnols (Lupercio Leonardo, 1565-1613) — (Bartolomé Leonardo, 1566-1631) qui ont été appelés les Horaces d'Espagne et les Jumeaux d'Apollon.

modeste comme une vierge qui désire et ne peut exprimer
sa passion, mais qui veut être devinée ?

Oui, mon ami, rien n'est comparable à cette délicatesse.
Je lis cent fois ces vers et, chaque fois, ils me ravissent davantage. Et que dirai-je de cet ami :

« Qui, lorsqu'il me verra, goûtera plus de joie que celle
qu'il découvrira sur mon visage ! »

Pourquoi ne terminez-vous pas votre épître, mon cher
Bello ? Sachez que ce serait une composition exquise.

Adieu, votre, votre,

OLMEDO.

Et dans une autre lettre il ajoute :

Je demande, je supplie, j'exige *oportune importune*, que
vous terminiez l'épître que vous aviez commencée à mon intention. Chaque fois elle me plaît davantage. Continuez-la à
l'endroit où vous l'avez laissée ; la suite en est naturelle et
facile : peignez-moi au milieu de scènes champêtres, entouré
de mes deux filles chéries ; répandez toutes les séductions,
toutes les fleurs sur elles et ne craignez pas d'en dire trop ;
dépeignez-moi ravi, etc. Rien ne pourrait m'être plus
agréable.

Il est compréhensible qu'à une preuve touchante
d'amitié Olmedo ait répondu en ces termes chaleureux,
étant donnés ses sentiments naturels, mais il faut dire
aussi que la poésie de Bello, écrite en tercets du mode
italien, renferme les traits les plus aimables et les plus
heureusement exprimés, propres à susciter même l'enthousiasme d'un ami moins facilement vibrant que le
poète équatorien. Cette épître fut terminée plus tard

et elle est publiée dans le recueil de M. Ballén (1).

Le moment, tant désiré par Olmedo, de retourner dans sa patrie, arriva lorsque les deux amis se trouvaient de nouveau séparés. Notre poète devait partir de Londres et c'était Bello qui, cette fois-ci, était à Paris. Le chagrin de cette séparation qui devait être définitive, — les deux amis ne se revirent jamais, — est affectueusement exprimé dans cette lettre d'adieu, simple, mais d'autant mieux touchante :

Londres, le 27 mars 1828.

Mon cher ami,

Le moment est arrivé. Quand vous lirez ce petit mot, je serai loin de Londres ; mais ceux qui s'aiment ne sont jamais loin. Je vous emporte, mon cher Andrés, dans l'âme et dans le cœur, — et très au fond. Ah ! si nous pouvions nous revoir en Colombie ou au Pérou ! Quelle joie pour moi si nous pouvions nous revoir ! Quelle joie si je pouvais contribuer moi-même à cette réunion ! Quelle joie si je vous voyais dans

(1) Elle contient soixante tercets et débute à peu près ainsi :

> Je sens, cher Olmedo, qu'il faut que je te dise
> Que je ne puis plus vivre ainsi toujours sevré
> De ton amitié tendre autant qu'elle est exquise.
>
> Maudit soit ce Paris, si fameux à ton gré,
> Avec tous ses plaisirs et ses sorcelleries,
> Par qui je suis réduit à vivre seul, navré.

la situation que vous méritez ! Un pressentiment ! Dieu veuille
que je ne me trompe pas !

Votre souvenir et celui de votre fine amitié seront au petit
nombre des regrets que j'emporterai de Londres. Transmet-
tez l'expression de mon amitié à mon aimable commère (1)
et mes caresses à vos enfants, plus spécialement à mon
filleul. Et adieu, mon Andrés. Toujours, toujours à vous de
cœur.

José Joaquín.

Au mois d'Août de la même année, à peine arrivé
au Chili, à mi-chemin de son voyage, Olmedo s'empressa de donner à Bello des nouvelles de sa traversée :

Ma navigation a été longue, désagréable et ennuyeuse ; la
fin en a été cruelle. Le bonheur de fouler cette terre de mes
désirs s'est changé dans le plus amer chagrin de ma vie. J'ap-
prends à l'improviste que j'ai perdu le plus cher bien de mon

---

(1) Le mot de commère, *comadre*, par lequel Olmedo aimait à désigner, à la fin de ses lettres, la femme de son ami,
est, comme celui de compère, toujours trivial dans la langue
française et, par cela même, peu employé dans le sens qui
lui est donné par le poète ; mais il n'en est pas de plus fami-
lier en Amérique, à l'Equateur surtout, pour exprimer un
sentiment affectueux entre deux personnes de même rang et,
parfois aussi, de classes différentes. C'est une façon aimable
de remplacer l'appellation froide et cérémonieuse de Monsieur ou Madame, par un terme moyen, qui marque un certain degré d'intimité respectueuse. Aussi, il y a peu de temps
encore, dans certaines villes d'Amérique, à l'époque du car-
naval, l'usage était fort répandu d'échanges de bonbons et de
fleurs accompagnés de vers, entre jeunes gens et jeunes filles.
A défaut d'enfants à faire porter sur les fonts baptismaux, ils
suffisaient à octroyer et à prendre le titre de *compadre* et de
comadre, sanctionné par les mœurs locales.

cœur, celui qui m'était destiné comme la consolation de ma vieillesse, la seule joie de ma vie et mon unique distraction au milieu des maux et des désastres qui menacent ma patrie... Je suis l'homme le plus insensible du monde, du moment que je ne meurs pas de douleur. Je vous écrirai de Lima.

Adieu. Votre ami désolé,

OLMEDO.

La nouvelle douloureuse à laquelle le poète fait allusion était celle du décès de sa fille aînée, qu'Olmedo apprit à Valparaiso.

Les relations affectueuses entre les deux poètes ne se ralentirent jamais. La distance et les troubles civils des Républiques américaines n'empêchèrent jamais leurs épanchements cordiaux. Au mois de janvier 1833 il lui écrivait au Chili, où Bello s'était rendu pour diriger un collège et où il allait occuper une belle situation à la tête de l'université de Santiago.

Mieux vaut tard que jamais. Au bout d'un siècle recevez ce souvenir de moi, qui vous ai toujours présent à la mémoire. .

. . . .

. . . . Quelles nouvelles me donnez-vous des Muses ? Il y a si longtemps que je ne les vois pas et qu'elles ne me rendent plus visite, que je soupçonne qu'elles m'ont oublié ; malheur qui, vu leur sexe, est pire que si elles me détestaient. On m'affirme qu'elles ont élu leur résidence au Chili et, par conséquent, chez vous ; aussi, il ne vous coûtera rien de les saluer de ma part et de les rappeler au souvenir de leur ami fidèle et dévoué.

Dans une autre lettre du 10 janvier 1840, il se plaindra une fois encore de la difficulté qu'ils avaient à échanger des lettres plus fréquentes :

Nous nous écrivons si peu, que personne ne croira que nous nous aimons tant. Il me semble qu'il y a quelques années j'ai commencé une autre de mes lettres avec les mêmes mots ; mais puisque cela est une vérité qui contient en outre une expression de tendresse, on ne perd rien à la répéter. Parmi d'autres motifs de mon silence, le moins puissant n'est pas celui de vivre comme nous vivons ici dans une bourrasque perpétuelle, de sorte qu'il n'y a ni temps, ni esprit, ni conscience, ni humeur, pour se liver à *these sweet unbosomies* (1) des amours et des amitiés. Je ne me suis pas repenti d'avoir mis en pratique ce symbole célèbre de Pythagore : quand les vents soufflent avec violence, adore les échos. Je le dirai en grec pour plus grande clarté :

Ἀνέμων πνεόντων ἡ ἠχὼ προσκύνει
Du grec ! ô ciel ! du grec ! . . . . .
Du grec, quelle douceur ! (2)

Parmi les différents commentaires de ce symbole, je préfère celui où l'on dit que les vents y désignent les révolutions, les séditions, les guerres, et que l'écho est l'emblème des lieux déserts et que Pythagore a voulu exhorter ses disciples à laisser les villes où éclataient des guerres et des troubles civils pour s'enfoncer dans les solitudes. — Allons, vous n'aurez pas à vous plaindre que cette épître manque d'érudition...

(1) Olmedo, — est-ce par oubli de la langue de Shakespeare ou à dessein ? — a inventé ce pluriel d'un mot, qui n'existe pas en anglais ; le verbe *to unbosom*, confier, s'épancher, étant seul usité.

(2) Ces mots sont en français dans l'original.

Deux années plus tard, Olmedo très souffrant déjà, lui donne des nouvelles de sa santé de la petite ville de Santa Elena, (Sainte-Hélène), où il était allé chercher en vain, au bord de la mer, le rétablissement de ses forces :

Sur ce point de la côte, qui mérite bien l'opprobre de son nom, je suis venu chercher la guérison d'un mal inguérissable,... car il a son origine dans ma constitution physique, qui ne pourra varier que par la dissolution ?

A l'instant on m'annonce qu'à ce port est arrivé, à la distance de plus d'une lieue de la localité, un navire qui va prendre un peu de chargement déjà prêt ; je profite donc de ces moments pour vous saluer ainsi que mon estimable commère et toute votre famille et mon André.

Ne m'oubliez pas autant... je veux dire n'oubliez pas de m'écrire, car autrement, je vis avec la ferme conviction que je suis toujours dans votre souvenir et dans votre cœur comme vous êtes dans les miens...

Le hasard voulut qu'un an avant sa mort, Olmedo qui, toujours à la recherche d'un climat favorable pour sa santé chancelante, se trouvait alors au port péruvien de Païta, eût la joie d'y voir, sinon l'ami privilégié de son cœur, du moins son fils aîné, et celui-ci écrivit à son père :

A Païta, seul port où le vapeur stoppa pendant deux heures, j'eus le plaisir de connaître M. Olmedo. Il est très vieilli, et il a un air et des manières révélant une timidité excessive qu'à lire l'Hymne à Bolivar on ne supposerait pas chez son auteur. Il m'a parlé de vous en des termes très affectueux et il m'a dit vous avoir écrit peu de jours auparavant. Il est sur le point de rentrer à Guayaquil...

L'impression que fit au fils de Bello l'illustre chantre

de Bolivar et cher ami de son père ne résultait ni de sa maladie ni de son grand âge : la timidité, la modestie, la bonté, étaient vraiment les qualités dominantes, de son âme, dévoilées dans son aspect extérieur, dans ses manières affables et douces, dans tous les actes quotidiens de sa vie privée. Il était aussi prompt à rendre des services, à intercéder pour d'autres, qu'il était incapable de rien demander pour lui. Toujours philosophe modeste et résigné, il aimait mieux s'effacer que de lutter pour conquérir une situation quelconque et, s'il figura toute sa vie dans la politique de son pays, ce fut par amour et dévouement à la patrie, abandonnant à contre-cœur sa retraite et ses études, ses relations avec les Muses, pour céder aux sollicitations pressantes de ses compatriotes ; mais quelle que fût la situation où son mérite le plaçât, jamais il ne songea à en profiter pour s'enrichir. Il connut le *struggle for life,* comme aurait dit son cher Pope, et mourut en laissant un si modeste patrimoine, que l'Etat adopta sa fille et en 1896 encore le Gouvernement vota une pension à son fils, en souvenir des grands services désintéressés rendus par Olmedo à sa patrie.

Voilà quelle était la nature de l'ami de Bello qui, avec une intelligence aussi brillante, ne lui cédait en rien dans les qualités morales. Leurs génies, pourtant, étaient essentiellement différents l'un de l'autre. On a pu comparer Olmedo à Tyrtée, car il emboucha la trompe martiale, chanta la guerre, ses horreurs et ses ivresses et fut toujours fougueux et plein de nerf, même dans ses vers mélancoliques et tendres. Le poète chez lui faisait contraste, en effet, avec l'homme toujours modeste, tranquille et timide. S'il avait l'exaltation patriotique de la pensée, qui se traduisait par des vers vibrants et magnifiques, il n'eut jamais les qualités séduisantes de l'orateur ; mais sa parole était douce, égale, comme son action, calme et posée. Bello n'eut pas le souffle belliqueux ; mais, avec quelle douceur, quelle grâce et quel charme il a chanté la paix, la féconde terre américaine, l'amitié, le bonheur que l'homme peut conquérir par son intelligence et son travail ! Olmedo et Bello furent deux grands esprits accouplés à deux âmes faites pour donner l'exemple rare d'une affection solide et pure, invariable, sans que les faiblesses de la nature humaine donnassent jamais prise aux commentaires de la malignité publique, comme cela s'est vu malheureusement chez Fénelon et Bossuet, Victor Hugo et Sainte Beuve (1).

(1) La dernière lettre d'Olmedo à son ami fut envoyée dix-sept jours avant sa mort.

X

Retour d'Olmedo à l'Equateur. — Rôle politique qu'il y joua
au déclin de sa vie. — Ses lettres au général Florès, Président de la République, sur son nouveau chant : La Bataille
de Miñarica.

Olmedo remplissait sa mission diplomatique en Europe lorsque Bolivar élabora son curieux projet de constitution pour la République de Bolivie. Il y instituait un
président à vie, ayant la faculté de désigner son successeur, dont le choix restait pourtant soumis à l'approbation du congrès. Le poète, consulté à ce sujet par le héros, n'hésita pas à en blâmer le plan avec sa franchise
habituelle et lui écrivit de Paris, le 14 janvier 1827 :

Vous avez avancé des idées que vous n'auriez pas osé
émettre si vos intentions n'eussent pas été saines et franches.
Je fais allusion surtout à votre mode de succession au pouvoir.
Avons-nous beaucoup d'hommes éprouvés? Les précautions,
qui se justifient aujourd'hui parce que l'Etat commence à se
former, ne deviendront-elles pas dangereuses un jour? Un
chef aura-t-il toujours assez de vertu pour ne pas circonscrire entre ses fils, ses parents et ses amis, l'élection du congrès et pour ne pas léguer le pouvoir comme un héritage à sa

famille ou à son parti? Cette clause de votre projet a motivé
par ici beaucoup de discussions philosophiques et politiques;
car, en effet, il y a des monarchies absolues, très autocra-
tiques, où la loi de succession héréditaire n'était pas aussi
dangereuse. J'en viens à me persuader que cette forme-là jure
avec l'idée de République...

C'est sans doute ce projet de Constitution tant décrié
qui a fait dire à l'historien César Cantu très erronément
que Bolivar *se aveva il genio della guerra non possedea
quello de la legislazione* (1). Ce qu'il y a de certain,
c'est que Bolivar connaissait déjà à fond le caractère mo-
bile, irritable et turbulent des peuples affranchis, où le
sang espagnol avait laissé d'impérissables traces, et il
commençait à se demander avec inquiétude et tristesse
s'ils sauraient profiter de leur liberté. Aussi, a-t-il écrit
lui-même :

Mon projet pour la Bolivie réunit la monarchie libérale avec
la République la plus libre et il aura beau paraître erroné et
l'être en réalité, ce n'est pas ma faute si je pense ainsi. Ce
qu'il y a de pire, c'est que, dans mon erreur, je m'obstine
même à m'imaginer que nous ne sommes pas capables de
maintenir des Républiques ; je dis plus encore, pas même
des gouvernements constitutionnels. L'Histoire le dira. (2).

Le lamentable spectacle que présentent quelques-unes
des Républiques de l'Amérique latine avec leurs luttes
intestines continuelles et leurs guerres fratricides donne
jusqu'à présent, hélas ! raison aux craintes prophétiques
de Bolivar.

(1) Storia di Cento anni.— Firenze, 1852, t. II.
(2) Lettre à José Fernández Madrid, du 26 mai 1827, publiée
dans le « Répertoire Colombien », t. V.

De retour à Guayaquil, Olmedo, attristé par les événements politiques qui mirent aux prises la Colombie
et le Pérou, décida de rentrer dans la vie privée et refusa le portefeuille des Affaires Etrangères que Bolivar
lui offrait.

Son extraordinaire mérite, — a dit l'un de ses panégy-
ristes (1), — et les titres qui l'avaient rendu digne de l'estime
du Libérateur, auraient suffi pour que celui-ci l'appelât aux
plus hautes fonctions ; mais il préféra la vie privée pendant ces
jours funestes de dictature, de projets de présidence à vie et
de *pronunciamientos* militaires contre les institutions établies
qui obscurcirent l'auréole radieuse de la glorieuse Colombie.
Olmedo sauvegarda son nom en ne s'immisçant dans aucun
des événements qui eurent pour résultat la dissolution de
cette célèbre République. Le poète voulait se consacrer uni-
quement à ses travaux littéraires ; mais les événements qui
se déroulèrent dans son pays, et auxquels il ne pouvait rester
indifférent avec son patriotisme exalté, l'obligèrent malgré
lui à vaincre sa répugnance pour les affaires politiques. Sa
position sociale, sa belle intelligence, ses connaissances, son
patriotisme, son intégrité et sa modestie même, formaient
un si précieux ensemble de qualités, qu'il lui était impossible
de se soustraire aux devoirs que le choix de ses concitoyens
lui imposait. Il dut donc se résigner à prendre part à tous les
événements dont sa patrie fut le théâtre depuis le jour de
l'Indépendance jusqu'à l'heure de sa mort.

Olmedo fut un des députés au congrès réuni pour
donner une constitution au nouvel Etat né de la disloca-
cation de la grande République de Colombie, à l'Equa-

(1) Pedro Carbo, (Discours prononcé pendant la célébration
du centenaire du poète à Guayaquil, 1880).

teur. Il fut l'un des membres qui la rédigèrent. La durée
des fonctions présidentielles y avait été portée à huit ans.
Après discussion, Olmedo consentit à ce qu'elle fût réduite à quatre et non pas à deux ans, comme on le
demandait.

Nous cédons au désir du plus grand nombre, s'écria-t-il,
mais nous sommes convaincus qu'une courte période ne suffira pas à empêcher les révolutions ni les élans de l'ambition
impatiente.

Les événements devaient par la suite prouver constamment la justesse de cette observation.

Elu par le congrès vice-président de la République
de l'Equateur, Olmedo, par modestie ou par amour de
sa ville natale, préféra les fonctions de gouverneur du
département du Guayas, qu'il dut résigner bientôt pour
aller siéger aux conférences diplomatiques ayant pour
but, en 1832 et 1833, la démarcation des limites entre
l'Equateur et la Colombie.

En 1833 éclata la révolution qui cherchait à renverser
du pouvoir le général Florès (1), alors soutenu par l'élé-

---

(1) Le général FLORÈS (Juan José), né au Venezuela en 1800,
servit vaillamment sous les ordres de Bolivar et prit une part
active à toutes les batailles livrées pour conquérir l'indépendance de la Colombie. En 1830, il fut le premier président
de la République de l'Equateur. Réélu à la magistrature suprême en 1839, il voulut imposer sa candidature pour une
troisième période et en 1845 il dut quitter le pays après un
combat sanglant. Il y revint en 1863 et mourut en 1864. Son
fils, M. Antonio FLORÈS, fut président de la République de
1888 à 1892. L'administration de ce diplomate distingué, qui
a été longtemps ministre en France, est considérée, à juste

ment puissant du pays désireux de conserver la paix à tout prix. Le général Florès fut vainqueur des factieux dans le sanglant combat de *Miñarica*. Ce fait d'armes réveilla la muse d'Olmedo, assoupie depuis qu'elle avait élevé la voix pour chanter Bolivar, comme le poète l'a dit lui-même dans cette remarquable poésie dont le début rappelle l'ode IV du Livre V d'Horace en l'honneur de Drusus :

titre comme l'une des meilleures et des plus paisibles qu'ait eues l'Equateur.

LA BATAILLE DE MIÑARICA

Lorsqu'un aiglon poussé par l'instinct de sa race
D'une aile trop précoce et hardiment dans l'air
Prend son essor joyeux, tout fier de son audace
Il s'élève jusqu'aux nuages que l'éclair
Sillonne, et ne voit pas le danger qui menace
Un tel exploit, car, pour son vol ambitieux,
Il trouve étroit le champ de la moitié des cieux.
Mais, ébloui soudain, aveuglé, dans l'espace
Perdu, manquant de souffle, à la merci du vent
Il livre son salut, son sort dorénavant,
Et quand, par son poids seul il descend de la nue,
S'il se retrouve au sein de la forêt connue,
Loin du jour il s'y cache, épuisé, plein d'effroi
Et des airs il renonce à devenir le roi.

Ma muse ainsi sentant que sous ses pieds la terre
Se dérobait, jadis escalada les cieux.
L'amour de la Patrie, un cœur audacieux,

Voilà ses seuls moyens. Au pays du tonnerre
Elle devient prêtresse insigne des Incas.
Sur l'autel du Soleil, dont elle ouvre le temple,
Elle répand des fleurs et des dons délicats.
Ceinte de la splendide étole on la contemple
Et la tiare au front. Un dieu, qui dans son sein
N'entre pas tout entier, l'agite et la tourmente,
Et sa voix qu'il inspire, a retenti soudain,
En sibylle changeant l'aveugle et l'ignorante.
Son oracle terrible a fait trembler les rois ;
Au peuple qui l'écoute elle dicte des lois
En révélant le sort promis à son histoire ;
Elle trace les champs de bataille et prédit
La victoire qu'un chœur dans les cieux applaudit
Et des Incas, enfin, vénérant la mémoire,
Elle leur donne un rang parmi les Immortels
Et leur dresse, à défaut de tombe, des autels (1).

Mais, lorsque du triomphe elle chantait l'ivresse,
Son regard se reporte en arrière et voyant
Qu'elle vient de franchir un abîme effrayant,
Elle tremble, pâlit et, dans son trouble, laisse
Tomber le diadème éclatant et sacré
Qu'elle portait au front. Son âme est languissante ;
Son esprit, comme après un délire, égaré ;
Lasse, elle s'assoupit encore frémissante.
Vainement le fracas des armes retentit
Et la voix du canon fratricide rugit
Et l'on entend craquer de tous côtés la terre
Au passage du char terrible de la guerre.

(1) Allusion à la prophétie de l'Inca, à la victoire d'Ayacoucho et à l'hymne des Vierges du Soleil dans le chant de
Junin (Note d'Olmedo).

L'atroce sifflement des serpents furieux
Que la Discorde mêle à ses rudes cheveux,
Excite tous les cœurs altérés de carnage.
Depuis l'antique sol des Incas jusqu'aux murs
De la ville héritant du beau nom de Carthage (1),
Partout l'orage gronde et les cieux sont obscurs (2).

Vainement du milieu d'une onde populaire,
Belle, pleine d'espoir et demandant à plaire,
La jeune République (3) un jour apparaissait,
Ainsi que sur la blanche écume bouillonnante
La déesse d'amour et de beauté naissait
Du sein des flots jadis, et toute rayonnante,
Le front paré de fleurs qui parfumaient les airs,
Fille de l'océan, rasséréna les mers.

Et sur les bords peuplés de la riche Tamise,
En vain, et sur les bords du sonore Rima,
Des chants ont retenti, plus rien ne ranima
La muse de Junin au silence soumise (4).

(1) Carthagène, en Colombie.

(2) Allusion à la guerre de 1829 entre les deux Républiques voisines, heureusement terminée grâce à la valeur et au génie du général Florès. La guerre civile se déchaîna depuis le Pérou jusqu'aux dernières limites de la Colombie, ce qui donna lieu à la dissolution de la République (Note d'Olmedo).

(3) La République de l'Equateur, née après la dissolution de la Grande Colombie.

(4) Allusion aux belles compositions poétiques de MM. Bello, Mora et Pardo, écrites à Londres et à Lima, où l'on accusait ma Muse pour le silence qu'elle gardait, alors que tant et de si grands événements se sont offerts à la poésie dans ces dernières années (Note d'Olmedo).

Depuis longtemps hélas ! s'éteint le feu sacré
De l'inspiration ! Il languit, il expire
Et la voix qui se tait, d'un accent inspiré,
Ne fera plus vibrer les cordes de sa lyre.

Non ! Jamais tu ne meurs, Génie ! Et seul c'est toi
De ton souffle puissant qui ranimes la terre,
Les cieux, les corps, le marbre et je te sens en moi.
Partez, rapides vents, — je ne puis plus me taire, —
Annoncez en tous lieux un nouveau chant vainqueur.
Donnez-moi des lauriers, des palmes et des ailes
Et l'accent qui convient aux choses immortelles,
Car l'inspiration bout déjà dans mon cœur.

Où court donc, en fuyant la maison paternelle,
La jeunesse aujourd'hui ? Insensée, où court-elle ?
La fureur dans les yeux, la rage dans le sein,
Elle va, brandissant dans la sanglante main,
Un infernal tison, comme une aveugle Parque
Qui prompte se ruant tranche la vie et marque
De cendres et de sang son passage en tout lieu ?

On invoque les lois et la Patrie et Dieu,
La Liberté ! Mais l'or, le sang et la puissance,
Voilà les lois, voilà la liberté dont pense
Chacun être en ce jour l'illustre défenseur !

Dans nos monts leur offrant une énorme épaisseur
Et dans le bâtiment superbe, inexpugnable,
Que sur les flots, au loin, exhibe l'admirable
Reine du Pacifique, ils fondent l'insolent
Espoir de la vengeance et du succès sanglant (1) !

(1) Les factieux de la *sierra* se logèrent dans les terribles
positions qu'offre la Cordillère des Andes et ceux de Guaya-

Au triomphe certain ils volent et l'abîme
S'est ouvert sous leurs pieds, car les horreurs du crime
De la sédition et les plaintes sortant
Des ruines, ainsi que les clameurs de tant
De peuples demeurés fidèlement honnêtes,
Ont attiré soudain la foudre sur leurs têtes
Qui dormait au milieu de son nuage noir.

Et le héros surgit qui du divin Pouvoir
Reçut : courage, esprit et prévoyance, audace.
Pour lutter jusqu'au bout, plus le danger menace,
Il a du cœur de reste et tout cède. A sa voix,
La Victoire obéit et, devant ses exploits,
Le danger étonné de son âme recule (1).

Florès, voilà le nom que l'on crie. Il circule
Sur les monts qui servant de merveilleux décor
Au magnifique champ le répètent encor.
Les échos, l'un de l'autre avides, se poursuivent
Et, toujours agités, semblables ils arrivent
Aux vagues de la mer, leurs cris sourds effrayant
La tourbe factieuse. Atterrée, en fuyant,
Sans savoir où porter ses pas, car dans sa fuite,

quil, après leur expulsion de la ville, se réfugièrent dans la frégate *Colombia*, où il n'était pas possible de les attaquer (Note d'Olmedo).

(1) Parmi les faits admirables de cette campagne, il faut citer en premier lieu le surprenant passage de l'Estuaire Salé. Ceux qui ont vu de leurs yeux le terrain s'étonnent davantage d'une entreprise qui aurait passé pour téméraire si elle n'avait pas réussi. La description exacte de cette prouesse la ferait passer pour invraisemblable ou fabuleuse (Note d'Olmedo). L'Estuaire Salé est un bras de mer qui s'avance dans l'intérieur des terres assez loin pour baigner la savane, derrière la ville de Guayaquil.

Les échos sont toujours lancés à sa poursuite,
Le spectre du héros l'épouvante en tous lieux.

Ainsi, quand un nuage assombrissant les cieux
Vers le déclin du jour, tous les bergers s'empressent
D'assembler les moutons insouciants qui paissent,
Soudain, si le tonnerre éclate bruyamment,
Le timide troupeau, dans son effarement,
Sans vouloir écouter la clameur inutile
De son fidèle chien, s'éparpille dans mille
Précipices affreux qui de son cher bercail
L'éloignent davantage et bergers, chiens, bétail
Courent tremblants de peur et tombent pêle-mêle (1).

Le guerrier écouta, comme toujours fidèle,
La voix de la Patrie. Il met au clair l'acier
Invincible et s'avance avec chaque officier
Qui, glorieux dans cent combats d'une épopée,
Jure alors, sur la croix que forme son épée,
De rendre à son pays la paix ou de mourir.

Il parle et, sur-le-champ qu'on l'entend discourir,
Tout agit, tout se meut autour de sa personne.
Fers, engins meurtriers, tout ce que le sol donne,
L'art construit, le génie invente d'élément
De guerre et de victoire, est prêt en un moment
Ou fait comme à prodige. Et la forge étincelle,
Et l'enclume gémit. La mer, aussitôt, elle,

(1) Il faudrait insérer ici l'horrible tableau que présenta la
ville de Guayaquil, affligée par tous les fléaux réunis de la
guerre, de la faim et de la peste la plus meurtrière dont on
ait le souvenir dans ce pays. (Note d'Olmedo qui se propo-
sait, comme il l'a dit, de retoucher ce passage, mais ne réa-
lisa pas son projet).

Se couvre de vaisseaux, la terre de guerriers ;
La Jeunesse partout exerce ses coursiers
A la terrible autant qu'inégale bataille ;
Le cheval au repos qui mord son frein tressaille,
S'irrite et, de son pied frappant le sol poudreux,
Demande le signal d'un air hardi, fougueux.
Son souffle est menaçant, tandis que chaque membre
S'agite dans son corps ; son œil flamboie, il cambre
La nuque ; avec défi la dresse, en relevant
Son oreille pointue et rejetant au vent,
Le cou toujours tendu, sa luisante crinière,
Sur place, comme en une illusoire carrière,
Il fait avec fierté plus d'un millier de pas.

L'ardeur, le mouvement et le bruit ne sont pas
Moindres dans l'autre camp, car la fureur les arme,
L'aveugle ambition les excite et l'alarme
Fut vaine que donna la voix de la raison.
En vain aussi le ciel leur prodigue à foison
Les présages fréquents, prodigieux et sombres.
Sur la terre le soir on voit passer des ombres
Lugubres exhalant des plaintes ou des cris
Et des éclairs sanglants dans les cieux assombris
Avec un faible éclat sillonnent les ténèbres !
Et l'on entend la nuit le son de glas funèbres
Au firmament de l'un à l'autre bout des cieux ;
La montagne se fend ; l'ouragan furieux
Se déchaîne. L'espace est un champ de bataille (1).

Et la Vierge..... mon cœur épouvanté tressaille ! (2)

(1) Allusion aux bruits terribles qui, successivement et
semblables à des coups de canon, se firent entendre la nuit
pendant le mois de janvier quelques jours avant la bataille
(Note d'Olmedo).
(2) *Horresco referens.*

Au milieu d'un pompeux cortège solennel,
Soudain, s'est écroulée au pied de son autel,
Du sacrilège encens qu'on lui brûle indignée (1)!

Voyez là-bas, au loin, la sinistre nuée
Des tourbillons poudreux du sable en mouvement
Qui se répand épaisse et monte lentement...!
C'est là Miñarica (2). C'est là que la Discorde
Organise aujourd'hui cette crédule horde
Qu'elle appelle et dénombre en embrasant son sein
Et qui, la rage au cœur, ne connaît plus de frein.

Florès vole au-devant d'elle ; mais, quand son glaive
Sur les fronts ennemis en flamboyant se lève,
Il reconnaît, hélas! des frères ; à l'instant
Il jette loin de lui le fer en présentant
Son cœur à découvert et sa main désarmée.
Mais la faction folle est d'orgueil animée.
Prières et conseils de l'amitié, la paix,
Elle dédaigne tout. Triomphant désormais
De se sentir priée, elle a plus d'arrogance
Et d'illusions, car peu de fois la clémence
D'une âme généreuse a dompté les fureurs
De la guerre civile et même, plus les cœurs
Se trouvent avilis, plus elle les enflamme.

Le héros de nouveau fit flamboyer sa lame
Et ce fut le signal. Les rudes combattants,
D'une démarche sûre et leurs fronts exultants,

(1) Allusion à la curieuse coïncidence de l'écroulement de
la sainte image de la Vierge du QUINCHE pendant la proces-
sion solennelle que fit le gouvernement révolutionnaire de
Quito afin d'obtenir le triomphe (Note d'Olmedo).
(2) MIÑARICA. — Dans la plaine sablonneuse de ce nom, près
d'Ambato, eut lieu le carnage fratricide, le 18 janvier 1835.

S'attaquent corps à corps ; car d'une part se presse
Le nombre avec l'audace et de l'autre se dresse
L'art avec le courage et la sérénité.
Fureur et sang partout, quel que soit le côté.
Et ce sang qui rougit les armes et les souille
Est plus infâme encor pour elles que la rouille.
Partout vont déchirés les nobles étendards
De la Patrie et dans le sang flottent épars.
Les monts sont hérissés de casques et les plaines ;
Les membres frémissants et les formes humaines
Se tordent en hurlant et ceux qui déjà sont
Sans force pour frapper, pour insulter en ont,
Tant qu'il leur restera quelque souffle de vie
Errant péniblement sur la lèvre pâlie.

Les frères, les amis anciens, en s'y voyant
S'étreignent d'un effort plein de haine, effrayant.

Pas de quartier, pas de merci ! Qu'on me retire
De ces horribles lieux ! Brise plutôt ta lyre
Ma Muse inconsolable, et laisse s'engouffrer
A tout jamais au sein des tristes nuits obscures
Tous ces combats civils, sans qu'aux races futures
Tu veuilles dans des vers durables les narrer ;
Car, si quelque scandale ou honte s'en détache,
Mieux sert la vérité celui qui mieux la cache !

Comme l'éclair au sein des cieux orageux luit,
Trace un sillon de feu, puis rapide s'enfuit,
Brille une fois encore et, dissipant l'orage,
Rend au ciel sa splendeur, du chef plein de courage
Ainsi le fer, parmi les sombres escadrons,
Se fait jour et reluit... Tous ont caché leurs fronts.
Les uns terrifiés par sa seule présence,

Les autres en criant merci se sont rendus,
Et ceux qui pouvant fuir s'enfuirent éperdus,
Dans leur fuite ont été gagnés par la clémence.

Salut à toi, Vainqueur illustre, ferme appui
De ton pays ; pilier glorieux ! Aujourd'hui
La désolation, le fracas de la guerre
Grâce à toi vont finir. La Muse sur la terre
S'éveille de nouveau pour faire entendre un chant.
Grâce à toi s'amoindrit le désespoir touchant
Du pays qui pleurait cette hécatombe horrible,
Triste prix du succès ! Par ton glaive invincible
Tu rends la paix au peuple, et leur éclat aux arts,
A la sainte Thémis son culte ; aux étendards
Leur vieil honneur ; à la Liberté son Empire
Et son sceptre à la Loi. Ce n'est plus pour maudire
Que les ombres des morts à Guachi (1) surgiront ;
Tu calmes leur douleur en vengeant leur affront.

Roi des Andes, que ton front radieux s'incline,
Car voici le vainqueur ! Vers ces bords il chemine
De son pas triomphant. Tandis qu'en son honneur
L'amitié fait entendre un hymne, avec bonheur
Son cher Guayas s'apprête à fêter la victoire
Dont gardera ce chant l'éternelle mémoire.

Cette ode, considérée dans son ensemble, paraît à
quelques-uns la plus parfaite des poésies d'Olmedo.
L'unité du sujet, le plan tracé nettement, les idées harmonieusement exprimées dans un style vigoureux et
sobre, sans que la quantité des vers nuise à leur effet

(1) Guachi, village situé aussi près d'Ambato, où fut auparavant livrée une autre bataille.

et sans que le poëte y ait recours à des artifices comme
il s'est vu obligé à le faire dans son Hymne à Bolivar,
tout contribue à en faire une de ses plus belles compositions, mais l'argument a divisé en deux camps ses critiques. D'un côté, ceux qui le jugent mal inspiré de
l'avoir écrite, du moment qu'il s'agissait de glorifier le
chef triomphant d'une lutte fratricide ; de l'autre, ceux
qui l'applaudissent sans réserves, estimant que les poëtes
doivent obéir à leur inspiration toujours, quelle que
soit sa source. Olmedo lui-même avait pressenti ce
double courant d'opinions et semble avoir hésité un
instant à accorder sa lyre. Ne nous dit-il pas dans ses
vers :

Qu'on me retire

De ces horribles lieux. Brise plutôt ta lyre,
Ma Muse inconsolable, et laisse s'engouffrer
A tout jamais au sein des tristes nuits obscures
Tous ces combats civils, sans qu'aux races futures
Tu veuilles dans des vers durables les narrer ;
Car, si quelque scandale ou honte s'en détache,
Mieux sert la vérité celui qui mieux la cache.

Quelques années plus tard, dans son *Manifeste du
Gouvernement Provisoire de l'Equateur,* après la chute
définitive du général Florès, il semble encore préoccupé
d'excuser son ode en disant :

S'il ne manqua pas quelqu'un pour chanter la victoire fatale, les patriotes pardonnèrent les errements du génie et les
fictions poétiques à la louange de l'ange exterminateur.

Ailleurs, dans une lettre à un ami, il a dit encore :

La bataille de Miñarica !... L'argument n'est pas favorable.
Il n'est pas bon de chanter les guerres civiles ; l'éloge des
vainqueurs ne peut se faire sans blâme pour les vaincus ; or,
vainqueurs et vaincus, tous sont nos frères. De tout mon
cœur je voudrais effacer quelques vers de cette composition...

Malgré le sentiment de répulsion que le sujet du
chant faisait naître en lui, l'inspiration fut la plus forte
et le poète chanta. Les poètes, a dit Chateaubriand, sont
comme les oiseaux, le moindre bruit les fait chanter ;
mais il fallait que le bruit fût formidable pour qu'Olmedo chantât bien, car il avait besoin de batailles, de
péripéties et de catastrophes, affirme M. Ballén, et tout
cela ne se présentait pas fréquemment autour de lui,
ce qui explique peut-être encore pourquoi sont peu
nombreuses ses poésies. Est-ce pourtant, la première
fois que les Muses se sont montrées favorables à la
commémoration de la Discorde ?

La Pharsale dans l'antiquité, et la Henriade plus récemment, pour ne citer que deux grands exemples, ré-
pondent à cette question.

De quelque côté que l'on se range dans cette appréciation du choix du sujet plus ou moins heureux, on
doit reconnaître que les qualités maîtresses de l'ode sont
indiscutables. C'est là, à notre avis, le meilleur des plaidoyers, comme la suffisante excuse d'avoir voulu honorer le vainqueur d'une révolution qui, d'ailleurs, ne
l'avait pas sollicité en sa faveur. N'étale-t-il pas, enfin,
dans son chant, comme Voltaire le fit dans son poème,
en les dépeignant d'une main vigoureuse et juste, l'horreur et la désolation de ces abominables carnages, de

ces guerres intestines, insensées toujours, fréquentes, hélas !

Le héros du chant, il faut aussi le dire, quelle que pût être sa conduite ultérieure, n'était pas alors indigne de louanges. Le général Florès, né vénézuélien, était resté à la tête des troupes colombiennes sur le territoire équatorien après le départ de Bolivar et l'assassinat du maréchal Sucre. Il y avait rendu de véritables services et, quand la République de l'Equateur fut fondée, il mérita l'honneur d'y être élevé à la présidence par le congrès qui fut convoqué à Riobamba le 14 août 1830. Quand il triompha du parti révolté, à Miñarica, il avait l'opinion publique pour lui. Ajoutons, enfin, qu'Olmedo ne fut pas guidé par le désir de flatter un nouveau chef puissant ni d'en obtenir la moindre récompense ; pas plus qu'il n'avait eu pareilles pensées en chantant Bolivar. Il en était incapable. Tout ce que nous avons dit déjà de son caractère le prouve hautement. Ses plaisantes lettres au général Florès où il lui raconte comment l'inspiration pour chanter sa victoire lui est revenue, après dix ans de silence, impérieuse, obsédante, et comment il a conçu son plan, montrent clairement sa bonne foi et ses intentions pures. En voici les principaux fragments.

Je vais vous donner une nouvelle singulière, bien que de peu d'importance. Que sera-ce ? Vous le dirai-je ?... Je ne le dis pas ; j'en ai honte... Allons, pas de tergiversations. Sachez donc que la victoire de Miñarica a réveillé la Muse de Junin... Dans le prochain courrier je vous parlerai plus longuement de cette malencontreuse pensée et je vous mettrai au courant de ce que j'aurai fait. Jusqu'à présent j'ai composé tout au plus une cinquantaine de vers. Et adieu...

Les lignes précédentes étaient écrites le 27 mars 1835, deux mois après la bataille gagnée par le général Florès. Du 1er avril de la même année sont les suivantes :

Après dix ans de sommeil la victoire de Miñarica m'a réveillé, ce qui me surprit au point que je me croyais poète ou versificateur pour la première fois. Je n'avais plus souvenance de l'impression produite par de semblables agitations et je me trouvais dans une région nouvelle et inconnue. Je débute et, comme le début est à lui seul la moitié d'une œuvre ou d'un chemin, je comptais sur ce que ma composition, si elle n'était pas réussie, serait du moins terminée.

Le commencement, (je parle avec la modestie du poète), me parut passable, je dirai davantage... bon, tout en reconnaissant qu'il m'entraînerait bien loin. La fièvre dura quelques jours et, dans un moment de surexcitation, je ne pus cacher mon secret, (parce que les secrets sont mal gardés pendant l'ivresse), à notre ami Rocafuerte. Celui-ci s'enflamma, s'électrisa à la nouvelle inattendue du réveil de la Muse de Junin. Partageant son enthousiasme, je lui exagérai mon exorde, peut-être plus que je ne le devais. Nous nous séparâmes. Le jour suivant, il se présenta chez moi de grand matin et me dit qu'il n'avait pu fermer l'œil de la nuit en songeant à l'ode de Miñarica et qu'il était accouru, résolu à lire ce que j'avais fait, fût-ce peu ou beaucoup. Il lut. Et voyez ce que c'est que l'orgueil ou la vanité des poètes : je me confesserai à vous puisque nous sommes en carême et que je n'ai pas coutume de m'adresser aux Pères pour cette besogne. Je me confesserai à vous, dis-je, pour suivre ce conseil de l'Apôtre aux fidèles : « Confessez-vous l'un à l'autre réciproquement. » Il lut et je compris qu'il ne ressentait pas l'impression que j'espérais. Il parla peu, fit quelques observations, nous discutâmes et le résultat fut que le génie demeura pareil au sommet du Chimborazo, c'est-à-dire glacé. Je me replongeai dans le sommeil plusieurs jours encore.

Soudain, dans mes rêves je retrouvai la lyre abandonnée et
je me résolus à continuer mon chant, opinant que, si la lyre
n'était pas accordée par la main de la Gloire, elle le serait du
moins par la main de l'Amitié. Plus de quatre-vingts vers sont
déjà écrits et je pense arriver au but, ne fût-ce qu'avec des
béquilles, si les ailes me manquent...

Huit jours plus tard, il continuait sur le même thème :

Je poursuis aujourd'hui la causerie, qui resta en suspens
dans ma lettre précédente, sur mon inspiration inespérée et
je vous dirai de bon gré que, depuis lors, je n'ai pas avancé du
tout, du tout. J'ai été assailli ces jours derniers par tant de
petites occupations indispensables, que non seulement elles
m'ont enlevé le temps précis et précieux, mais encore elles
ont mis en mauvaise condition mon humeur poétique et re-
froidi mon enthousiasme. Les muses ennuyées se sont éloi-
gnées peut-être pour chercher des prairies riantes, des con-
certs harmonieux et des cœurs d'amants heureux. Ce qu'il y
aura de pire c'est que, quand je pourrai m'y remettre, il me
sera difficile de reprendre le fil. Ce fil fut rompu quand le
vent soufflait et à dure peine je pourrai en joindre les deux
bouts lâchés et flottants dans l'espace du bon Dieu...
.....Quand j'étais dans mon jeune âge, je faisais des vers
avec une très grande facilité, peut-être parce que la jeunesse
est une saison magique, peut-être parce que je ne m'essayais
pas dans des occupations élevées et sérieuses, peut-être, enfin,
parce que, connaissant moins l'art, le spectre de la perfection
m'effrayait moins. Plus tard, à mesure que j'avançais en âge
et un peu en art, j'ai toujours eu le malheur de ne pas écrire
des vers dans une situation à ma convenance. J'ai besoin de
tant de conditions qu'il n'est pas facile de les réunir toutes et
c'est pour cela que je compose si rarement. J'ai besoin d'être
entièrement libre de toutes sortes d'occupations ; j'ai besoin
d'un endroit commode, agréable, ayant vue sur la campagne,

les fleuves et les monts ; j'ai besoin d'amis qui me critiquent,
de juges qui me louent et même d'entêtés qui disputent sur
chaque mot, chaque phrase ou chaque pensée ; car j'ai observé
que la discussion éveille davantage mes idées et m'échauffe
plus que le vin. J'ai besoin, surtout, d'autres choses dont
nous causerons quelque jour. Je n'ai jamais joui de tous ces
avantages réunis et, maintenant, moins encore : par tout
cela vous pouvez commencer à vous faire une opinion sur la
composition que je vous ai annoncée. L'idée seule que je puis
être élu député à la Convention me met dans l'inquiétude ;
celle-ci augmentera quand je serai nommé et la pauvre ode
de Miñarica ne verra pas le jour, comme la petite aveugle du
plaisant yaravi.

Je ne sais donc pas quand je pourrai la terminer. Heureusement je la commence à la manière de Pindare, c'est-à-dire
qu'elle pourra se terminer quand le lecteur y pensera le
moins et quand j'y penserai le moins moi-même. Notez que
je n'ai pas dit que je faisais une composition pindarique ;
mais, d'après la manière de Pindare ; longs et continuels dé-
tours..., négligence étudiée et abandon du sujet ; le retrouver
toujours comme par hasard et le quitter à l'improviste. Je
suis convaincu que cet accouchement de la montagne déplaira
surtout à ceux qui ne sont par habitués à ce genre-là et,
comme je voudrais plaire à tous, à vous surtout, il ne me serait pas indifférent que mes lecteurs, vous surtout, eussent
entre les mains de temps en temps les œuvres du poète lyrique de Thèbes pour se faire une idée de sa manière, pour
établir de justes comparaisons et pour me critiquer avec plus
ou moins de sévérité ; je devrais dire plutôt avec plus ou
moins d'indulgence.

Dans une autre lettre, où il s'occupe du succès remporté sur l'insurrection, il lui disait encore :

Votre victoire est aussi glorieuse qu'inattendue. Nous devons tous souhaiter que ce soit la dernière. Tous nous devons faire beaucoup plus que ce qui fut fait pendant la guerre pour conserver la paix, fille de cette victoire.

Et ailleurs :

Que le fruit de cette victoire ne soit pas perdu, grand Dieu ! Que l'hécatombe de Miñarica ne soit pas inutile ! Que de votre esprit ne s'éloigne pas cette pensée terrible que chaque année nous aurons une nouvelle tempête, aussi longtemps que demeureront les éléments de la première !

Ces réflexions qui, malheureusement, ne devaient pas porter de fruits, chez le général Florès moins encore que chez les autres, démontrent que toujours, dans toutes ses actions, Olmedo n'était guidé que par son patriotisme et par le désir de la prospérité de son pays, jamais par un intérêt personnel, une amitié complaisante ou un engouement aveugle.

XI

Olmedo candidat à la présidence de la République. — Ses dernières poésies. — Sa mort.

Olmedo se trouvait de nouveau livré à la méditation et à l'étude quand sa ville natale, en 1835, l'obligea à la représenter comme député à la convention d'Ambato, dont il fut le président. Il y prononça plusieurs discours remarquables et rédigea une grande partie de la nouvelle constitution qui fut alors promulguée.

Peu de temps après, Olmedo eut la douleur de voir mourir sa sœur, qu'il n'avait cessé de chérir depuis son enfance. Son cri de révolte contre l'inexorable destin s'exhala dans un sonnet qui est connu de tous, dans le monde hispano-américain. Nous avons essayé de le traduire le plus fidèlement qu'il nous a été possible, mais sans y réussir comme nous l'aurions désiré ; aussi, nous en publions à la suite le texte original, pour que ceux à qui la langue espagnole est familière en saisissent mieux la beauté, au risque de contribuer nous-même à rendre plus évidente l'infériorité de notre traduction.

A LA MORT DE MA SŒUR

Seigneur, puisque c'est toi le Maître, à qui me plaindre ?
Dans ton enivrement de gloire et de pouvoir,
Tu regardes couler mes pleurs sans t'émouvoir,
Et laisses la douleur implacable m'étreindre !

Comme autrefois ordonne, après m'avoir fait craindre,
D'ôter la lourde pierre au froid sépulcre noir
Et jette dans mes bras, prêts à la recevoir,
Ma sœur, vivante encor, que la Mort crut atteindre.

Sans te la demander je l'eus, hélas ! en vain,
Si créer pour détruire est un plaisir divin.
Faut-il moins de vertus pour habiter la terre ?

Ou te charmait-il moins le cantique éternel
De ton céleste chœur plongé dans ta lumière ?
Cet ange, réponds-moi, manquait donc à ton ciel ?

EN LA MUERTE DE MI HERMANA

¿ Y eres tú Dios ?¿ A quién podré quejarme?
Inebriado en tu gloria y poderío,
¡ Ver el dolor que me devora impío
Y una mirada de piedad negarme !

Manda alzar otra vez por consolarme
La grave losa del sepulcro frio,
Y restituye ¡ oh Dios ! al seno mío
La hermana que has querido arrebatarme.

Yo no te la pedí. Qué ¿ es, por ventura,
Crear para destruir, placer divino,
O es de tanta virtud indigno el suelo ?

¿ O ya del coro absorto en tu luz pura
Te es menos grato el incesante trino ?
Dime, faltaba este ángel á tu cielo ?

Guayaquil. — 1842

Le général Florès, après avoir commis des fautes qui
mécontentèrent le peuple et minèrent peu à peu son
prestige, eut le grand tort de vouloir imposer sa réélec-
ti on, pour la troisième fois, à la présidence de la République, lors de la réunion du congrès de 1843. Il avait
commandé militairement pendant une première période
de 1830 à 1835 et avait eu la sagesse de résigner ses
pouvoirs entre les mains de son successeur, l'éminent
Rocafuerte (1). Ce fut Olmedo, comme président du

(1) Rocafuerte (Vicente), l'un des hommes d'Etat les plus
illustres de l'Amérique. Né à Guayaquil en 1783, il vint terminer son éducation en France, au collège de Saint-Germain-
en-Laye. Député aux cortès de Madrid en 1812, il fut du
parti de l'opposition libérale contre le gouvernement arbi-
traire de Ferdidand VII. Poursuivi, il se réfugia en France,
qu'il habita jusqu'en 1817. De retour en Amérique, il passa
au Mexique, où il travailla en faveur de la République, qui
venait d'y être proclamée. Il publia ses *Idées nécessaires à tout
peuple indépendant qui veut être libre* et, après la proclamation
d'Iturbide comme empereur, il publia aux Etats-Unis, pour
discréditer le nouvel Empire, une *Esquisse très légère de la
révolution du Mexique depuis le cri d'indépendance d'Iguala
jusqu'à la proclamation impériale* et un autre opuscule intitulé :
*Le système colombien, populaire, électif et représentatif, est celui
qui convient le plus à l'Amérique Indépendante.* Membre de la
légation du Mexique à Londres en 1824, puis chargé d'affaires.
Il publia encore au Mexique un *Essai sur les Prisons* et un
Essai sur la Tolérance religieuse, publications très appréciées.
En 1827, il revint au pays natal après son affranchissement
et alla siéger au congrès comme député. Exilé par le président Florès, il fut son adversaire d'abord, puis son ami, après
la promesse formelle qu'il en reçut d'une réorganisation
constitutionnelle de l'Etat. Deuxième président de la République de l'Equateur (1835-1839). Pendant son gouvernement
il déploya le plus grand zèle pour mettre de l'ordre dans les

congrès, qui reçut de ce dernier le serment de fidélité à la constitution et, à cette occasion, il prononça une allocution très applaudie dont voici l'un des principaux passages :

Le pouvoir public n'est pas une propriété que l'on acquiert, ni un privilège, ni une récompense que la nation accorde ; c'est une charge honorable et grave, c'est une preuve de confiance grande et terrible qui porte en soi de grandes et de terribles obligations. Le citoyen investi du pouvoir a pour tous droits, pour toutes prérogatives, la plus grande faculté de faire le bien et d'être le premier à marcher dans le sentier étroit des lois ; il ne doit avoir en vue d'autre récom-

finances, pour développer l'instruction publique, le commerce et l'industrie, pour créer des voies de communication, etc. Il renoua les relations avec l'Espagne ; il fit relever les pyramides de Caraburo et d'Oyambaro édifiées par les académiciens français en 1736 et renversées pendant la guerre de l'Indépendance. Gouverneur de Guayaquil en 1839 il rendit de grands services à cette ville, surtout pendant la terrible épidémie de fièvre jaune de l'année 1841, et se fit aimer et admirer par son patriotisme éclairé et son abnégation philanthropique. Député en 1843 à la convention qui se réunit à Quito, il y lutta contre les desseins du général Florès, revenu à la présidence de la République, qui aspirait à une troisième réélection. Il s'exila volontairement, à Lima, où il fut chargé d'affaires du gouvernement provisoire pendant la révolution contre le général Florès. Après le départ de celui-ci, il fut élu député à la convention de Cuenca (1845) puis, sénateur et président du Sénat (1846). Envoyé extraordinaire et ministre plénipotentiaire de l'Equateur près les Gouvernements du Pérou, de la Bolivie et du Chili en 1846, alors que le général Florès préparait en Europe une expédition contre la République. Délégué en qualité de plénipotentiaire au congrès américain qui devait siéger à Lima, il s'y rendit souffrant déjà et y mourut le 16 mai 1847.

pense que celle de mériter un jour par sa modération, sa constance et sa soumission cordiale aux lois, l'amour de ses concitoyens et la gratitude de sa patrie.

Après les désastres que nous avons soufferts....., entourés de ruines comme nous le sommes, et quand les flots civils ne se sont pas encore rassérénés, c'est une entreprise ardue de rétablir l'ordre, de rendre aux lois leur souveraineté, de ranimer la concorde et de conduire droit le char de l'administration sur un sol hérissé de décombres. Et voilà quelle est l'œuvre que la convention nationale recommande à votre zèle et à votre patriotisme éprouvé.....

Rocafuerte prit à cœur de suivre religieusement les conseils d'Olmedo, car il fut un président libéral, bienfaisant et populaire aussi. La ville de Guayaquil, où fut son berceau, lui a élevé la première statue qui ait orné une de ses places publiques (1).

Rocafuerte gouverna le pays de 1835 à 1839, ayant sous ses ordres, comme premier chef de l'armée, le général Florès. Celui-ci fut légalement réélu ensuite à la magistrature suprême ; mais si, pendant cette seconde administration, moins heureuse, son ambition grandit, son influence diminua. Ce fut en vain que ceux qui l'avaient soutenu jusque-là, comme Olmedo, cherchèrent à le détourner de ses prétentions à une troisième réé-

(1) Le trait suivant montrera le caractère et le grand cœur de cet homme d'Etat éminent. Pendant qu'il gouvernait, il eut à combattre une révolution dont il triompha, succès que les habitants de Quito s'apprêtaient à célébrer par de bruyantes manifestations de joie. Rocafuerte se montra alors au balcon du palais présidentiel et, dans sa harangue au peuple assemblé sur la place, il prononça ces mots : « Le gouvernement a obtenu une victoire complète ; mais il faut nous abstenir de toute démonstration de joie, parce que tous ceux qui ont succombé dans la bataille sont nos frères. »

lection et le plus grand nombre alla grossir le parti
des mécontents.

Pour l'unique fois de sa vie politique depuis l'Indépendance, Olmedo se trouva rangé du côté des révolutionnaires et fut un de ceux qui, par leur haute personnalité et leurs efforts, contribuèrent à la chute du
vaillant militaire.

On n'a pas manqué, à cette occasion, de reprocher à
Olmedo, comme une preuve de faiblesse de caractère
ou d'inconstance dans ses opinions, qu'il ait été l'adversaire résolu de celui qu'il avait chanté si chaudement.
Reproche injuste que seuls peuvent lui adresser ceux
qui n'ont pas pris la peine d'approfondir son caractère
en lisant posément l'histoire de sa vie entière. Olmedo
avant tout aimait ardemment sa patrie. Rien ne lui était
plus cher. Pour elle il fut toujours prêt à sacrifier son
repos, le bonheur de son foyer, ses consolantes études
et son existence. Tous les actes de sa longue carrière
politique en sont les plus éclatants témoignages. Il est
facile de comprendre ainsi qu'il ait été d'abord le partisan, le panégyriste et l'ami d'un président capable et
courageux qui, légalement élu, assurait la paix du pays
sans s'écarter du terrain de la justice et du droit. Mais
lorsque, pour satisfaire son ambition personnelle, après
une série d'actes fâcheux, le même homme devint un
danger pour la paix publique, Olmedo devait être l'un
des premiers à rompre avec lui, n'écoutant qu'une voix,
l'amour de la patrie. Quelques années auparavant, sa
conduite n'avait-elle pas été identique vis-à-vis des prétentions violentes d'annexion émises et menées à bout
par Bolivar, qu'il estimait et admirait pourtant plus que
tout autre ?

Avec peu d'exceptions, — nous dit M. Ballén, — l'administration politique et militaire des provinces, (sous la présidence du général Florès), se trouvait entre les mains d'étrangers européens et américains de toute provenance. Quelques-uns parmi eux avaient bien mérité du pays. La plupart étaient, pourtant, ignorants, d'un caractère méprisable, sans dignité et sans mesure dans leur conduite, tout à fait dissemblables à ceux qui, en 1820, s'associèrent au cri d'indépendance et méritèrent la gratitude universelle. Ils étaient les fauteurs de troubles continuels qui exaspéraient le peuple. Le pays, affligé par cet état de choses, dû à la politique imprudente du général Florès, accueillit avec le plus profond mécontentement la nouvelle de sa réélection à la présidence de la République, faite par le congrès de 1843, car le peuple équatorien n'a jamais supporté rien avec moins de patience que la réélection de ses gouvernants...

Les dissensions civiles nées de cette réélection prirent fin avec le traité de « La Virginie », ainsi nommé parce qu'il fut signé dans la propriété de ce nom que possédait Olmedo, où il aimait à chercher un refuge « sous les tamariniers sombres », près des orangers embaumés, et à oublier les préoccupations incessantes de l'odieuse politique. Le président Florès quitta le pays et Olmedo fut élu pour la seconde fois chef du triumvirat qui devait gouverner l'Equateur en attendant la convocation de l'Assemblée de Cuenca. Olmedo y fut un des candidats à la présidence de la République ; mais, s'il s'imposait au choix de ses concitoyens par des titres incontestables : savoir, intégrité, intelligence, comme à leur gratitude par les grands services rendus à la patrie, il eut contre lui son grand âge et son caractère paisible et doux, ennemi de la violence et des intrigues. L'état d'agitation où se trouvait encore le pays réclamait, d'ailleurs, au premier poste un tempérament énergique.

Ce fut un négociant honorable et instruit, ayant déjà figuré dans la politique du pays, Vicente Roca (1), qui, à une voix de majorité, l'emporta sur lui au sein du congrès, après trois journées de séances consécutives où chacun des deux candidats avait obtenu le même nombre de votes. Et cela fit dire, aussitôt l'élection connue, à Rocafuerte, partisan d'Olmedo, dont il avait fiévreusement soutenu la candidature, de toute la force de son prestige et de son autorité : « On a préféré le mètre du marchand à la plume du savant ! »

Le nouveau gouvernement désigna Olmedo, dont le cœur ne donna jamais asile à la rancune, pour qu'il allât avec le général Elizalde réclamer au Pérou les restes de l'illustre maréchal La Mar, né à Guayaquil et cher ami du poète qui, dans son ode à Bolivar, lui a consacré quelques vers émus,

Dans la note officielle qu'il adressa au gouvernement péruvien il s'exprimait ainsi :

Si le général La Mar eut le bonheur de rendre des services éminents au Pérou, qu'il aimait passionnément, le peuple péruvien s'acquittera de cette grande dette de reconnaissance en conservant toujours sa mémoire, en répétant tou-

(1) Roca (Vicente Ramón), né à Guayaquil à la fin du xviiie siècle, commerçant intègre et distingué ; il figura dans la politique de l'Equateur depuis son indépendance. Préfet de police, gouverneur du département de Guayaquil, sénateur au congrès national, membre du gouvernement provisoire et troisième président de la République de l'Equateur (1845-1849). Mort en 1850.

18

jours et en respectant un nom si cher, en se le proposant toujours comme un modèle dans les actions de la vie publique et privée. Voilà quel pourra être le devoir du Pérou ; mais ce devoir ne lui donne pas un titre sur le droit qu'a la patrie de La Mar de posséder ses restes comme le triste et précieux héritage d'un fils qui lui devait son existence.

Quels que soient les honneurs funèbres que le Pérou prépare à ces vénérables restes, quelque somptueux que soit le monument qu'il élève à sa mémoire, et pour très intimement unie à cette gloire que soit la gloire de sa patrie, celle-ci croirait toujours avoir manqué à son devoir, avoir contrarié ses sentiments naturels et agi comme une mère dénaturée, en cédant au Pérou un bien que l'on ne peut céder sans déshonneur et blâme et sans ingratitude.

Les droits du sol natal sont ceux que représente le Gouvernement de l'Equateur et il espère qu'ils ne seront pas repoussés par celui du Pérou, qui sait faire passer avant ses propres sentiments les principes de la justice. Mais, si par un effet de zèle extrême à vouloir payer un tribut de vénération et de gratitude au citoyen vertueux, au guerrier loyal et vaillant qui aima tant le Pérou, le Gouvernement de V. E. hésitait à faire droit à la réclamation actuelle, il lui faudra bien s'y résoudre forcément, en apprenant que la veuve de La Mar et son estimable famille élèvent la même réclamation car, aussitôt qu'une occasion s'est présentée, elles ont fait appel à leur Gouvernement pour qu'il se hâtât de rentrer en possession de ces reliques. . . . .

. . . .

. . . . L'espoir du Gouvernement Equatorien se fonde aussi Monsieur le Ministre, sur cette conviction que, grâce à leur illustration reconnue, le peuple péruvien et son Gouvernement savent, mieux qu'on ne le voit partout ailleurs, que les temps sont passés où le malheur d'un naufrage était un titre suffisant pour acquérir toutes les riches marchandises que la mer jetait sur le rivage, et l'arche qui renferme les restes du vertueux La Mar n'est autre chose qu'une arche précieuse jetée sur la plage péruvienne après un terrible naufrage dans l'océan de la révolution... (1)

Pendant son séjour à Lima, Olmedo écrivit par complaisance quelques poésies aimables, mais courtes, dans les albums de plusieurs jeunes filles péruviennes. Parmi celles-là, il y en a une qui contient ce vers :

J'ai rempli non sans gloire mon destin...

aveu franc et sincère de l'opinion que, sur le seuil de la tombe, le poète avait de lui-même et de l'œuvre de sa vie. Cet aveu renferme un certain orgueil ; mais, en vérité, pour les Américains, Olmedo, ne fût-ce qu'avec son Hymne à Bolivar, était depuis longtemps, comme Victor Hugo,

... Entré vivant dans l'immortalité.

Olmedo improvisa aussi à Lima une inscription en vers pour être placée sur le frontispice du théâtre principal de la ville.

Sa vie publique était terminée. Il passa les derniers jours de son existence sur les bords de son beau fleuve, heureux au sein de sa famille et formant son fils à son

(1) Les démarches pressantes d'Olmedo ne furent pas couronnées de succès. Le Pérou, s'appuyant sur des raisons de gratitude, de justice et d'honneur national, se refusa à rendre les restes du glorieux héros qui fut son président et déclara que La Mar, en consacrant au Pérou son épée, son sang et sa vie, l'avait adopté comme sa patrie. Le Pérou n'a pas cessé d'honorer sa mémoire. Tout récemment encore, des timbres-poste péruviens ont été gravés à l'effigie de La Mar.

exemple. C'est pour ce fils chéri, récemment décédé, qui hérita de toutes ses vertus, sinon de son génie, qu'il composa en vers une *Prière de l'Enfance* et un *Alphabet moral*.

Olmedo a écrit encore *Un chant en l'honneur du 9 octobre,* date de l'indépendance du sol natal ; des strophes sur la *Liberté,* une *Allocution* en vers pour l'inauguration du théâtre de Guayaquil ; *Un Rêve* et une *Improvisation.* Celle-ci fut tracée, peu de jours avant sa mort, en marge d'un journal. C'est une réponse aux vers qui s'y trouvaient publiés, où l'insigne femme poète espagnole, Caroline Coronado, louait le talent d'Eugène Sue. Il faut ajouter à ce nombre une *Chanson Indienne,* tirée de l'Atala (les chasseurs) de Chateaubriand, une délicieuse poésie dédiée à sa femme, et le joli sonnet suivant, écrit en en 1836 pour un enfant :

SONNET

Connaître les moyens que possède le cœur
D'aimer, comme la loi divine nous l'ordonne,
Dieu, la suprême fin de l'être qui raisonne ;
L'homme, qu'à son image a fait le Créateur ;

Agir très simplement et même avec candeur ;
Chercher à plaire à tous, mais sans flatter personne ;
Savoir se dominer, alors qu'on se façonne
Pour tolérer d'autrui la variable humeur.

Se faire l'artisan heureux du bien des autres
Et plaindre leurs malheurs comme s'ils étaient nôtres ;
Oublier, quand il faut ; savoir aussi céder ;

Etre franc, mais discret. Enfant, tu dois les suivre
Ces préceptes du monde afin de t'y guider,
Car telle est la science et tel est l'art de vivre.

En prose Olmedo nous a laissé, en dehors de ses Règlements administratifs, de ses discours politiques et de sa correspondance des *Leçons de Logique à l'usage de la Jeunesse*, écrites sous forme de dialogues.

Olmedo mourut le 19 février 1847 à l'âge de 67 ans. Le pays tout entier prit le deuil. Les nations américaines s'associèrent à sa tristesse et leurs écrivains les plus remarquables prodiguèrent en prose comme en vers les témoignages de consternation pour sa mort et d'admiration pour son génie. La gloire du champion et chantre de la Liberté irradia sur toute l'Amérique latine. Le gouvernement équatorien décréta des funérailles nationales et les honneurs lui furent rendus comme à un président de la République, car deux fois, dans des moments critiques, il en avait été le chef suprême. Toutes les villes importantes de l'Equateur célébrèrent des services funèbres en son honneur. Ses restes vénérés furent conduits, au milieu d'un cortège nombreux et solennel, à l'église des Franciscains, construite sous la direction de son beau-père, et y furent inhumés. La pierre tombale qui recouvrait ses cendres portait cette double inscription :

Don José Joaquin Olmedo (1)
par son patriotisme et son génie
Honneur de la Patrie et de l'Amérique ;
par son caractère et ses vertus
idole de sa famille et de ses amis.
1847

(1) Olmedo, après l'Indépendance, comme la plupart des « Pères de la Patrie », supprima de son nom la particule nobiliaire, que, plus tard, sa famille a reprise.

Au Dieu glorificateur.
Ci-gît le Docteur José Joaquin Olmedo
Il fut le Père de la Patrie,
L'idole de son Pays,
Il posséda tous les talents,
Il pratiqua toutes les vertus.

En 1881, le conseil municipal de Guayaquil fit placer une plaque de marbre commémorative sur la maison où vécut et mourut le poète.

Comme l'a dit l'un des orateurs qui se firent entendre le jour de cette solennité (1) :

Ce fut de cette maison, que partirent ces sages et admirables décrets qui avaient pour but l'établissement de la véritable République, même au milieu de la lutte sanglante pour l'Indépendance. En la rendant plus séduisante, ils lui attiraient des partisans et des défenseurs, bientôt transformés en héros et en martyrs.

Ce fut dans cette maison qu'il écrivit *La Victoire de Junin*, chant pour Bolivar, hymne immortel dont les échos remplirent l'Amérique entière et résonnèrent jusque dans le vieux continent, épopée célébrant des batailles oui, mais des batailles où triomphait la Liberté et qui promettaient la Paix...

Et si nous interrogeons les échos familiers de cette maison, peut-être pourrions-nous entendre le son d'une voix impatiente, nerveuse, sonore et ferme à la fois, qui par son seul accent domine, et, à ses côtés, une autre voix suave, mélodieuse, qui séduit, persuade et charme. C'est le Libérateur de la Colombie qui combine avec le Messager du congrès Péruvien les moyens d'assurer dans le sud la liberté qui est arrivée du nord jusqu'aux rives du Guayas...

(1) M. Francisco de Ycaza, neveu du poète et citoyen éminent de Guayaquil, dont une des rues porte le nom.

Dans cette maison, enfin, une existence précieuse s'acheva, un grand cœur cessa de battre, une intelligence supérieure s'éteignit dont les échos, contrariant les lois de la physique, se font de plus en plus clairs et retentissants à mesure qu'ils s'éloignent de leur centre d'origine...

Nous l'avons habitée nous-même pendant notre enfance, cette belle et vaste demeure que le terrible incendie du mois d'octobre 1896 a fait, hélas ! disparaître en même temps que l'église où reposaient les restes d'Olmedo. Nous ne nous doutions pas alors que notre admiration pour le poète et le patriote, en y prenant racine, devait porter un jour ses fruits dans ce travail entrepris en l'honneur de sa mémoire et par amour du sol natal sur l'hospitalière terre d'adoption.

FIN

TABLE DES MATIÈRES

CHAPITRE V

CHAPITRE VI

CHAPITRE VII

CHAPITRE VIII

CHAPITRE IX

CHAPITRE X

CHAPITRE XI

FIN DE LA TABLE

ACHEVÉ D'IMPRIMER

le vingt-quatre mai mil neuf cent quatre.

par BUSSIÈRE

SAINT-AMAND

(CHER)

www.ingramcontent.com/pod-product-compliance
Ingram Content Group UK Ltd.
Pitfield, Milton Keynes, MK11 3LW, UK
UKHW022326090726
13658UKWH00001B/101